MW01382405

GERHARD BAUMANN

ASEGURAMIENTO DE CALIDAD
ISO 9000

Oscar F. Folgar

ASEGURAMIENTO DE CALIDAD

ISO 9000

BUENOS AIRES - BOGOTA - CARACAS - MEXICO, DF

I.S.B.N.: 950-537-354-6
Todos los derechos reservados
Hecho el depósito que marca la ley 11.723
MACCHI GRUPO EDITOR S.A.
1996 © by EDICIONES MACCHI
Córdoba 2015 - (1120)
Tel. 961-8355/963-8758
Alsina 1535/37 - (1088)
Tel. y Fax 374-2506/0594
375-1860/1861
375-1870/1871
375-1195/1196
Buenos Aires - Argentina

El derecho de propiedad de esta obra comprende para su autor la facultad de disponer de ella, publicarla, traducirla, adaptarla o autorizar su traducción y reproducirla en cualquier forma, total o parcial, por medios electrónicos o mecánicos, incluyendo fotocopia, grabación magnetofónica y cualquier sistema de almacenamiento de información; por consiguiente ninguna persona física o jurídica está facultada para ejercitar los derechos precitados sin permiso del autor y del editor, por escrito.

Los infractores serán reprimidos con las penas de los arts. 172 y concordantes del Código Penal (arts. 2°, 9°, 10, 71, 72, ley 11.723).

EMPRESA ADHERIDA A LA CAMARA ARGENTINA DEL LIBRO

A Sara Inés Hernández

AGRADECIMIENTOS

El autor quiere expresar su agradecimiento a su amigo, el Sr. Agustín Lucic, por los valiosos comentarios recibidos durante la lectura de los originales del presente libro, así como también a la Sra. Silvia Robinson, el Dr. Osvaldo J. Maccio y el Prof. Marcelo Montero, por su contribución en la corrección del texto.

PROLOGO

Cuando el autor me ofreció prologar este libro tal vez no imaginó que me proporcionaba una muy agradable sorpresa.

OSCAR F. FOLGAR era ya uno de los expertos en calidad de mi equipo de management de proyectos nucleares en Techint, en aquellos años en los que, a través de la Comisión Nacional de Energía Atómica, se introducían en el país los primeros requerimientos de garantía de calidad.

Si bien no hemos vuelto a tener la oportunidad de trabajar juntos, la lectura de este libro trajo a mi memoria con cierta nostalgia las apasionadas y enriquecedoras discusiones que mantuvimos en aquel tiempo sobre muchos temas relacionados con la calidad.

Durante los años transcurridos desde entonces OSCAR F. FOLGAR se ha desempeñado como experto o consultor de diversas empresas, y ha desplegado una fructífera actividad docente, acumulando con todo ello la experiencia práctica y las habilidades didácticas que pueden apreciarse en muchos de sus trabajos y publicaciones, y en particular en este libro.

La oportunidad de la presente publicación no podría ser más acertada. En las últimas décadas el concepto de calidad ha evolucionado hasta convertirse en el presente en el más importante y decisivo factor de competitividad empresaria.

Este libro se ocupa de la serie 9.000 de las normas ISO, la cual condensa las últimas recomendaciones de la Comunidad Europea para interrelacionar y unificar distintos enfoques del concepto de calidad, orientar el diseño de sistemas de calidad, y generar la evidencia objetiva que debe presentarse a potenciales clientes sobre el nivel de calidad de la empresa.

Es importante destacar que esta normativa resume en cierto modo la expriencia acumulada mundialmente a lo largo de décadas de aplicación de diferentes normas de calidad, y que con un sano criterio ecuménico determina el "qué" pero no el "cómo" de la implementación de los sistemas de calidad.

Tal vez por ello, la más trascendente contribución de este libro al esclarecimiento y difusión de las ISO 9000 esté constituida por los comentarios y ejemplos con los que el autor ilustra muchos aspectos relevantes de la implementación que dicha norma no determina.

Durante las últimas décadas un considerable número de empresas japonesas y americanas han demostrado que es posible lograr elevados niveles de calidad con costos reducidos, y lo han demostrado con la prueba irrefutable de su creciente competitividad a nivel mundial. Tales resultados han sido posibles gracias a una persistente labor orientada a cuantificar y contraer los costos de "no calidad" que pueden tener origen no sólo en las actividades de la empresa directamente vinculadas a su producción, sino también en todas las demás actividades, incluyendo las que desarrolla el top manager.

Los costos de "no calidad", que reciben especial atención en esta obra, vinculan dos conceptos del management que hasta no hace muchos años se visualizaban como opuestos: **calidad y productividad**.

Cierto es que la cuantificación y contracción de estos costos en la mayoría de las organizaciones constituyen una tarea de gran envergadura, y que, frecuentemente, requieren introducir en la organización cambios culturales que implican esfuerzos sostenidos durante largo tiempo. Aun así, el objetivo de alcanzar crecientes niveles de competitividad en un mercado mundial cada vez más competitivo, resulta más que motivante para emprender el camino que señala este libro.

Como recomendación especial para los lectores que decidan recorrer el camino de implementar estas normas, quisiera destacar una condición que considero **sine qua non** para el éxito de sus esfuerzos.

El autor se refiere a ella en este libro, satirizando con la denominación de "efecto bidet" a los estériles esfuerzos que frecuentemente realizan los niveles intermedios de muchas organizaciones para difundir en ellas la nueva cultura de la "calidad total" o del TQM (**total quality management**). Me refiero a la profunda convicción, al grado de compromiso y a la participación activa que el top manager y la alta gerencia de la organización deben tener en la implementación de esta normativa.

Es posible que la consultoría externa, siempre necesaria cuando se trata de modificar culturas organizacionales, pueda ayudar a obtener algunos resultados. Pero éstos siempre serán efímeros si no existe un efectivo compromiso y convicción en la **alta gerencia**.

RAUL A. BOIX AMAT

INDICE

Prólogo XI

Cap. 1. Definición de calidad 1
    La espiral de la calidad 8
    Normas y especificaciones 9
    Aseguramiento de calidad 15

Cap. 2. Las comunicaciones 21
    Los documentos 23
    Documentos de requisitos 25
    Edificio documental 27

Cap. 3. Responsabilidades de la gerencia 31
    Texto de la Norma ISO 9001 31
    Comentario 34
        El Manual de Calidad 34
        Tabla de contenido y revisiones 35
        Objeto y alcance 35
        Política de Calidad 35
        Revisión del sistema por la dirección 38
        Organigrama 38
        Funciones y responsabilidades 39
        Definiciones de términos 40
        Planes de calidad 41

Cap. 4. Revisión de contrato 51
    Texto de la Norma ISO 9001 51
    Comentario 52

Cap. 5. Control de diseño 65
    Texto de la Norma ISO 9001 65
    Comentario 67
        Productos industriales 69

XIV ASEGURAMIENTO DE CALIDAD. ISO 9000

Productos industriales normalizados	69
Productos industriales no normalizados	72
Productos de consumo masivo	76
Documentación a utilizar	77

Cap. 6. Control de documentos y datos ... 83
- Texto de la Norma ISO 9001 ... 83
- Comentario ... 84
  - Aprobación y emisión ... 85
  - La revisión y la distribución ... 87
  - Control de actualización ... 90
  - Emisión y vigencia ... 92
  - Registro de firmas ... 93

Cap. 7. Compras ... 97
- Texto de la Norma ISO 9001 ... 97
- Comentario ... 98
  - Evaluación de proveedores ... 98
  - La evaluación ... 105
  - Organización y ubicación en el organigrama ... 107
  - Personal ... 108
  - Preevaluaciones ... 111
  - Planeamiento y programación ... 114
  - Desarrollo del relevamiento ... 114
  - Métodos de evaluación ... 114
  - Elección de la norma que debe aplicar la empresa proveedora ... 116
  - Métodos de evaluación ... 122
  - Desarrollo de proveedores ... 142
  - Ejercicio de aplicación ... 142
  - Control de los documentos de compras ... 166

Cap. 8. Productos suministrados por el comprador ... 171
- Texto de la Norma ISO 9001 ... 171
- Comentario ... 171

Cap. 9. Identificación de productos y rastreabilidad ... 177
- Texto de la Norma ISO 9001 ... 177
- Comentario ... 177
- Identificación ... 177
- Rastreabilidad ... 179

Cap. 10. Control de procesos ... 183
- Texto de la Norma ISO 9001 ... 183
- Comentario ... 184

Cap. 11. Inspección y ensayos ... 205
- Texto de la Norma ISO 9001 ... 205
- Comentario ... 206
  - Inspección de recepción ... 209
  - Inspección en proceso ... 209
  - Inspección final ... 210
  - Plan de inspección y ensayo ... 211
  - Procedimientos ... 217

INDICE

XV

Independencia	218
Personal	219
Registros	219
Ensayos no destructivos	227

Cap. 12. Control de equipo de inspección, medición y ensayo 235
    Texto de la Norma ISO 9001 235
    Texto de la Norma ISO 10012-1 236
    Comentario 248

Cap. 13. Estado de inspección y ensayo 261
    Texto de la Norma ISO 9001 261
    Comentario 261

Cap. 14. Control de no conformidades 265
    Texto de la Norma ISO 9001 265
    Comentario 266

Cap. 15. Acción correctiva y preventiva 273
    Texto de la Norma ISO 9001 273
    Comentario 274
    Aplicación especial 274

Cap. 16. Manipuleo, almacenamiento, embalaje y despacho 277
    Texto de la Norma ISO 9001 277
    Comentario 278

Cap. 17. Registros de calidad 281
    Texto de la Norma ISO 9001 281
    Comentario 281

Cap. 18. Auditoría de calidad 285
    Texto de la Norma ISO 9001 285
    Definiciones según ISO 8402 285
    Comentario 286
        ¿Por qué auditar? 288
        Tipos de auditorías 289
        Organización y ubicación en el organigrama 293
        Personal 294
        Capacitación y entrenamiento 297
        Calificación y certificación 298
        Planeamiento y programación de las auditorías 298
        Análisis de la documentación y preparación de listas de chequeo 306
        Desarrollo del relevamiento 311
        Análisis de la información relevada 312
        El informe de auditoría 314
        El seguimiento 316
        Caso particular 317

Cap. 19. Entrenamiento 319
    Texto de la Norma ISO 9001 319
    Comentario 319
        Motivación para la calidad 326
    Conclusiones 332

XVI ASEGURAMIENTO DE CALIDAD. ISO 9000

Cap. 20. Servicio 333
    Texto de la Norma ISO 9001 333
    Comentario 333

Cap. 21. Técnicas estadísticas 337
    Texto de la Norma ISO 9001 337
    Comentario 337
    Texto de la Norma ISO 9004 338

Capítulo 1

Definición de Calidad

Es fácil verificar la inexistencia de un concepto claro cuando se habla de "Calidad". Basta interrogar a cualquier persona que no forme parte del "ambiente de calidad", para obtener la más amplia variedad de intentos de definición; por lo general se basan en lo que consideran "mejor" o "peor"; la calidad surge de la comparación subjetiva de dos productos o servicios —tal automóvil es mejor que tal otro, o tal restaurante es mejor que tal otro—, pero muy difícilmente ensayen una definición objetiva.

Se podría recurrir a la definición que aporta la norma ISO 8402:

> LA TOTALIDAD DE LOS ASPECTOS Y CARACTERISTICAS DE UN PRODUCTO, PROCESO O SERVICIO, RELACIONADOS CON SU APTITUD PARA SATISFACER LAS NECESIDADES ESTABLECIDAS O IMPLICITAS.

A pesar de la buena voluntad de los redactores de la definición, ésta adolece de lo que el autor llamaría "el síndrome de la síntesis", es decir, se sacrifica la claridad en aras de una definición sintética; de manera que esta definición poco o casi nada le aporta al lego en el terreno de la Calidad.

Por nuestro lado prescindiremos de ella, pues si la utilizáramos tampoco aportaríamos nada al tema en cuestión. Partiremos de lo que podríamos denominar "cuatro axiomas"; entonces calidad será:

— Aptitud para el uso.

— Cumplimiento de las especificaciones.

— Satisfacción del cliente.

— Grado de calidad.

Cada uno de ellos es necesario, pero no suficiente. Sólo la conjunción de los cuatro hará que tengamos una definición completa en sí misma.

Aptitud para el uso

Utilizando básicamente los conceptos de J. M. JURAN, podemos decir que la aptitud para el uso está dada por:

— La "investigación del mercado".

— La exactitud de "concepto".

— La exactitud de las especificaciones o documentos de diseño.

Investigación de Mercado

En primer lugar, debemos considerar que en las empresas difícilmente se cuente con un experto en investigación de mercado, por lo que lo usual es contratar a otra empresa cuya experiencia esté en este terreno. Pero, por otro lado, también habrá que tener en cuenta que las agencias tienen gran conocimiento de las técnicas de investigación pero, tal vez, conozcan poco los productos que queremos investigar. De manera que deberán ser nuestros técnicos quienes guíen a los encuestadores o investigadores para que orienten su trabajo hacia las variables que nos interesan.

Si la investigación de mercado no está bien diseñada, los datos que nos serán suministrados no servirán de mucho; y si esta situación no es advertida, el producto será diseñado para fracasar.

De manera que al encararse una investigación de este tipo, cabrán dos actividades: la primera es la de orientar a quienes diseñarán la investigación y la segunda, una vez obtenidos los llamados "datos de entrada", verificar la corrección de estos datos, es decir, que sean los datos que definan al producto o servicio a diseñar, que sean suficientes y, fundamentalmente, correctos. Esta segunda actividad, como ya veremos cuando tratemos el Control de Diseño, se deberá efectuar aun cuando los datos de entrada no surjan de una investigación de mercado sino simplemente cuando los suministre un ente regulador o un cliente en particular.

Exactitud de concepto

En segundo lugar, aun cuando los datos de entrada sean correctos, una interpretación errónea de su significado podría conducir a la formación de un concepto equivocado respecto de las características que debiera reunir el producto o servicio; de manera que se deberá poner mucha atención en la interpretación de los datos.

Exactitud de las especificaciones

En tercer lugar, podemos tener los datos de entrada que definan exactamente el producto, que sean suficientes y correctos y, sobre esa base, formarnos un concepto en

CAP. 1 — DEFINICION DE CALIDAD **3**

todo coincidente con los que el mercado está necesitando pero, si cuando este "concepto" es transferido a planos, especificaciones, etc., es decir, cuando efectuamos el diseño, elegimos materias primas inadecuadas, efectuamos los cálculos equivocados o conteniendo errores, si las cotas de los planos son insuficientes o erradas, si equivocamos el tamaño, la apariencia, el color, o cualquier otra característica, en vano habrá sido todo el trabajo anterior, pues habremos diseñado el producto equivocado. A esto nos referimos con "la exactitud con que se hayan transferido a las especificaciones las variables definitorias del concepto surgido de la investigación del mercado".

Por supuesto que está de por medio la elección correcta o incorrecta, respecto de la aptitud para el uso, que el cliente pueda hacer, pero este tema lo trataremos más adelante.

Cumplimiento de especificaciones

Este tópico se basa, en parte, en lo que podríamos llamar el "producto final" de la "aptitud para el uso", es decir, los "documentos de diseño".

Siempre recurriendo a JURAN como base del desarrollo, pero sin limitarnos a él, diremos que el cumplimiento de las especificaciones está dado por:

— La dirección.

— Los proveedores.

— La tecnología.

— La mano de obra.

La dirección

Se dice que "la calidad" debe fluir naturalmente de arriba hacia abajo, como el agua en una cascada (efecto cascada). Pero, lamentablemente, en muchas empresas el tema es considerado primero en los niveles medios. Estos niveles, generalmente, son los primeros en interesarse por la calidad, concurren a cursos y conferencias, a veces con la anuencia y el costeo por parte de la empresa; se motivan y se convencen de que "la calidad" es el único camino, pero, como este entusiasmo, este convencimiento no es compartido por la dirección de la empresa, no sólo deben luchar con los niveles a ellos subordinados para imponer "la calidad", sino que también deben hacerlo hacia arriba, tratando de concientizar a la dirección, trocando el "efecto cascada" por el "efecto bidet". Tomando nuevamente la figura poética de la cascada, es sabido que la fuerza del agua en su caída apartará los obstáculos que se interpongan en su camino, y aquellos que no sean removibles, tarde o temprano serán horadados por la corriente; pero, si reducimos la altura de la caída, sólo se logrará apartar los obstáculos más débiles y difícilmente se logren apartar los más grandes y pesados y menos aun horadarlos.

A veces, el problema radica en que la dirección de la empresa no considera la calidad como una función directiva, sino más bien una función meramente técnica.

Si consideramos las relaciones de los integrantes de una empresa, como un triángulo, podremos graficar estas situaciones de la siguiente forma:

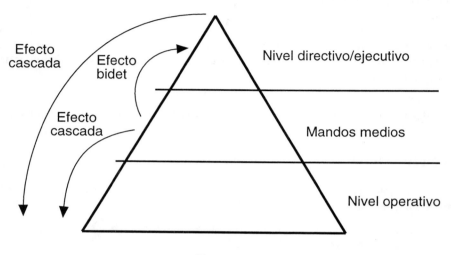

Figura 1,1.

De manera que, para que se dé cumplimiento a las especificaciones, la primera condición habrá de ser el conocimiento y convencimiento de la dirección de la empresa, de lo que implica "hacer calidad".

Es frecuente que, en una empresa cuya dirección no se encuentra consustanciada con la calidad, a pesar de los esfuerzos de los mandos medios, se termine comprando las materias primas y los insumos por el menor precio, sin considerar la calidad de los productos y proveedores, y esto, por orden de la dirección. Este es uno de los muchos ejemplos que el mismo lector ya conocerá.

Los proveedores

Por otro lado nos encontramos con que, en gran medida, la calidad dependerá de las materias primas e insumos, pues afectarán tanto la calidad del producto mismo como el rendimiento de los procesos y del personal. De manera que habrá que ser muy cuidadoso al especificar las materias primas y los insumos, al seleccionar a los proveedores (ver más adelante "Evaluación de Proveedores") y al inspeccionar los suministros. En una palabra, el cumplimiento de las especificaciones de compras por parte de los proveedores es una de las variables fundamentales de la calidad.

CAP. 1 — DEFINICION DE CALIDAD

5

La tecnología

En cuanto a la tecnología, nos estamos refiriendo al *know-how* de que dispone la empresa, el equipamiento, el estado del parque de maquinarias y de los elementos de inspección y control.

Muchas empresas estadounidenses son conocidas en todo el mundo por su capacidad para adoptar innovaciones tecnológicas. Una forma de llegar a ser competitivo es ser un líder en la utilización de la nueva tecnología.

Sin embargo, la ventaja desaparecerá rápidamente a medida que los competidores apliquen la misma tecnología para producir artículos de mayor calidad y a costos más bajos.

Japón ha logrado una posición de liderazgo en las empresas manufactureras desde los comienzos de la década del '70, debido a su capacidad para adoptar tecnología y producir artículos más baratos, más eficientemente y con niveles de calidad significativamente superiores.

Hemos mencionado la "adopción de tecnologías" en los EE.UU. y Japón, y podríamos hacerlo con muchos otros países, pero se trata de países que invierten en investigación, que destinan un importante porcentaje de su presupuesto anual a sus laboratorios de investigación, y por ello, nos limitamos a mencionar la "adopción". Distinto es el caso de nuestro país, donde la investigación tecnológica se puede considerar nula. En este caso, debemos decir que "tenemos que adoptar y *adaptar* nuevas tecnologías"; adoptar las que desarrollen los investigadores en el extranjero, pero en algunos casos, dado que las condiciones no son las mismas (materias primas distintas o con niveles de calidad diferentes, distinto nivel de capacitación y profesionalidad del personal, etc.), deberemos "adaptar" estas tecnologías a las condiciones reales de aplicación.

La mano de obra

En los textos de Administración de Personal, de Psicología Laboral y de Sociología Empresarial, se hace hincapié en que uno de los recursos más valiosos, cuando no el más valioso, de que dispone una empresa es su personal. No son muchos los empresarios que están convencidos de esto, por lo tanto descuidan la capacitación del personal. Como veremos más adelante, la motivación hacia cualquier tema, y en especial el que nos ocupa, la calidad, depende principalmente del conocimiento que se tenga de una disciplina, de su aplicabilidad y de sus beneficios. La calidad de los productos y servicios dependerá de la idoneidad del personal, de la capacitación que se lleve a cabo y de la concientización y motivación que se hayan logrado.

6   *ASEGURAMIENTO DE CALIDAD. ISO 9000*

Satisfacción del cliente

Aquí JURAN recurre a dos tópicos, que denomina "Disponibilidad" y "Servicio Post Venta".

La disponibilidad estaría dada por:

— La fiabilidad.

— La mantenibilidad.

— El apoyo logístico.

El Servicio de Post Venta comprendería:

— La prontitud con que se preste el servicio.

— El suministro de manuales de montaje, uso y reparación.

— La capacidad del personal para solucionar los problemas de los clientes.

— Las ventajas comparativas que se ofrezcan respecto de la competencia.

— La integridad en el proceder de la empresa.

La fiabilidad

Por fiabilidad o confiabilidad se debe entender el grado de confianza en que el producto no fallará en un tiempo menor al previsto, y esto debe ser considerado cuando se diseña el producto como un requisito de aptitud.

La mantenibilidad

Este tópico involucra la facilidad y rapidez de mantenimiento, que también debe ser prevista al diseñar el producto. Un producto, equipo, motor, etc., cuyo mantenimiento insuma un tiempo excesivamente prolongado, sea dificultoso, requiera de personal especializado y de herramental especialmente diseñado para el mantenimiento, seguramente no satisfará al usuario. Deberá tenerse en cuenta el lucro cesante que implica para un usuario una parada para efectuar mantenimiento de un equipo afectado a su producción. Por esta razón habrá de pensarse en la facilidad, rapidez y frecuencia de mantenimiento en función de la fiabilidad y de la programación de un mantenimiento preventivo y, en el último caso, de emergencia.

El apoyo logístico

Estará dado por la disponibilidad de repuestos, la intercambiabilidad y la rapidez en suministrarlos. Este aspecto está estrechamente vinculado con la mantenibilidad, pues de poco servirán la facilidad y rapidez en el desarmado y armado del equipo si no se dispone de los repuestos o aun disponiendo de ellos, se deben ajustar, por ejemplo mecanizándolos, debido a que no son intercambiables.

CAP. 1 — DEFINICION DE CALIDAD

La prontitud, el suministro de manuales de uso y reparación, y la capacidad del personal

En algunos casos la asistencia técnica post venta resulta de gran importancia para el montaje correcto de un equipo, el adecuado uso de un producto, la corrección de las variables de los procesos donde será aplicado el producto, etc. Tampoco se logrará satisfacer al cliente si la asistencia se demora, si no cuenta con los manuales necesarios o si se le envía personal no idóneo para asesorarlo. Piense el lector en el lucro cesante que deberá afrontar un cliente que se encuentra a la espera del asesoramiento para el montaje y puesta en funcionamiento de una bomba extractora en un pozo petrolífero.

Las ventajas comparativas

Estas ventajas con respecto a la competencia están dadas, principalmente, por los menores plazos de entrega y por los menores precios a los que se ofrecen los productos o servicios.

La integridad

La integridad en el proceder de la empresa se refiere principalmente a su comportamiento administrativo-financiero, de lo cual habría mucho que decir, pero ése no es tema de este libro.

A todo lo dicho debemos agregar el Servicio Pre Venta, tema que no considera JURAN, que asesorará al cliente respecto de la correcta elección del producto, para lograr alcanzar la Aptitud para el Uso y su satisfacción.

Queda aún por explicar el último de los tópicos, el "Grado de Calidad".

Resulta claro que la aptitud para el uso, el cumplimiento de las especificaciones y la satisfacción del cliente determinan la calidad de un producto, pero productos de la misma especie, que cumplen a satisfacción con los tres tópicos mencionados, difieren entre sí. Supongamos que una persona que está construyendo su casa, debe elegir los picaportes que instalará en las puertas; la variedad de picaportes de que dispone en la plaza será muy amplia, desde los forjados y bañados en oro hasta los conformados en chapa de hierro; por supuesto que la elección estará acotada, y deberá decidirse por los picaportes que guarden relación con el resto de los materiales utilizados en la construcción y con el estilo de la casa. Pero aun así, como se ha visto, la definición de "Calidad" demanda la conjunción de varios elementos interrelacionados, resultando así un concepto objetivo, distinto del subjetivo que surge de preguntarle a la gente "¿qué es Calidad?". Así, productos que cumplen en un todo con la definición de calidad se diferenciarán entre sí por el "grado", concepto estrechamente relacionado con la aptitud para el uso y la satisfacción del cliente.

Según la norma ISO 8402, el Grado es:

> Un indicador de categoria, aplicado a productos, procesos o servicios destinados a la misma funcion, pero para diferentes tipos de necesidades.

LA ESPIRAL DE LA CALIDAD

De acuerdo con el Diccionario de la Real Academia Española, la primera acepción de la palabra "proceso" es: "Acción de ir hacia adelante". Por su parte, en el siglo VI a.C., Heraclito señaló que "un hombre no puede bañarse dos veces en el mismo río, pues de una a otra vez habrán cambiado tanto el uno como el otro". Y de esto se trata cuando hablamos de Calidad, de un proceso.

Cuando se comenzó a desarrollar la teoría de la calidad, se ejemplificaba su proceso como un "círculo", en el cual se señalaban algunos puntos particulares. Pero luego, el proceso fue conceptualizado de una forma más real, resultando que el círculo se desplegaba axialmente y formaba una espiral, cuyo centro era un vector ascendente, lo que indicaba gráficamente el proceso, que no era claramente visible cuando se lo representaba como una sucesión plana de acontecimientos. De esta manera, a cada vuelta de la espiral, las variables que modifican la calidad van progresando con el transcurso del tiempo.

De la observación de la figura siguiente (tomada de Juran) se colige que todas las variables han sido modificadas durante el transcurso de una vuelta de la espiral, cosa que, en la práctica, no necesariamente debe suceder de esa manera, pero, a los fines teóricos consideremos que la variación de una de ellas ha motivado la variación del conjunto.

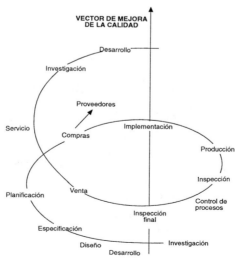

Figura 1,2.

CAP. 1 — DEFINICION DE CALIDAD

NORMAS Y ESPECIFICACIONES

La Segunda Guerra Mundial impuso a las FF.AA. de los EE.UU. la necesidad de contar con elementos de una calidad creciente, o, por lo menos, constante. Para satisfacer esta necesidad, se emitieron originalmente las normas Z1, adoptadas un tiempo después por los ingleses, como las BS 1008.

A su vez, las normas Z1 dieron origen, en 1963, a las normas estadounidenses MIL.Q 9858 A.

Con el transcurso del tiempo, el acopio de experiencia y la evolución de los conceptos, cada país fue desarrollando su propia normativa de Calidad. Así, Canadá emitió las normas CSA Z 299 (aplicadas en la Argentina en la construcción de la Central Nuclear Embalse Río III de Córdoba y en el Laboratorio de Procesos Radioquímicos del Centro Atómico Ezeiza); la empresa KWU desarrolló sus QSP 4A 15B (aplicadas en nuestro país en la construcción de la Central Nuclear Atucha II); por su parte, el American Petroleum Institute desarrolló la especificación API Spec. Q1, de aplicación obligatoria por parte de los licenciatarios del monograma API.

Más tarde, empresas petroleras como Pedevesa, Petrobras e YPF, desarrollaron su propia normativa al respecto, tratando de coordinar sus requerimientos con vistas al mercado común; hoy, YPF ha adoptado las normas ISO 9000 para sí y para sus proveedores. La Comunidad Económica Europea tomó la decisión de requerir a todos sus proveedores (internos y externos) el cumplimiento de la serie de normas ISO 9000, emitidas por la International Standard Organization. Por último, en la Argentina, las normas ISO 9000, 9001, 9002, 9003, 9004 y 8402 han sido adoptadas y traducidas por IRAM.

En adelante, dado su carácter internacional, nos referiremos y remitiremos sólo a la serie ISO 9000.

A continuación analizaremos brevemente, una por una, estas normas.

> ### ISO 9000
>
> NORMAS PARA LA GESTION Y EL ASEGURAMIENTO DE LA CALIDAD.
> PAUTAS PARA LA SELECCION Y UTILIZACION.

Son tres los objetivos de esta norma:

1) Clasificar las diferencias e interrelaciones entre los principales conceptos de Calidad.

2) Suministrar los criterios para la elección y utilización de uno de los niveles de requerimientos establecidos en las normas 9001, 9002 y 9003 sobre Sistemas de Calidad cuando existe una relación contractual, o 9004, cuando en ausencia de requerimientos contractuales, la empresa decide instrumentar un Sistema de Calidad.

ASEGURAMIENTO DE CALIDAD. ISO 9000

3) Establecer la necesidad de evaluar la capacidad de los proveedores para brindar la confianza necesaria de que habrán de suministrar productos o servicios con el nivel de calidad requerido.

Nada obsta que, aun en ausencia de requerimientos contractuales, una empresa seleccione una de las normas ISO 9001 a 9003, de acuerdo con la Política de la Calidad concordante con las características del producto o servicio y las características de la empresa, o con vistas a que en un futuro cercano o lejano le serán inexorablemente requeridas.

Si bien la norma ISO 9000 enumera los conceptos a tener en cuenta en la selección del nivel, no establece un método a aplicar. De acuerdo con el alcance que se le quiera dar al sistema, se podría elegir la ISO 9001 para aquellas empresas que aseguran sus productos desde la etapa de diseño, hasta la 9003, que sólo asegura la inspección final de los productos. Estos conceptos son coincidentes con los establecidos por la norma canadiense CSA Z 299.0, introductoria de las CSA, ya mencionada, y ella sí establece un método de categorización de los productos o niveles que, a su vez, determinarán qué norma se deberá aplicar para el desarrollo del Sistema de Calidad. A continuación se transcriben —sintetizados— los principales pasos que aplica el método.

Los requerimientos para cada sistema dependen de varios aspectos que deberán tenerse en cuenta:

a) la complejidad y madurez del diseño;

b) la naturaleza del proceso de producción;

c) la complejidad del producto o servicio; y

d) el uso final que se le dará al mismo.

Si, por ejemplo, una falla en el producto o servicio pudiera:

i) provocar un alto impacto económico;

ii) resultar peligroso para los operadores o para el público;

iii) o ambos a la vez, i) y ii),

es necesario un sistema de Aseguramiento de Calidad.

ASIGNACION DE FACTORES DE CLASIFICACION

Cada uno de los factores a tener en cuenta generará un *rating* que determinará la calificación del producto o servicio.

Para la determinación del *rating* se recomienda la siguiente puntuación:

a) Complejidad del proceso de diseño

0. El esfuerzo en el diseño es mínimo y simple.

1. El esfuerzo es significativo pero simple.

2. El esfuerzo es significativo y el proceso algo complejo.

CAP. 1 — DEFINICION DE CALIDAD

3. El esfuerzo es grande o complejo.

4. El esfuerzo es grande y complejo.

b) Madurez del diseño

0. El diseño está largamente probado.

1. Resulta ser una combinación de diseños probados, a ser aplicada al mismo uso.

2. Resulta ser una modificación de diseños aprobados, a ser aplicada a un uso distinto.

3. Rediseño de productos o servicios existentes para ser utilizados en forma distinta.

4. Diseño de un nuevo producto o servicio de complejidad.

c) Complejidad del proceso de producción

0. Se requieren pocos procesos (*) simples.

1. Se requiere una cantidad significativa de procesos simples.

2. Se requieren pocos procesos complejos.

3. Se requiere una cantidad significativa de procesos complejos

4. Se requiere gran cantidad de procesos complejos.

d) Características de los productos o servicios

0. Productos o servicios sin características restringidas o interrelacionadas.

1. Productos o servicios con sólo algunas características restringidas o interrelacionadas.

2. Productos o servicios con mediana cantidad de características restringidas o interrelacionadas.

3. Productos o servicios con una significativa cantidad de características restringidas o interrelacionadas.

4. Productos o servicios con gran cantidad de características restringidas o interrelacionadas.

e) Economía

0. Los costos e inconvenientes que pueda producir son insignificantes.

1. Los daños al equipamiento y los costos que pueda producir son limitados.

(*) Proceso de producción, inspección, ensayo, montaje, construcción, servicios o cualquier otra actividad.

2. Los daños al equipamiento y los costos que pueda producir son significativos.

3. Los daños al equipamiento y los costos que pueda producir son serios.

4. Puede producir la pérdida total del equipamiento y costos extremos.

f) Seguridad

0. No resulta riesgoso para la salud y la seguridad del personal.

1. Resulta ser limitadamente riesgoso para el personal.

2. Resulta un riesgo significativo para el personal.

3. Resulta un alto riesgo para el personal o un riesgo limitado para el público.

4. Resulta un alto riesgo para el personal y para el público.

Seleccionar el puntaje correspondiente a cada factor y efectuar la sumatoria.

Seleccionar el nivel a asignar al producto o servicio de la siguiente tabla.

Sumatoria	Sistema de Calidad según la norma
18 - 24	CSA Z299.1
13 - 17	Z299.2
8 - 12	Z299.3
4 - 7	Z299.4
0 - 3	No se requiere sistema de calidad

Si este criterio lo aplicáramos a las normas ISO la tabla correspondiente cambiaría en sus dos últimos renglones, quedando:

Sumatoria	Sistema de Calidad según la norma
18 - 24	ISO 9001
13 - 17	9002
0 - 12	9003

Cualquiera sea la norma o especificación que se adopte, la composición del Sistema de Calidad deberá ser establecida para cada empresa en particular, tomando los requerimientos de la norma como los mínimos a ser desarrollados. Debemos volver aquí a hacer hincapié en un concepto fundamental, el de "adoptar y adaptar". Cada empresa deberá adoptar una norma y adaptar sus requerimientos, tanto al producto o servicio que produce o presta como a la real dimensión de la empresa, evitando tanto el sobre como el

CAP. 1 — DEFINICION DE CALIDAD

13

subdimensionamiento del Sistema. Es por ello que la norma ISO 9000, punto 8.5.1 establece:

"... en ocasiones, ciertos elementos del Sistema de Calidad establecidos por la Norma Internacional seleccionada, pueden ser eliminados y, en otras ocasiones, pueden ser agregados. Si se probara que esto resulta ser necesario, debería acordarse entre el proveedor y el cliente y debería ser establecido en el contrato."

NORMA ISO 9001

SISTEMAS DE CALIDAD

MODELO PARA EL ASEGURAMIENTO DE LA CALIDAD EN DISEÑO/DESARROLLO, PRODUCCION, INSTALACION Y SERVICIO.

Esta norma se emitió para ser utilizada cuando la conformidad a los requisitos especificados debe ser asegurada por el proveedor desde la verificación de su propia capacidad para cumplir con las condiciones del contrato o la orden de compra, y hasta el asesoramiento de post venta, pasando por el diseño o desarrollo, la producción, transporte e instalación. Debiera ser aplicada por toda empresa que diseñe sus productos.

NORMA ISO 9002

SISTEMAS DE CALIDAD

MODELO PARA EL ASEGURAMIENTO DE LA CALIDAD EN LA PRODUCCION E INSTALACION.

Esta norma se emitió para ser utilizada cuando la conformidad a los requisitos especificados debe ser asegurada por el proveedor durante la producción e instalación, y en el caso en que la empresa no desarrolla ni modifica diseño alguno.

NORMA ISO 9003

SISTEMAS DE CALIDAD

MODELO PARA EL ASEGURAMIENTO DE LA CALIDAD EN INSPECCION FINAL Y ENSAYOS.

Esta norma se emitió para ser utilizada cuando la conformidad a los requisitos especificados debe ser asegurada por el proveedor únicamente durante el control y los ensayos finales.

NORMA ISO 9004-1

GESTION DE LA CALIDAD Y ELEMENTOS DEL SISTEMA DE CALIDAD. PARTE 1 - GUIAS

Esta norma describe una serie de elementos básicos con los cuales se pueden desarrollar e instrumentar Sistemas de Calidad a ser aplicados a los productos. Está concebida para situaciones no contractuales y para el caso de que una empresa requiera orientaciones para instrumentar y mantener un Sistema de Calidad que torne a la empresa más competitiva y le permita obtener la calidad deseada en una forma económica.

NORMA ISO 9004-2

GESTION DE CALIDAD Y ELEMENTOS DEL SISTEMA DE CALIDAD

PARTE 2 - GUÍA PARA LOS SERVICIOS

Esta norma tiene el mismo objetivo que la ISO 9004-1, pero para ser aplicada por aquellas empresas que prestan servicios, como los de salud, transporte, turismo, educación, etcétera.

El siguiente cuadro muestra las diferencias entre los tres niveles.

Norma ISO			Requisito
9001	**9002**	**9003**	
■	■	■	Responsabilidad de la Gerencia
■	■	■	Sistema de Calidad
■	■	■	Revisión de Contrato
■	x	x	Control de Diseño
■	■	■	Control de Documentos y Datos
■	■	x	Control de Compras
■	■	■	Productos suministrados por el comprador
■	■	○	Identificación y Rastreabilidad
■	■	x	Control de Procesos, Procesos Especiales
■	■	○	Inspección y Ensayos
■	■	■	Control de Equipos de Inspección y Ensayo
■	■	■	Estado de Inspección y Ensayo
■	■	○	Control de No Conformidades
■	■	○	Acción Correctiva y Preventiva
■	■	■	Manipuleo, Almacenamiento, Embalaje y Entrega
■	■	○	Registros de Calidad
■	■	○	Auditorías de Calidad
■	■	○	Entrenamiento
■	■	x	Servicio
■	■	○	Técnicas Estadísticas
			Aspectos económicos de la Calidad
			Seguridad del producto
			Mercadeo
Claves: ■			Requisito completo.
○			Requisito menor que en el nivel superior.
x			Requisito no presente.

Los últimos tres requisitos —aspectos económicos, seguridad y mercadeo— están mencionados en las normas sólo como una advertencia de que en el futuro se transformarán en obligatorios para algún nivel, pero, por el momento, solamente revisten el carácter de informativos.

El enunciado de los Aspectos Económicos de la Calidad estará dirigido hacia los mal llamados Costos de la No Calidad, cuando en realidad debieran ser llamados Pérdidas por No Calidad. Este tema lo iremos tratando en la medida en que avancemos en el desarrollo de los requerimientos obligatorios.

La norma ISO 9001 contiene los requisitos de los niveles 9002 y 9003, dado que es la de mayor amplitud; de manera que el desarrollo de los temas que hagamos de aquí en adelante estará referido a esta norma y será aplicable a las demás.

ASEGURAMIENTO DE CALIDAD

Existen varias modalidades de control e inspección, que van desde la ausencia total de estas dos actividades, salvo por el control que un operario efectúa sobre el elemento que está fabricando (éste es el caso, por ejemplo, del tornero que mide sucesivamente la pieza que está fabricando, para verificar cuán lejos se encuentra de la medida establecida en el plano y que, luego de considerar que alcanzó esa medida satisfactoriamente, da por terminada o aprobada la pieza), hasta el Aseguramiento de Calidad.

Las etapas intermedias que se pueden observar entre estos dos extremos, son las siguientes:

Inspección del producto terminado

Esta es la más rudimentaria y antigua de las formas de inspección, pues se aplica cuando el producto ya se ha terminado de elaborar, cuando ya tiene un alto valor agregado, y sus acciones se limitan a aprobar o rechazar, con la consiguiente alta pérdida por parte de la empresa.

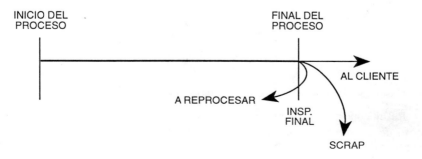

Es cierto que los productos rechazados pueden seguir dos caminos distintos, el del rechazo definitivo y absoluto, o la reparación o reprocesamiento, lo que no mejora en mucho el cuadro de pérdidas.

Inspecciones intermedias

En este caso, la empresa ha decidido no esperar a que un producto se encuentre terminado para inspeccionarlo, sino que ha establecido estaciones de inspección, aun virtuales, en las cuales se pretende detectar prematuramente cualquier apartamiento de las especificaciones. Este método incluye la inspección del producto terminado.

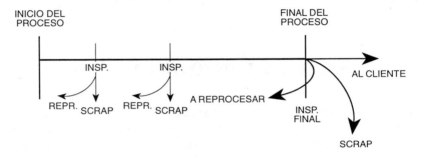

Control de los procesos

La empresa ha instrumentado el control estadístico de los procesos, consciente de que controlando los procesos se reducirán significativamente las piezas fabricadas fuera de especificación. Este método incluye las inspecciones intermedias y la inspección del producto terminado.

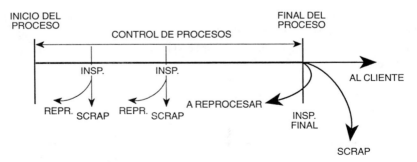

Hasta aquí hemos hablado de métodos de inspección y control *on-line*.

Resulta oportuno aquí mencionar lo expuesto por H. JAMES HARRINGTON en su libro *El coste de la mala calidad* (Ediciones Díaz de Santos S.A., pág. 10):

> LOS ESTUDIOS REALIZADOS EN HEWLETT-PACKARD REVELARON QUE UN REOSTATO DEFECTUOSO COSTABA 2 CENTAVOS SI SE TIRABA ANTES DE USARLO; COSTABA 10 DOLARES SI SE DETECTABA EN LA LINEA DE MONTAJE Y CIENTOS DE DOLARES, SI NO SE DESCUBRIA HASTA QUE LLEGABA AL CLIENTE.

Control de Calidad

Aquí nos estamos refiriendo al moderno concepto de Control de Calidad, el que implica —además del control de procesos, de las inspecciones intermedias y de la inspección del producto terminado—, una actividad preventiva, basada principalmente en la evaluación de los proveedores y sus productos, el control de diseño de productos y procesos, y la asistencia técnica pre y post venta.

Con el Control de Calidad comenzamos a tratar los métodos de inspección y control *off-line*.

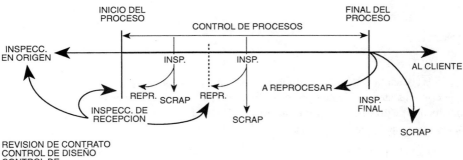

El Control de Calidad concebido de esta manera resulta ser una actividad sustancialmente preventiva.

Aseguramiento de Calidad

De lo que se trata aquí es de poder asegurar interna y externamente a la empresa, es decir a los directivos y al mercado, que la empresa se encuentra en condiciones de suministrar sus productos con un alto grado de confianza tanto en la capacidad de su equipamiento como en lo adecuado de la elección y funcionamiento de su Sistema de Control de Calidad; y esto a través de acciones tales como la Revisión de Contrato, la verificación periódica del Sistema de Calidad y la Auditoría de Calidad, acciones que permitirán no tomar contratos cuando se carece de la capacidad necesaria para satisfacerlos y detectar los desvíos del sistema para producir las acciones correctivas necesarias. En una palabra, se puede decir que el Aseguramiento de Calidad es el control de calidad del control de calidad.

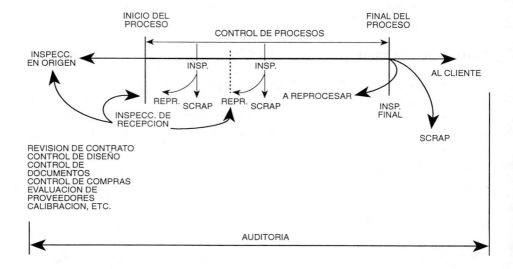

En ocasiones se suele confundir el concepto de Aseguramiento de Calidad creyendo que con un sistema de este tipo se está garantizando al cliente la ausencia de fallas en el producto o de problemas durante su utilización. Lo único que se puede garantizar con este sistema es que la empresa está empeñada en la "tendencia hacia el cero defecto".

Hemos dicho "tendencia" al mencionar el cero defecto, porque precisamente de eso se trata, de una tendencia, de un objetivo al que hay que propender, pero que nunca se alcanza, pues para ello debiéramos contar con materias primas perfectas, equipos y procesos perfectos y personal perfecto, y no disponiendo de ellos en tal grado, siempre alguno, cuando no los tres a la vez, habrán de fallar, produciendo un defecto, aunque aislado o esporádico.

Por su parte, la norma ISO 8402 define el Control de Calidad como:

> EL CONJUNTO DE TECNICAS Y ACTIVIDADES OPERATIVAS QUE SE USAN PARA VERIFICAR QUE SE CUMPLEN LOS REQUISITOS DE CALIDAD ESTABLECIDOS.

y Aseguramiento de Calidad como:

CAP. 1 — DEFINICION DE CALIDAD

> TODAS AQUELLAS ACCIONES PLANIFICADAS Y SISTEMATICAS, NECESARIAS PARA PROVEER ADECUADA CONFIANZA DE QUE UN MATERIAL O PROCESO CUMPLIRA LOS REQUISITOS DE CALIDAD ESTABLECIDOS.

Como dijéramos al principio, se ha sacrificado la claridad en aras de la síntesis.

Cabe aclarar aquí que en la literatura sobre Calidad podrá encontrarse la frase "Garantía de la Calidad", como sinónimo de Aseguramiento de Calidad, que es la que se utilizará en esta obra.

Capítulo 2

Las comunicaciones

El progreso de la humanidad se ha desarrollado sobre cuatro pilares fundamentales: el anhelo de saciar las necesidades, la razón, la curiosidad y la posibilidad de comunicarse. Por supuesto que las motivaciones que en cada caso han puesto en marcha tal desarrollo han sido diversas y no siempre han coincidido con el anhelo de saciar las necesidades de la humanidad, como gesto altruista. Pero este último no es tema del presente trabajo.

La posibilidad del hombre de comunicarse con sus semejantes ha sido fundamental para el desarrollo humano, pero por imperfección de los sistemas utilizados —imperfección inherente a toda actividad o creación humanas— ese desarrollo ha sufrido muchos tropiezos.

La mente humana puede concebir ideas "perfectas", que así son mientras se mantengan en el ámbito de las ideas y dentro de la mente de su gestor. Pero cuando, por ejemplo, el artista plástico trata de plasmar su idea con elementos materiales, sobreviene la inevitable diferencia entre idea y objeto, debido a las limitaciones de la materia.

Si una idea "perfecta" intenta ser transferida a otra mente tropieza, no con las limitaciones de la materia, sino con las de los medios y sistemas de comunicación; entonces, la idea transferida no habrá de ser idéntica en ambas mentes.

Si se hace una sencilla cadena como la siguiente:

Idea "perfecta" (original)
⇓
Idea formada en otra persona por inducción de la original (imperfecta en relación con la primera)
⇓
Concreción material de la idea inducida
=
resultado
≠
Idea "perfecta",

se concluye que la imperfección de las comunicaciones no sólo es un escollo sino que, en oportunidades, también es la causante de grandes desastres; recuérdese que lo ocurrido en Waterloo concluyó con la caída de un imperio.

Se ensayará aquí una definición de "comunicación".

En pocas palabras, puede decirse que "comunicación es el intento de influir en la conducta ajena".

Dicho de otro modo, una persona concibe una idea que transmite a otra en función de la información contenida en el mensaje; si obtiene una respuesta, habrá comunicación.

También se puede definir la comunicación por medio de los elementos que la componen. En primer lugar, habrá una idea (1). Luego, el intento de influir en la conducta ajena constituye un acto voluntario (2); este elemento servirá para acotar la comunicación; la influencia sobre la conducta ajena motivada involuntariamente no será considerada, por lo menos en esta obra, como comunicación. También se tiene un mensaje (3) a transmitir, que debe contener información útil para la persona a quien va dirigido; un codificador (4); un código (5); un transmisor (6); un canal (7); un receptor (8); un decodificador (9) y, fundamentalmente, una respuesta o *feed back* (10).

La sola conjunción de los elementos desde el (1) hasta el (9) no implica "comunicación" si no se produce una respuesta. El náufrago que lanza al mar la botella conteniendo un mensaje no se habrá comunicado hasta haber logrado que los demás se pongan en acción para rescatarlo.

Por otro lado, todos los elementos deben ser concordantes; por ejemplo, la emisión de un mensaje por medio de altavoces, dirigido al señor Juan Pérez, no constituirá una comunicación para otras personas que oigan el mensaje; en primer lugar, porque la voluntad de influir en la conducta no está dirigida a ellos; en segundo lugar, porque la información contenida en el mensaje no es de importancia para ellos, y por último, porque el mensaje no producirá respuesta alguna.

Si bien ya se habló de "conducta acorde con la información contenida en el mensaje", cabe aclarar no sólo que esa conducta será la respuesta, sino que puede darse de diversas formas: verbalmente, por gestos, en forma de acción (hacer) o de inacción (no hacer), etcétera.

Entre la idea y la respuesta se producen una serie de distorsiones, en forma de ideas mal expresadas, utilización de códigos distintos o no totalmente conocidos, preconceptos, mensajes incompletos, ruidos en el ambiente o en el medio, etc.; estas distorsiones son conocidas con el nombre genérico de "ruidos".

Para relacionar lo antedicho con el tema específico de la presente obra, se ha elaborado el siguiente cuadro:

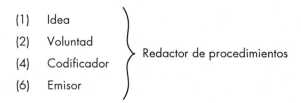

CAP. 2 — LAS COMUNICACIONES   **23**

(5)   Código   →   Idioma castellano

(3)   Mensaje   →   Texto en el procedimiento conteniendo información

(7)   Canal   →   Procedimiento escrito

(8)   Receptor

(9)   Decodificador   }   Responsable de cumplir con el procedimiento

(10)   Respuesta

En las páginas siguientes se establecerán las pautas tendientes a minimizar los "ruidos" producidos por el idioma, los textos y las estructuras de los documentos.

LOS DOCUMENTOS

En los negocios modernos —y en ellos se incluyen la industria, el comercio, la banca, los servicios, etc.— resulta inconcebible la idea del desarrollo de su gestión prescindiendo de documentos.

Cabe aquí definir qué es un documento. Esta es la definición que, por su amplitud, abarca todos:

> "Documento es todo soporte de información que guarda ciertas formalidades."

Las formalidades mínimas que debe guardar un soporte de información para constituirse en un documento son las siguientes:

— Debe ser útil para hacer, no hacer o probar algo.

— Debe ser reconocido como documento por todos los involucrados.

— La información contenida en él debe ser consistente.

Por ejemplo, un boleto de colectivo es un "documento", puesto que es útil para probar que se ha pagado el viaje; es reconocido como documento por el pasajero, el conductor, el inspector y, en su caso, por la compañía de seguros; por último, contiene información, como el número, la serie, la hora de ascenso, la identificación del conductor, el importe abonado, etcétera.

Una entrada de cine es un documento, pues es útil para demostrar que se pagó el derecho al espectáculo, más las cargas impositivas; es útil también para demostrar en qué fecha y horario se reservó la butaca tal de la fila cual; es reconocida por el boletero, por el espectador, por las autoridades de control y también, en su caso, por la compañía de

24 ASEGURAMIENTO DE CALIDAD. ISO 9000

seguros; la información contenida debe coincidir con el lugar, el horario y la fecha en que su poseedor pretende utilizarla.

Una factura es un documento, puesto que sirve para cobrar una provisión o un servicio; sirve como prueba ante los organismos impositivos; en oportunidades, se utiliza para el retiro de mercaderías; en las distintas etapas en que es utilizada —si la información es consistente con la requerida en cada oportunidad— es reconocida como un documento por todos los involucrados.

Una radiografía se constituye en un documento si contiene las indicaciones mínimas conducentes a la identificación del paciente —o del objeto, en el caso de radiografiado industrial—, conforme la oportunidad en que fue realizada.

Es posible establecer dos grandes divisiones en los documentos:

— Los que contienen información histórica, es decir, información de hechos acontecidos en el pasado, aun cuando ese pasado sea reciente y pueda llegar a confundirse con el presente son llamados "registros". Un registro debe servir tanto para probar algo como para tomar una decisión posterior a su confección. Por ejemplo, un remito servirá para probar la entrega y recepción de un bien material, en tanto que la anotación de la fecha de montaje de un rodamiento en un documento de la sección "Mantenimiento preventivo" servirá para tomar la decisión de cuándo volver a cambiarlo. El uso futuro de la información contenida en un "registro" no invalida su clasificación como tal.

— Los que contienen requisitos para cumplir en el futuro, entre los cuales se rescatan, para este trabajo, los llamados "códigos", "normas", "especificaciones" y "procedimientos". Los cursogramas serán tratados como simples herramientas de trabajo.

Se sobreentiende que toda información proviene de conocimientos o experiencia previa, o de registros; lo que hace la diferencia entre las divisiones establecidas es el momento en que se produce el hecho objeto o generador de la información.

Así, pues, un procedimiento está fundamentado en información histórica, pero brinda información de cómo producir un hecho futuro; un registro está fundamentado en información histórica y da cuenta de un hecho pasado.

Los documentos que contienen información en forma de requisitos que han de ser cumplidos en el futuro serán denominados "documentos de requisitos".

Es común reunir en manuales los documentos de requisitos, denominados "procedimientos". Por lo general, estos documentos contienen procedimientos relacionados con una gestión en particular, un área, etc. Así, se pueden encontrar manuales de procedimientos operativos, de mantenimiento, de control de la calidad, de gestión administrativa, de seguridad industrial, etcétera.

Utilizando el vocabulario de la Teoría de Conjuntos, se dirá que, considerando un manual como conjunto, los procedimientos son elementos interrelacionados. Con esta idea como guía, se desarrollarán las páginas siguientes. La presente introducción tiene el solo objeto de establecer las bases para el desarrollo de los temas siguientes. El lector interesado

CAP. 2 — LAS COMUNICACIONES

DOCUMENTOS DE REQUISITOS

Resulta imprescindible establecer qué diferencias hay entre los distintos tipos de documentos de requisitos. Estableciendo las particularidades de cada uno, se tendrán claras sus diferencias.

Códigos

Son documentos que fijan requisitos de cumplimiento obligatorio, impuesto por un sistema legislativo gubernamental —ya sea nacional, provincial o municipal—. Como ejemplo se puede tomar la instalación de calderas en la República Argentina.

Por lo general, se cuenta con el aporte de técnicos, expertos e industriales para la confección de un código, pero esta colaboración no implica la aplicación de un acuerdo consensual, entendiéndose aquí el término "acuerdo consensual" como aquella conformidad a la que arriban la mayoría de los intervinientes en una deliberación, cuando se aplica algún régimen de mayorías. Cuando un código ha sido legislado, debe darse cumplimiento a sus requisitos como a una ley, a pesar de que un individuo o la empresa a la que representa no esté de acuerdo con él. El no cumplir con el código es infringir la ley.

En la República Argentina, la palabra *código* involucra una serie de normas elaboradas en el exterior, sin fuerza legal dentro de su territorio, como por ejemplo el código ASME (American Society Mechanical Engineers). No obstante, la autoridad de este código es legitimada por el uso abundante que de él se hace en la industria.

Normas

Este documento de requisitos representa el concepto de acuerdo consensual. Como sucede con los códigos, técnicos, expertos e industriales son convocados para cumplir con las normas con las que cada uno puede o no estar de acuerdo, y proceder en consecuencia; en la Argentina tenemos el ejemplo del IRAM (Instituto Argentino de Racionalización de Materiales). Basado en este acuerdo, el documento consensual o norma es editado luego por el organismo promotor. En este caso, el uso de la norma puede ser impuesto por el comprador al vendedor por vía de una relación contractual o simplemente por imposición del mercado.

Como se ve, existen presiones para que las normas sean aceptadas; primero, las presiones del acuerdo consensual de la industria y segundo, la presión de la competencia en el mercado. Puede generarse la idea de que si una empresa no adopta una determinada norma es porque no tiene capacidad para cumplir con sus requisitos; en consecuencia, sus productos merecen menor confianza que los que declaran cumplir con la norma. El cumplimiento de la norma se transforma en un argumento de ventas. Cuando una empresa publicita sus productos, diciendo que cumple con las normas IRAM, está generando en el mercado consumidor una preferencia, basada en la confianza que la mención del ente normalizador puede imprimir, aun cuando la mayoría de los consumidores no conozcan las normas aplicadas.

Las normas resultan ser libros de historia, en los cuales son consolidados los avances técnicos y la experiencia recogida, para proveer una base para el progreso futuro. Esto hace que, generalmente, las normas no sean tan avanzadas técnicamente como los documentos de requisitos no sometidos al acuerdo consensual. Por esta razón, las normas que establecen requisitos mínimos han de ser cumplidas por quienes adhieren a ellas.

Especificaciones

La especificación es el documento impuesto por una organización de diseño, de fabricación o de compra, en la cual se fijan qué requisitos deben ser cumplidos. Una especificación de compras establecerá qué requisitos debe reunir el producto a adquirir; una especificación de fabricación establecerá qué parámetros deberá respetar, por ejemplo, el proceso de fabricación; una especificación sobre formulación química establecerá qué elementos y en qué proporción deberán combinarse.

Dado que las especificaciones se establecen en una compañía, no es necesario el acuerdo consensual —salvo en algunos casos particulares, en los que el cliente participa en la redacción o en la aprobación de la especificación—, pero, generalmente, el grado de discrecionalidad queda fijado por la misma compañía.

Una especificación —lo mismo que un procedimiento— se aplica a un artículo o a un proceso determinado, como por ejemplo, a una caldera en particular; la norma, en cambio, se aplica a un tipo de calderas y un código, a las calderas en general.

Procedimientos

En realidad, un procedimiento no es un documento, sino, justamente, una forma de proceder, y esto siempre existe, tanto en la vida empresaria como en la vida privada. Se tiene una forma de proceder para fabricar o para vender un elemento, y también se tiene una forma de proceder para tomar el subterráneo, para hacer compras en el supermercado, etc. La característica general de cada forma de proceder es la transmisión oral o las vías del ejemplo y la imitación.

Por extensión, cuando una forma de proceder es formulada por escrito, se la llama también procedimiento. En el desarrollo del presente trabajo se utilizarán indistintamente

CAP. 2 — LAS COMUNICACIONES   **27**

las palabras procedimiento o procedimiento escrito, difiriendo una de otra en cuanto al énfasis que sea necesario imprimirle a su condición de escrito.

En estos documentos se fija *cómo* se deben lograr los requisitos (*los qué*) establecidos en las especificaciones, en las normas o en la política de la empresa.

Estos documentos son elaborados dentro de la compañía y son de aplicación obligatoria dentro de ella, teniendo efecto fuera de ese contexto cuando se los vincula con un hecho contractual, por ejemplo, con una orden de compra, o con un contrato de provisión o de servicio.

Las instrucciones de trabajo aparecen como una extensión de los procedimientos, que son parcializaciones de los mismos, dirigidas a operarios, operadores, etc., con el fin de suministrarles la información requerida para cada caso en particular, con exclusividad. El tratamiento de las instrucciones de trabajo se somete a las mismas consideraciones que los procedimientos.

TABLA COMPARATIVA DE DOCUMENTOS DE REQUISITOS

Documento	Exigibilidad	Ambito de aplicación
Código	Fuerza de ley	Territorio para el cual fue legislado
Norma	Exigible por los clientes particulares o por el mercado en general	El mercado (salvo casos particulares)
Especificaciones	Interna a la compañía. Externa sólo por relación contractual	La empresa y sus proveedores
Procedimientos	Idem especificaciones	Idem especificaciones

EDIFICIO DOCUMENTAL

Nos parece oportuno utilizar la figura de un edificio para representar el sistema documental en el que se basa un Sistema de Calidad, edificio sin el cual no podría funcionar.

Resulta obvio que, para la construcción de cualquier edificio, se debe comenzar por la base. En este caso, la base la constituyen las normas, los códigos, las especificaciones de los clientes.

Actualmente, la tendencia es la de asumir como base las normas ISO serie 9000, más los requisitos que en cada caso pueda establecer un cliente en particular.

Como sabemos, las normas establecen el "deber ser", para utilizar una frase del ámbito judicial, que en este caso resulta perfectamente aplicable. Por su parte, las empresas "basadas" en las normas deben establecer el "será", es decir, el compromiso asumido respecto del cumplimiento de las normas aplicables.

De esta manera, cada empresa desarrollará, sobre la base, lo que llamaremos "Programa de Calidad" o "Manual de Calidad". Aquí se consignará la política de calidad asumida por la empresa, se describirá la organización con la que se cuenta para dar cumplimiento a la política, con asignación de funciones y responsabilidades a todos aquellos puestos relacionados con la calidad, y se establecerá, en forma de compromiso (el "será" del párrafo anterior), cada uno de los requisitos expresados en la norma aplicable. El Manual de Calidad dirá, entonces, *qué* se hará, pero no *cómo* se hará.

Podemos decir que el Manual de Calidad es la "planta baja", el nivel por el cual la gente ingresa en el edificio.

De manera que la utilidad del Manual de Calidad se limita:

— **Externamente:** a los entes licenciantes o reguladores y a los clientes, para conocer el compromiso asumido por la empresa y los tópicos sobre los que actuará respecto de la calidad.

— **Internamente:** al personal que desarrolle el Manual de Procedimientos, como guía de requerimientos mínimos a los que deben atenerse al llevar a cabo procedimientos, prácticas operativas, instrucciones, etcétera.

Los procedimientos, prácticas operativas e instrucciones, documentos a los que llamaremos globalmente "procedimientos" para simplificar, serán los pisos superiores del edificio que el personal de la empresa deberá aplicar para poder dar cumplimiento al compromiso asumido en el Manual de Calidad y, de esta manera, satisfacer los requisitos de las normas. En ellos se establecerá *cómo* se efectuará cada tarea.

El documento que, se podría decir, constituye el *lay-out* de los pisos superiores, es decir, lo que los ordena de una manera coherente y útil, ubicándolos de forma tal que sean utilizados en el momento oportuno y en los casos necesarios, es el denominado Plan de Inspección y Ensayos, conocido también por la sigla PIE, sobre el que volveremos cuando tratemos los documentos de inspección y ensayo.

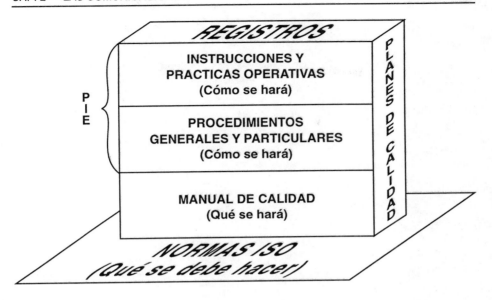

Figura 2,1.

Capítulo 3

Responsabilidades de la gerencia

TEXTO DE LA NORMA ISO 9001

POLITICA DE CALIDAD

La dirección del proveedor con responsabilidades ejecutivas debe definir y documentar su política de calidad, incluyendo los objetivos de calidad y su compromiso con la calidad. La política de calidad debe ser pertinente a los objetivos organizacionales del proveedor y a las expectativas y necesidades de sus clientes. El proveedor debe asegurar que su política se ha entendido, se ha implementado y se mantiene en todos los niveles de la organización.

ORGANIZACION
RESPONSABILIDAD Y AUTORIDAD

Deberán ser definidas y documentadas la responsabilidad, la autoridad y las interrelaciones de todo el personal que dirige, realiza y verifica tareas que afectan la calidad; particularmente, de aquel personal que necesita libertad organizacional y autoridad para:

a) iniciar acciones para prevenir la aparición de no conformidades relativas al producto, proceso o sistema de calidad;

b) identificar y registrar cualquier problema de calidad;

c) iniciar, recomendar o proporcionar soluciones a través de los canales establecidos;

d) verificar la implementación de soluciones;

e) controlar que los productos no conformes no se sigan procesando, se despachen o instalen hasta que hayan sido corregidas las condiciones deficientes o insatisfactorias.

RECURSOS

El proveedor deberá identificar las necesidades de recursos adecuados, incluyendo la asignación de personal entrenado para la gestión, ejecución del trabajo y actividades de verificación incluyendo auditorías internas de calidad.

Representante de la dirección

La gerencia del proveedor con responsabilidad ejecutiva deberá designar un miembro de la propia gerencia del proveedor, quien, independientemente de otras responsabilidades, debe tener autoridad definida para:

a) asegurar que se ha establecido, implementado y se mantiene un sistema de calidad de acuerdo con esta norma, y

b) informar sobre el comportamiento del sistema de calidad a la gerencia del proveedor a los efectos de proceder a la revisión y como base para el mejoramiento.

NOTA: La responsabilidad de un representante de la gerencia puede también incluir relaciones con las partes externas sobre materias relativas al sistema de calidad del proveedor.

Revisión por la dirección

La gerencia del proveedor con responsabilidad ejecutiva debe revisar el sistema de calidad a intervalos definidos suficientes para asegurar que continúa siendo apropiado y efectivo para satisfacer los requerimientos de esta norma y la política y objetivos de calidad establecidos por el proveedor. Deberán mantenerse registros de dichas revisiones.

SISTEMA DE CALIDAD

Generalidades

El proveedor deberá establecer y mantener un Sistema de Calidad documentado, como un medio para asegurar que los productos conforman los requerimientos especificados.

El proveedor deberá preparar un manual de calidad que cubra los requisitos de esta norma. El manual de calidad debe incluir o hacer referencia a los procedimientos del sistema de calidad y esquematizar la estructura de la documentación usada en el sistema de calidad.

Procedimientos del sistema de calidad

El proveedor deberá:

CAP. 3 — RESPONSABILIDADES DE LA GERENCIA

33

a) preparar procedimientos documentados consistentes con los requisitos de esta norma y la política de calidad establecida por el proveedor, y

b) implementar efectivamente el sistema de calidad y sus procedimientos documentados.

A los efectos de esta norma, el alcance y el detalle de los procedimientos que forman parte del sistema de calidad deben depender de la complejidad del trabajo, los métodos usados y las capacidades y entrenamiento necesarios para el personal involucrado en efectuar la actividad.

NOTA: Los procedimientos documentados pueden hacer referencia a instrucciones de trabajo que definan cómo se efectúa una actividad.

Planificación de la calidad

El proveedor deberá definir y documentar cómo se cumplirán los requisitos de calidad. La planificación de la calidad deberá ser consistente con todos los otros requisitos del sistema de calidad del proveedor y deberá ser documentada en forma adecuada al método de operación del proveedor. El proveedor deberá tomar en consideración las siguientes actividades, según corresponda, para cumplir los requisitos para los productos, proyectos o contratos:

a) la preparación de planes de calidad;

b) la identificación y la asignación de todos los controles, procesos, equipos (incluyendo equipos de inspección y ensayos), dispositivos, medios de producción y conocimientos que puedan ser necesarios para obtener la calidad requerida;

c) asegurar la compatibilidad del diseño, el proceso de producción, instalación, servicio y procedimientos de inspección y ensayo con la documentación aplicable;

d) la actualización, cuando sea necesaria, de las técnicas de control de calidad, inspección y ensayos incluyendo el desarrollo de nuevos instrumentos;

e) la identificación de cualquier requisito de medición que implique una capacidad que exceda el estado del arte conocido, con tiempo suficiente para que dicha capacidad sea desarrollada;

f) la identificación de la verificación adecuada en etapas apropiadas de la ejecución del producto;

g) la definición de las normas de aceptabilidad para todas las características y los requisitos, incluyendo aquellos que contienen un elemento subjetivo;

h) la identificación y la preparación de registros de calidad.

NOTA: Los planes de calidad citados pueden estar en forma de una referencia a los procedimientos documentados apropiados que forman parte integral del sistema de calidad del proveedor.

34   ASEGURAMIENTO DE CALIDAD. ISO 9000

Comentario

A continuación desarrollaremos estos temas, no en el orden en que la norma los presenta, sino en el que, generalmente, toman en un manual de calidad.

EL MANUAL DE CALIDAD

Dado que el Manual de Calidad debe guardar estrecha relación con la norma que le da origen y que, como ya dijimos, la tendencia es la adopción de la serie ISO 9000, daremos a continuación un ejemplo de la constitución de los manuales para cada uno de los niveles.

Norma ISO			Requisito
9001	**9002**	**9003**	
■	■	■	Tabla de contenido y revisiones
■	■	■	Objeto y alcance
■	■	■	Política de Calidad
■	■	O	Revisión periódica
■	■	■	Organigrama
■	■	■	Definición de funciones y responsabilidades
■	■	■	Definiciones de términos
■	■	■	Revisión de Contrato
■	x	x	Control de Diseño
■	■	■	Control de Documentos y Datos
■	■	x	Control de Compras
■	■	■	Productos suministrados por el comprador
■	■	O	Identificación y Rastreabilidad
■	■	x	Control de Procesos, Procesos Especiales
■	■	O	Inspección y Ensayos
■	■	■	Control de Equipos de Inspección y Ensayo
■	■	■	Estado de Inspección y Ensayo
■	■	O	Control de No Conformidades
■	■	O	Acción Correctiva y Preventiva
■	■	■	Manipuleo, Almacenamiento, Embalaje y Entrega
■	■	O	Registros de Calidad
■	■	O	Auditorías de Calidad
■	■	O	Entrenamiento
■	■	x	Servicio
■	■	O	Técnicas Estadísticas

Claves:	■	Requisito completo.
	O	Requisito menor que en el nivel superior.
	x	Requisito no presente.

Los últimos tres requisitos —aspectos económicos, seguridad y mercadeo— están mencionados en las normas sólo como una advertencia de que en el futuro se transforma-

CAP. 3 — RESPONSABILIDADES DE LA GERENCIA

rán en obligatorios para algún nivel, pero, por el momento, solamente revisten el carácter de informativos.

Como se puede observar, hay una parte que podría llamarse "general", la cual estaría compuesta por los mismos elementos para los tres niveles; las diferencias se establecen en la composición del resto del manual, asumiendo distintos criterios asociados a los distintos niveles de exigencias.

TABLA DE CONTENIDO Y REVISIONES

Como todo documento escrito con algún grado de complejidad en la ubicación de los distintos temas que trata, el Manual de Calidad debe contener una tabla de contenido o índice, que facilite una rápida ubicación de los temas. Este índice puede utilizarse como tabla de revisiones. Esto es, cada criterio (o cada página, en su caso) puede ser modificado, sin que esta modificación afecte los demás documentos, de manera que su "estado de revisión" puede ser distinto del resto. En todos los casos, el usuario del documento deberá conocer con exactitud cuáles son las páginas que componen la última versión del documento. Este tema será tratado cuando ingresemos en el "Control de Documentos".

OBJETO Y ALCANCE

Aunque parezca obvio, se deberá incluir una declaración que justifique la existencia del sistema; esto se efectúa al definir el Objeto del Manual. Este tema se amplía en el siguiente punto, "Política de Calidad".

Por otro lado, un sistema de calidad puede ser aplicado en una de las plantas de la empresa, en caso de que tenga más de una planta industrial, o puede ser aplicado en una sola línea de fabricación o en un solo producto. En estos casos de aplicación parcial, suele establecerse un período de aplicación del sistema, pues se trata de períodos de prueba, de ajuste, de toma de experiencia. Esta situación hace que se determine con precisión cuál es el alcance del sistema, tanto físico como temporario. La aplicación generalizada —es decir, en toda la empresa— nos sustrae de acotar el tiempo, pues se entiende que es permanente, y nos compromete a precisar que el sistema será aplicado en toda la empresa.

POLITICA DE CALIDAD

La norma ISO es clara al establecer que se deben definir las políticas, pues consigna:

> "La dirección del proveedor con responsabilidades ejecutivas debe definir y documentar su política de calidad, incluyendo los objetivos de calidad y su compromiso con la calidad. La política de calidad debe ser pertinente a los objetivos organizacionales del proveedor y a las expectativas y necesidades de sus clientes. El proveedor debe asegurar que su política se ha entendido, se ha implementado y se mantiene en todos los niveles de la organización."

Además, según la definición proporcionada por la norma ISO 8402, Política de Calidad es:

> "Los propósitos y objetivos generales para la calidad, formalmente expresados por los niveles superiores de decisión de la empresa."

Es habitual que los redactores, en quienes se delega la tarea de elaborar una declaración de política de calidad, para después ser firmada por los directivos de las empresas, confundan los objetivos con las políticas y terminen declarando:

> "La Empresa asume como política de calidad el mejoramiento permanente de la calidad de sus productos, con el objetivo de cumplir con los requerimientos de los clientes."

Esto no es una declaración de política sino de objetivos.

En primer lugar, las empresas deberían tener claros cuáles son sus objetivos, y esta claridad debería surgir de "la cabeza" de la empresa, es decir, de la dirección. No es posible que los niveles subordinados a la dirección tengan más claros los objetivos de lo que los debiera tener ésta.

A pesar de que la teoría de la Administración de Empresas ha abandonado el punto de vista que establecía que la fijación de objetivos era efectuada por "los dueños de las empresas", y que actualmente se la considera una actividad "colegiada", con la participación de todos los niveles, inclusive externos, como los conformados por accionistas y proveedores, esto es sólo lo dicho, teoría, pues la práctica demuestra que siguen siendo "los dueños" quienes, cuando tienen las ideas claras, establecen los objetivos.

Así, el problema de la definición de la política de calidad tiene su origen en la asignación de la tarea a personal que no conoce, y que no puede definir, los objetivos de la empresa.

Diremos que la definición de los *objetivos* es el establecimiento de propósitos claramente definidos, mientras que las *políticas* son los caminos a transitar, las pautas a seguir para el logro de los objetivos. Ahora se comprenderá por qué se dijo que lo ejemplificado más arriba no es una declaración de política sino de objetivos.

Si tomamos como ciertos los objetivos mencionados:

> "... el mejoramiento permanente de la calidad de sus productos, con el objetivo de cumplir con los requerimientos de los clientes.",

CAP. 3 — RESPONSABILIDADES DE LA GERENCIA

podemos establecer la política que nos guiará hacia su concreción:

"Para la obtención de los Objetivos de la Empresa, sus acciones en el ámbito de la Calidad se desarrollarán de acuerdo con un Sistema de Calidad escrito, y cuyo cumplimiento será obligatorio en todas las áreas involucradas."

"La Empresa asumirá como rectores, para su Sistema de Calidad, los requerimientos establecidos por la International Standard Organization en su norma ISO 9002."

"Esta directiva tendrá una sola excepción, que será el establecimiento de requerimientos distintos, contractualmente expresados, por parte de los clientes."

"Se asignarán los recursos necesarios para asegurar una efectiva prevención, detección y corrección de defectos, de manera de tender permanentemente hacia el logro del «cero defecto»."

De esta manera tenemos trazados los senderos a transitar, que nos acercarán paulatinamente a los objetivos. La distancia que separe el estado actual del objetivo fijado debe ser permanentemente "medida", es decir, se debe auditar el sistema, de modo tal de conocer si, verdaderamente, los caminos elegidos conducen a los objetivos, si se deben hacer cambios de rumbo o tomar por atajos que se descubrieron recién cuando se comenzó a recorrer los caminos. Más adelante volveremos sobre este tema cuando tratemos lo referido a las Auditorías.

Por otro lado, la norma establece que:

"El proveedor deberá asegurar que estas políticas son entendidas, implementadas y mantenidas en todos los niveles de la organización."

Como ya hemos visto, las normas establecen los *qué* pero no los *cómo*, de manera que el modo de asegurar el entendimiento, la implementación y el mantenimiento de las políticas quedará reservado a la imaginación de los responsables.

El recurso que puede utilizarse para "asegurar el entendimiento" es la capacitación del personal, a través de la cual se logrará la motivación. De este tema nos habremos de ocupar cuando hagamos referencia al entrenamiento.

En cuanto a asegurar la implementación y el mantenimiento de las políticas, diremos que está estrechamente vinculado al control del logro de objetivos, lo que ya dijimos que examinaremos en las auditorías.

La norma ISO 9000, punto 3,1, establece, como hemos consignado más arriba, que la declaración de política debe estar "formalmente expresada", firmada, por lo menos, por una de las máximas autoridades de la empresa.

Esta firma resulta muy conveniente, pues de este modo la declaración cuenta con un elemento fundamental que, de alguna manera, asegurará su apoyo por parte de los directivos y formalizará su vigencia para los niveles subordinados.

REVISION DEL SISTEMA POR LA DIRECCION

La norma establece la necesidad (y la obligación) de que la dirección de cada empresa asuma el rol de controlador de su propio sistema.

Por un lado, dado que las normas son cuerpos vivos, que cambian, que evolucionan con el tiempo, la dirección de la empresa debe formular su compromiso de mantener actualizado su sistema, mediante la comparación de la norma con el sistema adoptado y, de ser necesario, la revisión periódica del mismo.

Por otro lado, las auditorías resultan ser la herramienta más idónea para mantener el control sobre el sistema y producen sus propias correcciones.

Lo que la norma está requiriendo, dado que la ejecución de las tareas siempre es delegada a personal subalterno —de alto nivel dentro de la organización de la empresa, si se quiere, pero subordinado a la dirección—, es que los directivos se encuentren al tanto de estas actividades y de sus resultados.

Esta actividad requiere la generación de "evidencias objetivas", lo que puede efectuarse mediante la emisión de una nota de la dirección al responsable por la administración del sistema, ordenándole introducir modificaciones que adecuen el sistema a la norma o informándole que, producida la comparación, no se requiere modificación alguna.

ORGANIGRAMA

Las normas ISO 9004-1 y 9004-2 establecen claramente que el Manual deberá contener una representación gráfica de la empresa, en la que se muestren todas las funciones con alguna incidencia sobre la calidad, las líneas de autoridad y las líneas de comunicación entre sectores.

Esta tarea no es tan sencilla como parece. SOLANA y PIENOVI ([1]) dicen:

> "La estructura organizativa consiste en un arreglo o disposición tal de los recursos de la organización que posibilite el cumplimiento de las funciones que le son inherentes, con vistas al logro de sus objetivos."

De esta manera, se deberá tener muy en cuenta lo puntualizado por FEDERICO FRICHKNECHT, citado a su vez por SOLANA y PIENOVI en la misma obra, quien dice:

> "... lo importante es interpretar la posición resultante de acuerdo con el código adoptado (código de graficación) (*) y no dejar organizar la empresa al dibujante."

---

(1) SOLANA, R.F. y PIENOVI, A.A., *Teoría de la administración de organizaciones*, Ediciones Contabilidad Moderna, Buenos Aires, 1980, pág. 313.

(*) El paréntesis es nuestro.

CAP. 3 — RESPONSABILIDADES DE LA GERENCIA **39**

En ocasiones es esto lo que sucede; se deja que alguna persona con cierta habilidad para el dibujo grafique la estructura de la empresa, sin tener en cuenta las connotaciones posteriores o, para ser más exacto, los problemas que esta actitud puede acarrear a la empresa.

"Organizar" es tarea de entendidos; expresar gráficamente una organización también se debería considerar de esa manera. Por supuesto que no se pretende que los expertos en organización sepan dibujar, pero sí que guíen al dibujante para obtener un reflejo fiel de la organización establecida, y no un conglomerado de rectángulos ubicados en las posiciones que resultaron de la disponibilidad de espacio en el papel.

Debe tenerse siempre presente que un organigrama es un elemento estático, rígido, que representa a la empresa en un momento dado frente a una realidad cambiante, puesto que las empresas son "organismos vivos" que evolucionan adaptándose a las situaciones también cambiantes, de manera que el organigrama que ayer era fiel, hoy puede no serlo.

No es objeto del autor establecer las técnicas de graficación en esta obra, pero se propondrán dos pautas para poder cumplir con los requisitos de las normas:

1) Las líneas de autoridad entre funciones se dibujan llenas, como resulta tradicional.

2) Las líneas de comunicaciones, requeridas por las normas ISO, pueden dibujarse con líneas punteadas, estableciendo relaciones entre sectores que necesitan una comunicación ágil para que resulte efectiva. Esto no significa que no se informe a los niveles superiores respecto de las novedades o el desarrollo de una gestión, sino que la comunicación no deberá seguir las líneas de autoridad ascendentes y descendentes para comunicar a funcionarios del mismo nivel pero de distintos sectores.

Este recurso permitirá que, por ejemplo, ante la detección, por parte de un inspector, de un equipo que está elaborando productos fuera de especificación, pueda informar inmediatamente al supervisor de Producción para que se pueda corregir el funcionamiento del equipo sin dilaciones, evitando el progreso en la fabricación de productos no conformes, inconveniente que se agravaría si la comunicación se viera demorada en el recorrido de las líneas de autoridad.

FUNCIONES Y RESPONSABILIDADES

En estrecha asociación con el organigrama, se debe incluir la definición de cada función y las responsabilidades inherentes a cada una de ellas.

Debemos recordar:

Función: es la descripción de las razones que justifican la existencia de un puesto, lo que en Administración de Empresas se llama "la descripción de la silla".

40 ASEGURAMIENTO DE CALIDAD. ISO 9000

Por ejemplo, la función de un gerente de compras podrá ser:

"Gestionar la provisión a la Empresa de todas las materias primas, insumos y servicios necesarios para el desarrollo de la gestión empresarial, en el nivel de calidad requerido, en el momento oportuno y al precio más conveniente."

Por otra parte,

Responsabilidades: son todas aquellas tareas que una persona debe desarrollar para cumplir con su función.

Por ejemplo:

— Supervisar a su personal.
— Firmar las Ordenes de Compras.
— Presenciar la apertura de sobres en las licitaciones.
— Etcétera.

Debemos tener presente que las normas nos solicitan describir solamente las funciones de aquellos puestos con injerencia en la calidad y, para cada uno de estos puestos, solamente las responsabilidades vinculadas con la calidad, evitándose las relacionadas con administración de personal, administración general, etcétera.

En la figura 3,1 mostramos un ejemplo de hoja de funciones y responsabilidades.

Puesto:
Depende de:
Supervisa a:

Función:

Responsabilidades:

Figura 3,1.

DEFINICIONES DE TERMINOS

Es sabido que en cada disciplina se utiliza un léxico propio [2], palabras que dentro de un determinado ámbito tienen un sentido distinto del uso en otros medios e inclusive del uso común y cotidiano del vocablo.

---

(2) FOLGAR, O.F., *Los Procedimientos, Cursogramas y Formularios*, Editorial Macchi, Buenos Aires, 1988, pág. 22.

CAP. 3 — RESPONSABILIDADES DE LA GERENCIA

Esta situación impone la necesidad de definir con precisión el significado y alcance de cada frase o palabra empleados en el sistema de calidad. Para ello disponemos de una base constituida por la norma ISO 8402, más los términos particulares utilizados en la empresa.

Estas definiciones deben formar parte del sistema y se habrá de hacer referencia a ellas cada vez que sea necesario.

PLANES DE CALIDAD

Planificar la calidad implica establecer con precisión los medios para alcanzar los objetivos fijados en la política de calidad. Esto conduce a la asignación de todos los recursos necesarios, en forma estructurada y secuencial.

Podemos hablar de dos planes:

— uno, macro, en el que se establece qué equipos de producción, control de la producción y control de calidad serán incorporados en el patrimonio, la anexión de personal, cuáles serán las actividades de capacitación y motivación a las que será sometido el mismo, cuáles las materias primas e insumos considerados críticos para la calidad y, en consecuencia, cuáles los proveedores a evaluar, etc.; y

— uno, micro, en el que se establecen todos los recursos necesarios asociados a un producto en particular; esto incluye la identificación de cada etapa de fabricación, instalación, montaje, construcción o prestación —en caso de servicios—, la identificación de cada etapa de control, inspección y ensayo, la asignación de los equipos, incluyendo los alternativos, para la ejecución de las tareas de fabricación, entre otras, las prácticas operativas, los procedimientos e instrucciones a emplear, los registros a generar, etcétera.

Los planes de calidad pueden formar parte del manual de calidad o constituir un documento separado; esto último siempre y cuando en el manual de calidad se haga referencia expresa a la identificación del plan.

A continuación se muestra un Plan de Calidad de una empresa de construcciones que forma parte del Manual de Calidad y otro, de una empresa de servicios, como un cuerpo separado.

22 - PLANES DE CALIDAD/REV. 2

REFERENCIAS

ISO 9002, 4.2.3

OBJETO

Establecer la estructura documental que permita la aplicación del Sistema de Calidad.

ALCANCE

Este Plan es aplicable por todo el personal que realiza actividades que afectan la Calidad y durante el desarrollo de una Obra.

METODOLOGIA

Organización y Responsabilidades

La organización de Aseguramiento de Calidad, para cada Proyecto, se describe en el Manual de Aseguramiento de Calidad.

Sistema de Calidad

La estructura documental del Sistema se encuentra constituida por el Manual de Calidad como documento interno básico; el Manual de Procedimientos del Sistema, como documento de primer nivel en cumplimiento de la Política de Calidad establecida en el Manual de Calidad, con las instrucciones generales y un Manual de Procedimientos Particulares como documentos de segundo nivel, con instrucciones particulares aplicables a una obra o una gestión en particular.

Los Procedimientos del Sistema se identifican con las letras MP y se relacionan uno a uno con los capítulos del Manual de Calidad. Los Procedimientos Particulares se identifican con las letras PP y se relacionan en una cantidad de uno a uno o mayor con el procedimiento que particularizan o complementan.

La principal característica de los Procedimientos del Sistema es que, salvo requerimiento específico del cliente, se mantienen invariables en cada obra; en cambio, los Procedimientos Particulares conforman un cuerpo documental distinto para cada obra.

CAP. 3 — RESPONSABILIDADES DE LA GERENCIA

Equipos e instrumentos de Inspección, Medición y Ensayo

Los equipos e instrumentos de Inspección, Medición y Ensayo serán asignados en los procedimientos particulares de acuerdo con los requerimientos de cada caso.

Programación de actividades

La programación de las actividades se efectuará en función del Programa de Obra.

Matrices de aplicabilidad de procedimientos

PLAN DE CALIDAD

ISO	REQUERIMIENTO	MANUAL DE CALIDAD	PROCEDIMIENTOS APLICABLES
4.1	Responsabilidad de la Gerencia	01-02-22	Manual de Aseguramiento de Calidad MP 01-001 Funcionam. Com. Calidad MP 02-001 Revisión Gerencial
4.2	Sistema de Calidad	01 a 21	Manual de Calidad
4.3	Revisión de Contrato	03	MP 03-001 Revisión de Contrato
4.4	Control de Diseño	–	No Aplicable
4.5	Control de Documentos y Datos	05	MP 05-001 Control de Documentos y Datos PP 05-001 Redacción de Procedim. MP 16-001 Registros de Calidad
4.6	Compras	06	MP 05-001 Control de Documentos y Datos MP 06-001 Control de Compras PP 06-001 Evaluación de Proveed. PP 06-002 Compra de Calibraciones PP 06-003 Eval. Prov. Alternativo MP 09-001 Identificación y Rastreabilidad PP 09-001 Control Procesos Espec. MP 10-001 General de Inspección y Ensayo y los procedimientos PP 10 aplicables MP 11-001 General de Calibración MP 12-001 Estado de Inspección MP 13-001 Administración de No Conformidades MP 14-001 Acciones Correctivas y Preventivas MP 15-001 Manipuleo, Almac., etc. MP 16-001 Registros de Calidad

ISO	REQUERIMIENTO	MANUAL DE CALIDAD	PROCEDIMIENTOS APLICABLES
4.7	Suministros del Cliente	07	MP 07-001 Productos Suministrados por el Cliente MP 08-001 Identificación y Rastreabilidad MP 10-001 General de Inspección y Ensayo y los procedimientos PP 10 aplicables MP 11-001 General de Calibración MP 12-001 Estado de Inspección MP 13-001 Administración de No Conformidades MP 14-001 Acciones Correctivas y Preventivas MP 15-001 Manipuleo, Almac., etc. MP 16-001 Registros de Calidad
4.8	Identificación y Rastreabilidad	08	MP 05-001 Control de Documentos y Datos MP 08-001 Identificación y Rastreabilidad MP 16-001 Registros de Calidad
4.9	Control de Procesos	09	MP 05-001 Control de Documentos y Datos MP 09-001 Control Procesos Espec. MP 13-001 Administración de No Conformidades MP 16-001 Registros de Calidad MP 18-001 Capacitación de Personal MP 21-001 Mantenimiento y los procedimientos PP 21 aplicables
4.10	Inspección y Ensayos	10	MP 05-001 Control de Documentos y Datos MP 08-001 Identificación y Rastreabilidad MP 09-001 Control Procesos Espec. MP 10-001 General de Inspección y Ensayo y los procedimientos PP 09 aplicables MP 11-001 General de Calibración MP 12-001 Estado de Inspección MP 13-001 Administración de No Conformidades MP 14-001 Acciones Correctivas y Preventivas MP 15-001 Manipuleo, Almac., etc. MP 16-001 Registros de Calidad MP 18-001 Capacitación de Personal
4.11	Equipos de Inspección y Ensayos	11	MP 05-001 Control de Documentos y Datos MP 11-001 General de Calibración MP 13-001 Administración de No Conformidades MP 14-001 Acciones Correctivas y Preventivas MP 16-001 Registros de Calidad
4.12	Estado de Inspección y Ensayos	12	MP 12-001 Estado de Inspección MP 13-001 Administración de No Conformidades MP 14-001 Acciones Correctivas y Preventivas MP 16-001 Registros de Calidad

CAP. 3 — RESPONSABILIDADES DE LA GERENCIA

45

ISO	REQUERIMIENTO	MANUAL DE CALIDAD	PROCEDIMIENTOS APLICABLES
4.13	Control de productos No Conformes	13	MP 01-001 Funcionamiento del Comité de Calidad MP 13-001 Administración de No Conformidades MP 14-001 Acciones Correctivas y Preventivas PP 16-001 Registros de Calidad
4.14	Acción Correctiva y Preventiva	14	MP 01-001 Funcionamiento del Comité de Calidad MP 13-001 Administración de No Conformidades MP 14-001 Acciones Correctivas y Preventivas MP 16-001 Registros de Calidad MP 17-001 Auditoría Interna de Calidad
4.15	Manipuleo, Almacenamiento, Envasado, Preservación y Despacho	15	MP 13-001 Administración de No Conformidades MP 14-001 Acciones Correctivas y Preventivas MP 15-001 Manipuleo, Almac., etc. MP 16-001 Registros de Calidad
4.16	Control de Registros de Calidad	16	MP 05-001 Control de Documentos y Datos MP 16-001 Registros de Calidad
4.17	Auditorías Internas de Calidad	17	MP 05-001 Control de Documentos y Datos MP 16-001 Registros de Calidad
4.18	Capacitación y Entrenamiento	18	MP 16-001 Registros de Calidad MP 18-001 Capacitación de Personal
4.19	Servicios	19	MP 19-001 Servicio
4.20	Técnicas Estadísticas	20	MP 19-001 Técnicas Estadísticas PP 19-001 Aplicación de Técnicas Estadísticas

	TITULO:		**0101**
	Plan de Calidad		**Cant. págs.: 1/5**

PARA CUMPLIMIENTO:	**PARA INFORMACION:**
Todos los sectores de la Empresa	

APLICACION:	**VIGENCIA:**
	10/5/94

SINTESIS DE CONTENIDO:	**COMENTARIOS:**
Composición del Plan de Calidad.	En este Plan se muestran los requerimientos de la norma ISO 9004-2 y se establecen las secciones del Manual de Calidad que satisfacen la norma y los procedimientos desarrollados para dar cumplimiento al Manual de Calidad.

REV.	DESCRIPCION	EJECUTO	APROBO	FECHA
0	Emisión original	ALU	OFO	5/5/94

CAP. 3 — RESPONSABILIDADES DE LA GERENCIA   **47**

1. **OBJETO**

    Describir las medidas a ser adoptadas por la Empresa para la aplicación de la Gestión de Aseguramiento de la Calidad.

2. **ALCANCE**

    Este Plan es aplicable por todo el personal que realiza actividades que afectan la Calidad.

    Las áreas y actividades en las que es aplicable este Plan son:

    2.1. Elaboración de especificaciones e instrucciones.

    2.2. Prestación de servicios.

    2.3. Control de Calidad de los servicios prestados.

    2.4. Entrenamiento y Calificación de personal.

    2.5. Comercialización de servicios.

3. **DEFINICIONES**

    Ver la Sección General del Manual de Aseguramiento de Calidad.

4. **DOCUMENTACION DE REFERENCIA**

    Norma ISO 9004-2 - 1993 (E).

5. **RESPONSABILIDADES**

    5.1. Del Gerente de Aseguramiento de Calidad

    Aplicar y verificar que se cumpla, en toda la Empresa, lo establecido en el presente plan.

    5.2. Del Gerente de Gestión y del Gerente de Servicio

    Aplicar y verificar que su personal cumpla lo establecido en el presente plan.

6. **INTERFASES**

    El Gerente de Aseguramiento de Calidad establecerá las interfases con los sectores de la Empresa y mantendrá comunicación directa con el Gerente General respecto de los temas relacionados con la Calidad.

7. **PROGRAMA DE ASEGURAMIENTO DE CALIDAD**

    7.1. Organización y Responsabilidades

    La organización para la Calidad se describe en el Manual de Aseguramiento de Calidad.

7.2. Sistema de Calidad

Las actividades que afecten la Calidad se encuentran establecidas en procedimientos escritos (Manual de Procedimientos), instrucciones y especificaciones.

La matriz de aplicabilidad de la documentación (anexo 8.1) identifica los procedimientos necesarios para implementar efectivamente las actividades de Calidad en la prestación del servicio.

7.3. Equipamiento para Inspección y Ensayo

Los equipos e instrumentos para Inspección y Ensayo serán asignados en los procedimientos particulares, donde corresponda, y de acuerdo con los requerimientos de cada caso.

7.4. Programación de actividades

Las actividades se desarrollarán de acuerdo con lo establecido en el Programa de Actividades para cada contrato.

8. ANEXOS

8.1. Matriz de Aplicabilidad de Procedimientos

ANEXO 8.1. (Hoja 1)

REQUERIM. ISO		SECCION MANUAL CALIDAD		PROCEDIMIENTO
4.1.	Responsabilidad Gerencial	01 02	02-01	Manual de Aseguramiento de Calidad Revisión Gerencial
4.2.	Sistema de Calidad	01		Manual de Aseguramiento de Calidad
4.3.	Revisión de Contrato	03	03-01 05-01	Revisión de Contrato Control de Documentos
4.4.	Recursos Humanos	04	04-01	Capacitación de Personal
4.5.	Control de Documentos y Datos	05	05-01 05-02 16-01	Control de Documentos Redacción de Procedimientos Registros de Calidad
4.6.	Auditoría	06	04-01 05-01 06-01 06-02 16-01	Capacitación de Personal control de Documentos Auditoría Interna de Calidad Calificación de Auditores Registros de Calidad
4.7.	Comunicaciones	07	05-02 07-01	Redacción de Procedimientos Comunicaciones
4.8.	Comercialización	08	08-01 08-02 08-03	Comercialización Publicidad Diagnóstico de Calidad

CAP. 3 — RESPONSABILIDADES DE LA GERENCIA

49

ANEXO 8.1. (Hoja 2)

REQUERIM. ISO		SECCION MANUAL CALIDAD	PROCEDIMIENTO	
4.9.	Control del Proceso de Prestación	09	05-01	Control de Documentos
			09-01	Emisión de Especificaciones
4.10.	Control de Diseño	10	05-01	Control de Documentos
			10-01	Control de Diseño
			16-01	Registros de Calidad
4.11.	Prestación de Servicio	11	11-01	Prestación de Servicios
			13-01	Control de No Conformidades
			13-02	Disconformidades
			16-01	Registros de Calidad
4.12.	Control de Calidad del	12	05-01	Control de Documentos
			12-01	Control de Calidad
			13-01	Control de No Conformidades
			13-02	Disconformidades
			14-01	Acción Correctiva
			16-01	Registros de Calidad
4.13.	Disconformidades	13	05-01	Control de Documentos
			13-01	Control de No Conformidades
			13-02	Disconformidades
			14-01	Acción Correctiva
			16-01	Registros de Calidad
4.14.	Acción Correctiva y Preventiva	14	05-01	Control de Documentos
			06-01	Auditoría Int. de Calidad
			13-01	Control de No Conformidades
			14-01	Acción Correctiva
			16-01	Registros de Calidad
4.15.	Mejora del Servicio	15	12-01	Control de Calidad
			13-01	Control de No Conformidades
			13-02	Disconformidades
			14-01	Acción Correctiva
			15-01	Mejora del Servicio
			16-01	Registros de Calidad
4.16.	Registros de Calidad	16	05-01	Control de Documentos
			16-01	Registros de Calidad

Capítulo 4

Revisión de Contrato

TEXTO DE LA NORMA ISO 9001

GENERALIDADES

El proveedor deberá establecer y mantener procedimientos para efectuar la Revisión de Contrato y para la coordinación de estas actividades.

REVISION

Antes de presentar una oferta o de la aceptación de un contrato u orden (definición de requisito), la oferta, el contrato o la orden contrato deberán ser revisados por el proveedor con el objeto de asegurar que:

a) los requerimientos están adecuadamente definidos y documentados; cuando no se disponga de definiciones escritas de requisitos para una orden recibida en forma verbal, el proveedor deberá asegurarse de que los requisitos de la orden sean acordados antes de su aceptación;

b) cualquier requerimiento diferente, respecto de aquellos que han sido ofertados, es resuelto;

c) el proveedor tiene la capacidad para cumplir los requisitos contractuales.

MODIFICACION DE UN CONTRATO

El proveedor deberá identificar cómo se efectúa una modificación a un contrato y cómo se transfiere correctamente dentro de la organización del proveedor.

REGISTROS

Deberán mantenerse registros de las revisiones de contrato.

NOTA: Deberán establecerse los canales de comunicación e interfases con la organización del cliente.

Comentario

Esta actividad tiene dos objetivos:

a) Asegurar, antes de aceptar un contrato u orden de compra, que la empresa posee todos los medios necesarios para cumplir, en tiempo y forma, o, por lo menos, que dispone de proveedores de servicios calificados para aquellas etapas del proceso en las que no disponga de equipos o de personal idóneo.

Este requisito queda totalmente justificado por el hecho de que la no previsión de algunos recursos obligaría al proveedor a sacrificar los plazos de entrega o, lo que sería más grave, el nivel de calidad.

b) Asegurar que los cambios a introducir en el contrato son aceptados por ambas partes durante su ejecución y que las alteraciones que impliquen estos cambios sean consideradas específicamente.

Las principales razones por las cuales los cambios a introducir en un contrato ya firmado deben ser analizados en profundidad, sean propuestos por el cliente o por el proveedor, son:

1) Diferencias en los costos.

2) Diferencias en los cronogramas y plazos de entrega.

3) Diferencias en el nivel de calidad requerido.

4) Diferencias en el rendimiento de la instalación o artículo.

5) Afectación de la seguridad de los operarios, operadores o público.

6) Afectación en relación con leyes, ordenanzas, códigos o normas.

De verificarse que alguna de esas situaciones se hubiera producido, deberá haberse estipulado por escrito, como un anexo modificatorio del contrato o de la orden de compra y deberá contarse con el consentimiento de ambas partes, siempre y cuando no se incurra en violación de la legislación inherente.

Los documentos base de esta actividad serán los pliegos de licitaciones, el contrato o la orden de compra del cliente, en la instancia previa a su firma o aceptación.

Cuando de licitaciones se trate, será conveniente elaborar una lista de chequeo en la que se incluyan todos los requisitos a cumplir, los equipos de fabricación, de construcción y montaje necesarios, el personal, etc., de manera que no pase inadvertido ninguno de ellos y que, cuando se analice el contrato definitivo, se pueda verificar que los datos incluidos coinciden con los analizados en la etapa de revisión de contrato y con los cotizados. A nadie sorprenderá si decimos aquí que, en muchas oportunidades, los datos de los contratos difieren de los de las licitaciones, sin mediar advertencia por parte de los emisores de tales documentos.

CAP. 4 — REVISION DE CONTRATO   53

Luego, se podrá imprimir sobre los contratos u órdenes de compras un sello (figura 4,1), la firma del responsable y la fecha, para evidenciar que esta actividad ha sido desarrollada y que su resultado fue la aceptación del contrato.

Figura 4,1.

En caso de preferir no incorporar sellos ni firmas en el cuerpo del documento, se elaborará un registro como el que se mostrará luego.

En algunas oportunidades resulta conveniente la confección de un registro (figura 4,2), que incluya cada una de las etapas de la revisión, tales como la comparación del Pliego de Condiciones de la licitación con la Oferta a presentar, del texto del Contrato con la Oferta presentada y del Contrato con otro documento, tal como los Pedidos de Modificación de Contrato.

Las razones para solicitar la modificación de un contrato y su aceptación o rechazo —ya sea que la modificación la solicite el cliente o el contratista— deberían quedar registradas, para lo cual resulta conveniente la utilización del formulario ya mencionado, llamado Requerimiento de Modificación de Contrato (figura 4,3).

Los documentos utilizados durante esta gestión, como por ejemplo, las listas de chequeo mencionadas, los registros y todo otro elemento de juicio importante, se deberán conservar como evidencias objetivas.

En los cursogramas siguientes se muestra el desarrollo de estas gestiones en relación con un contrato para la construcción y montaje de una instalación industrial.

REGISTRO DE REVISION DE CONTRATO

Por la presente se deja constancia de que se han efectuado las etapas de revisión que se indican a continuación:

CONDICIONES ⟹ **OFERTA** ☐　　FIRMA ....

....

FECHA 　　/　/

....

RESULTADO 　　Aprobado ☐　Rechazado ☐

OFERTA ⟹ **CONTRATO** ☐　　FIRMA ....

....

FECHA 　　/　/

....

RESULTADO 　　Aprobado ☐　Rechazado ☐

CONTRATO ⟹ **MODIFICACION** ☐　　FIRMA ....

....

FECHA 　　/　/

....

RESULTADO 　　Aprobado ☐　Rechazado ☐

Figura 4,2.

CAP. 4 — REVISION DE CONTRATO   **55**

	Requerimiento de modificación de contrato
Proyecto:	Contrato:
De:	A:

Por la presente se solicita el análisis de las siguientes propuestas de modificación de contrato:

Firma	Fecha	Firma	Fecha
Firma	Fecha	Firma	Fecha

Figura 4,3.

56   *ASEGURAMIENTO DE CALIDAD. ISO 9000*

REVISION DE CONTRATO PREVIA A LA FIRMA
DEL ACUERDO (Rutina 1) (Figuras 4,4,a y 4,4,b)

Nota: El lector deberá considerar que los cursogramas establecen el flujo formal de la gestión, existiendo alternativas informales que podrían, y de hecho esto sucede con frecuencia, simplificar el desarrollo de las tareas. Además, los siguientes son sólo ejemplos y no fórmulas rígidas y deberá tener presentes las particularidades de la gestión para cada empresa.

Referencias:	
PL	Pliego de Condiciones de la licitación.
RESP	Respuesta del Cliente a las consultas efectuadas por el Oferente.
OF	Oferta.
CNTR	Contrato.
RRC	Registro de Revisión de Contrato.
ACT	Acta de Reunión.
ALT	Alternativas.
PM	Pedido de Mmodificación de Contrato.
COM	Comunicación de modificaciones.
1	Análisis conjunto del Director de Proyecto y el Gerente de Contrato acerca del Pliego de Condiciones de la licitación.
a)	**¿Se debe consultar al cliente?**
2	Consulta.
3	Elaboración de la respuesta a la consulta y envío al Director de Proyecto.
4	Recepción y análisis de la respuesta.
b)	**¿Se han satisfecho las dudas?**
5	Envío de la respuesta al Gerente de Contrato.
6	Elaboración de la oferta, del Registro de Revisión de Contrato y archivo de los documentos utilizados. Envío de la Oferta al Director de Proyecto.
7	Firma de la Oferta y envío al Cliente.
8	Recepción de la Oferta y envío del Contrato preliminar para su análisis.
9	Recepción del Contrato preliminar y análisis.

CAP. 4 — REVISION DE CONTRATO

c)	**¿Existen diferencias con respecto a la oferta?**
10	Reunión de consulta entre el Cliente y el Director de Proyecto. Elaboración del Acta de la Reunión.
d)	**¿Se han pactado condiciones respecto de las cuales deba tomar conocimiento el Gerente de Contrato, antes de la firma de ese documento?**
11	Envío de toda la documentación al Gerente de Contrato.
12	Recepción y análisis de las nuevas condiciones.
e)	**¿Se deben considerar alternativas?**
13	Envío del Contrato al Director de Proyecto.
14	Confección del Registro de Revisión de Contrato.
15	Recepción de la documentación y análisis de la situación.
f)	**¿Hay alternativas que discutir con el cliente?**
16	Firma del Contrato y envío de la documentación al Gerente de Contrato para su archivo.
17	Elaboración de propuesta de alternativas y envío al Director de Proyecto juntamente con el Contrato.
18	Discusión de las alternativas.

58   *ASEGURAMIENTO DE CALIDAD. ISO 9000*

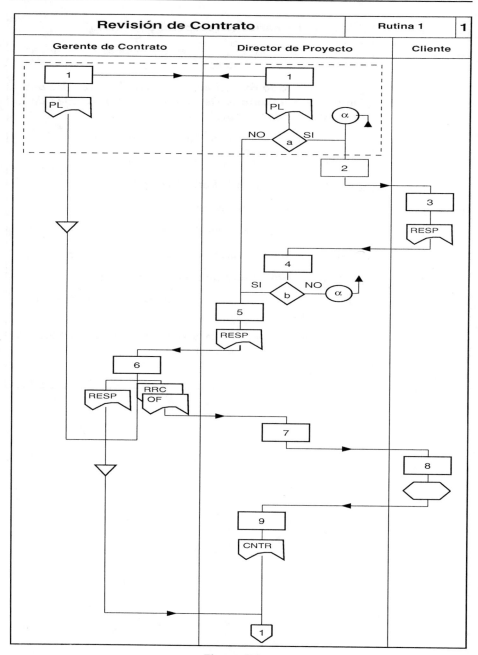

Figura 4,4,a.

CAP. 4 — REVISION DE CONTRATO

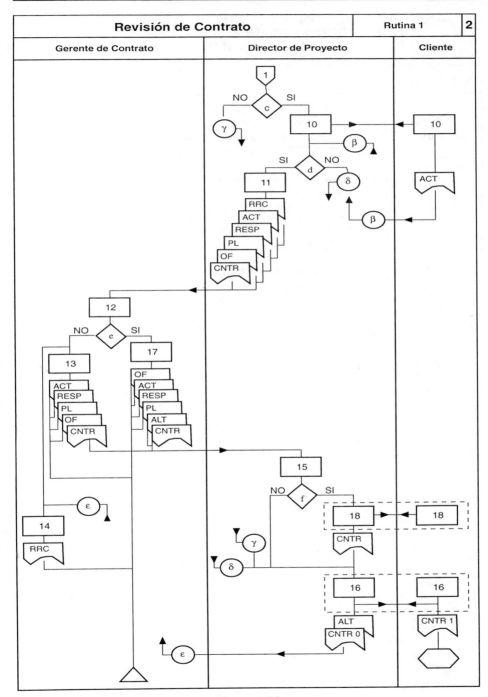

Figura 4,4,b.

REVISION DE CONTRATO POSTERIOR A LA FIRMA
DEL ACUERDO (Modificación solicitada por
el cliente - Rutina 2) (Figura 4,5)

Referencias:	
1	Envío del Pedido de Modificación de Contrato.
2	Recepción y análisis del Pedido de Modificación.
a)	**¿El Pedido de Modificación involucra cambios que debería aprobar el Director de Proyecto?**
3	Análisis del Pedido de Modificación.
b)	**¿Se aceptan los cambios solicitados?**
4	Firma del Pedido de Modificación y envío al Gerente de Contrato.
5	Incorporación de nota de no aprobación sobre el Pedido de Modificación y envío al Gerente de Contrato (aquí podría existir una instancia de negociación con el Cliente, la cual no se ha considerado para simplificar el ejemplo).
6	Toma de decisión.
c)	**¿Se efectuarán los cambios?**
7	Confección y envío al Cliente de una notificación informándole la decisión. Archivo de la documentación.
8	Recepción de la notificación.
9	Elaboración de la Comunicación de modificación y envío al Cliente y al Director de Proyecto. Elaboración del Registro de Revisión de Contrato.
10	Recepción de la Comunicación.
11	Recepción de la Comunicación.

CAP. 4 — REVISION DE CONTRATO

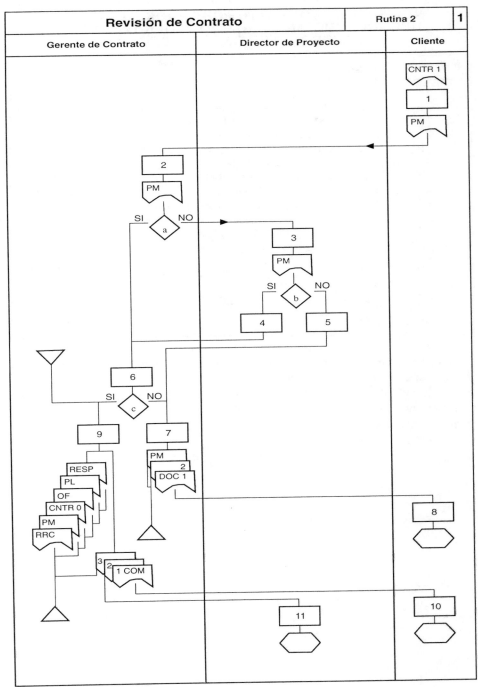

Figura 4,5.

REVISION DE CONTRATO POSTERIOR A LA FIRMA DEL ACUERDO (MODIFICACION SOLICITADA POR LA EMPRESA - RUTINA 3) (FIGURA 4,6)

Referencias:	
1	Elaboración del Pedido de Modificación de Contrato.
a)	***¿El pedido de modificación involucra cambios que debería aprobar el Director de Proyecto?***
2	Recepción y análisis del Pedido de Modificación.
b)	***¿Se aceptan los cambios solicitados?***
3	Incorporación de nota de no aprobación sobre el Pedido de Modificación y envío al Gerente de Contrato.
4	Firma del Pedido de Modificación y envío al Gerente de Contrato.
5	Envío del Pedido de Modificación al Cliente.
6	Toma de decisión y comunicación al Gerente de Contrato.
7	Recepción y análisis de la decisión del Cliente.
c)	***¿Se efectuarán los cambios?***
8	Elaboración de la Comunicación de modificación y envío al Cliente y al Director de Proyecto. Elaboración del Registro de Revisión de Contrato.
9	Recepción de la Comunicación.
10	Recepción de la Comunicación.

La Revisión de Contrato puede ser obviada cuando se trata de fabricar productos o prestar servicios que constituyen tareas cotidianas para la empresa, como por ejemplo en el caso de una industria alimentaria —o una perteneciente al rubro indumentaria—, que recibe una orden de compra por alimentos "de línea", caso en que la única verificación corresponderá al sector de Programación de la Producción, para constatar los plazos de entrega o los volúmenes a comprometer.

CAP. 4 — REVISION DE CONTRATO

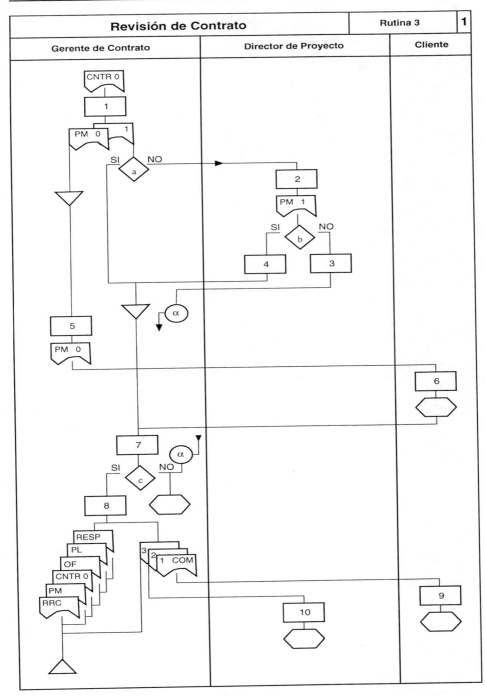

Figura 4,6.

Capítulo 5

Control de Diseño

TEXTO DE LA NORMA ISO 9001

GENERAL

El proveedor deberá establecer y mantener procedimientos para el control y la verificación de los diseños de productos, con el objeto de asegurar que los requisitos especificados sean cumplidos.

PLANEAMIENTO Y DESARROLLO DEL DISEÑO

El proveedor deberá desarrollar planes para cada actividad de diseño y desarrollo. Los planes deberán describir o hacer referencia a esta actividad y definir responsabilidades para su implementación. Las actividades de diseño y desarrollo deberán ser planeadas y asignadas a personal calificado y equipado con los recursos adecuados. Los planes deberán actualizarse a medida que progrese el diseño.

INTERFASES ORGANIZACIONALES Y TECNICAS

Las interfases organizacionales y técnicas entre grupos diferentes que intervengan en el proceso de diseño deberán ser identificadas, y la información necesaria deberá ser documentada, transmitida y regularmente revisada.

DATOS DE ENTRADA

Los requerimientos de los datos de entrada, relativos al diseño de un producto, incluyendo los requisitos legales y reglamentarios aplicables, deberán ser identificados, documentados, y su selección deberá ser revisada por el proveedor para establecer su adecuación. Los requerimientos incompletos, ambiguos o conflictivos deberán ser resueltos por los responsables de definirlos.

Los datos de entrada deberán considerar los resultados de todas las actividades de la revisión del contrato.

DATOS DE SALIDA

Los datos resultantes del diseño deberán ser documentados y expresados en términos que puedan ser verificados y validados contra los requisitos de los datos de entrada.

El diseño deberá:

a) satisfacer los requerimientos de los datos de entrada;

b) contener o hacer referencia a los criterios de aceptación;

c) identificar aquellas características que resulten cruciales para la seguridad y el funcionamiento apropiado del producto (por ejemplo, requisitos de operación, almacenamiento, manipuleo y disposición).

Los documentos que contengan datos de salida deberán ser revisados antes de ser emitidos.

REVISION DEL DISEÑO

En etapas apropiadas del diseño, deberán planearse y efectuarse revisiones formales documentadas de los resultados del diseño. Los participantes en cada revisión del diseño deberán incluir representantes de todas las funciones concernientes a la etapa de diseño que se está revisando, así como también a otros especialistas, según sea necesario. Deberán mantenerse registros de dichas revisiones.

VERIFICACION DE DISEÑO

En etapas apropiadas del diseño, deberá realizarse su verificación para asegurar que los resultados de la etapa de diseño satisfacen los requisitos de los datos iniciales. Los resultados de la verificación del diseño deberán ser registrados.

NOTA: Además de efectuar revisiones del diseño, la verificación puede incluir actividades como:

— efectuar cálculos alternativos;
— comparar el nuevo diseño con otro similar ya aprobado, si se encuentra disponible;
— efectuar ensayos y demostraciones; y
— revisar los documentos de la etapa de diseño antes de emitirlos.

VALIDACION DEL DISEÑO

La validación del diseño deberá ser efectuada para asegurar que el producto está conforme a las necesidades y/o requisitos definidos por el usuario.

CAP. 5 — *CONTROL DE DISEÑO*

67

CAMBIOS DE DISEÑO

Todos los cambios y modificaciones deberán ser identificados, documentados y revisados por personal autorizado, antes de su implementación.

Comentario

La norma específica de definiciones utilizadas en esta disciplina es la ISO 8402, pero en ella no se incluyen los términos Diseño, Control y Control de Diseño, de manera que deberemos recurrir a otra norma de aplicación muy generalizada, la API Spec. Q1, para interpretar estos conceptos y trabajar sobre su base. Esta norma nos dice:

> DISEÑO: UN PLAN DETALLADO PARA UN PRODUCTO.

A pesar de todo, esta definición adolece del mismo problema que mencionábamos cuando definimos la Calidad; el "síndrome de la síntesis" define, pero no aclara gran cosa. En su auxilio viene un documento emitido por API para aclarar qué es un Paquete de Diseño (*Design Package*). Primero establece qué se debe entender por Paquete (*Package*, según el diccionario Webster's y no su equivalente en español):

> PAQUETE: UNA COLECCION DE ELEMENTOS RELACIONADOS A SER CONSIDERADOS O ACTUANDO CONJUNTAMENTE.

Considerando juntas estas definiciones, el documento dice que el Paquete de Diseño es:

> UN PLAN DETALLADO PARA UN PRODUCTO, QUE INCLUYE TODOS LOS DOCUMENTOS BASICOS, NORMAS API APLICABLES Y LAS INSTRUCCIONES, PROCEDIMIENTOS, ESPECIFICACIONES, PLANOS, RUTINAS, HOJAS DE RUTA, LISTAS DE CHEQUEO, HOJAS DE PROCESO Y LOS CAMBIOS DE ESTOS DOCUMENTOS, NECESARIOS PARA ELABORAR UN PRODUCTO EN UNA PLANTA.

Las normas ISO tampoco definen qué se debe entender por "Control", motivo por el cual recurriremos nuevamente a la API Spec Q1, que dice:

> CONTROL: EJERCER AUTORIDAD SOBRE Y REGULAR.

De manera que el Control de Diseño sería:

> **EJERCER AUTORIDAD SOBRE Y REGULAR LAS ACTIVIDADES Y DOCUMENTOS (PAQUETE DE DISEÑO) RELACIONADOS CON UN PLAN DETALLADO DE UN PRODUCTO.**

En consecuencia, para ejercer autoridad y regular esta gestión, la dirección de la empresa deberá:

1. Asignar las responsabilidades por el desarrollo de esta gestión a los funcionarios calificados (para calificación de personal ver el capítulo 19, "Entrenamiento").

2. Desarrollar el procedimiento de Control de Diseño, estableciendo con precisión a qué productos o servicios, en qué circunstancias y a qué documentos se aplicará esta gestión, además de considerar las posibles interrelaciones organizativas y técnicas entre grupos diferentes que intervengan en el diseño.

Ahora estamos en condiciones de desarrollar el tema.

Una cuestión tan clara como lo es la asignación de la responsabilidad por el Control de Diseño ha conducido en algunas oportunidades a discusiones innecesarias.

Estas discusiones tuvieron su origen en el concepto errado de que "tratándose de un *control*, lo debería efectuar Control de Calidad". Este concepto se aleja mucho de la realidad y de las atribuciones y posibilidades del personal de Control de Calidad, Inspección o como se llame el sector.

El Control de Diseño debe ser llevado a cabo por personal con tanta o más capacitación, entrenamiento y experiencia que el propio diseñador, y este personal, seguramente, se encuentra en el mismo Departamento de Ingeniería de Producto —por mencionar sólo uno de los sectores de ingeniería que podría actuar— en el que trabaja el diseñador, y no en Control de Calidad, donde se hallará personal calificado en otras disciplinas distintas del diseño.

Este control, efectuado por personal del mismo sector, no generará conflictos respecto de la norma, pues ésta no establece como requisito que el diseñador y quien efectúe el control pertenezcan a sectores distintos, sino que el control sea ejecutado por personal "calificado".

En cuanto a los recursos necesarios, a los que hace referencia la norma, variarán con cada tipo de industria o servicio, pero como regla general, quien efectúe tanto el control como la verificación del diseño, deberá contar con todas las normas, códigos, especificaciones, reglamentaciones y datos de entrada necesarios y suficientes, y con la colaboración del personal de producción para fabricar los prototipos y someterlos a prueba o ensayo, o con las plantas piloto o equipos de laboratorio necesarios.

Un ejemplo de lo antedicho lo constituyen algunas fábricas de pinturas, en las que el personal que desarrolla nuevos productos cuenta, a veces en el mismo laboratorio, con una pequeña planta piloto para fabricar el producto diseñado, y, además de todos los elementos de rutina en un laboratorio de este tipo, con un robot que permite efectuar gran cantidad de pruebas y comprobaciones.

El fin último —y principal—- de la calidad es satisfacer las necesidades de los clientes.

CAP. 5 — CONTROL DE DISEÑO   **69**

En el terreno de las necesidades podemos decir que son tantas y tan variadas como los productos y servicios que se comercializan, pero los clientes o consumidores no siempre conocen con precisión sus necesidades. Por este motivo, será tarea de cada empresa detectar estas necesidades, que generalmente están representadas por una franja de mercado vacante, aún no explotada.

Debemos considerar dos situaciones que orientarán nuestro trabajo. Por un lado tenemos los productos industriales (maquinarias, accesorios, repuestos, herramientas, instalaciones, construcciones civiles, plantas industriales, etc.), para los cuales los clientes tienen muy claro cuáles son las necesidades, que podríamos definir como "objetivas". En consecuencia, los clientes establecen especificaciones de compras precisas, determinando y acotando cada una de las características que debe reunir un producto o un servicio, inclusive especificando los ensayos y la documentación que se deberá proveer. Por otro lado, tenemos a los clientes o consumidores sin capacidad o posibilidad de especificar los productos; aunque la tuvieran, mezclarían necesidades "objetivas" con "subjetivas". En este caso, para el fabricante de productos o el prestador de servicios sería imposible satisfacer a todos y cada uno de los clientes, pues la cantidad de "necesidades" (gustos personales en muchos casos) tendería a infinito. Este es el caso de los productos de consumo masivo, tales como los que se pueden obtener en un supermercado, en una ferretería o en una zapatería, y aun productos como los automóviles, altamente industrializados pero no especificados por los compradores, quienes se deben limitar a elegir los modelos que se ofertan.

En las necesidades o expectativas manifiestas de los clientes se basará la validación del diseño; al decir de DAVID HOILE (ISO 9000 - Quality Sistems Handbook):

> LA **VERIFICACION** PRUEBA QUE EL DISEÑO ES CORRECTO, LA **VALIDACION** PRUEBA QUE SE DISEÑO LO CORRECTO.

Trataremos en primera instancia el caso de los productos industriales.

PRODUCTOS INDUSTRIALES

También aquí debemos discriminar entre dos alternativas. Una representada por aquellos productos normalizados, cuyas especificaciones son emitidas por entes a los que adhieren tanto los clientes como los fabricantes —tal es el caso, en el ambiente petrolero, del American Petroleum Institute (API)—, y la otra, representada por los productos no normalizados y que deben ser especificados por cada comprador.

PRODUCTOS INDUSTRIALES NORMALIZADOS

Tomaremos el caso de las especificaciones API para productos de utilización en la industria del petróleo.

70 — ASEGURAMIENTO DE CALIDAD. ISO 9000

Es poco el margen de especificación, fuera de lo previamente establecido en las publicaciones que efectúa este ente. Durante la lectura de cualquiera de sus documentos (sobre productos) se descubrirá que se encuentran definidos el material, las características físicas y químicas, las dimensiones, las tolerancias, las identificaciones, los parámetros de ensayos y, en algunos casos, el embalaje. Estos documentos establecen, para algunos productos, cuáles defectos deben ser considerados No Conformidades y hasta qué punto pueden ser reparados. En este caso, los compradores no emiten especificaciones sino que, en sus órdenes de compras o contratos, hacen referencia al documento API que describe el producto.

No obstante, dentro de las especificaciones queda un margen para el diseño, por ejemplo, la forma de obtener determinadas características y los procesos de fabricación mediante los cuales se logrará un producto que satisfaga las especificaciones, sin olvidar que, aunque el producto pueda estar totalmente especificado por un ente, cada cliente puede establecer requisitos adicionales que también deben ser considerados en esta gestión.

Para el desarrollo del procedimiento se deberá tener en cuenta la secuencia de operaciones que, esquemáticamente, será:

a) **Verificación de los datos de entrada del diseño.** Esto involucra asegurar que los datos básicos que darán origen al diseño están completos, son claros y no presentan dudas ni incompatibilidades. Así, los datos de entrada a verificar serán aquellos que hemos categorizado como requisitos adicionales, establecidos por los clientes como una extensión de los datos normalizados. En tal caso, se deberá consultar al cliente respecto de estos datos.

b) **Revisión del diseño.** Esto implica efectuar una revisión por parte de personal previamente nominado, calificado e independiente de quienes efectuaron el diseño, teniendo en cuenta los siguientes elementos (según la norma ANSI/ASQC Z-1.15-1979, pero adaptados para este caso):

1. Verificación de que se han satisfecho los requerimientos de calidad de los clientes.

2. Los requerimientos especificados por entes reguladores o por cámaras industriales.

3. Factibilidad de producción del diseño, incluyendo necesidades especiales de mecanizado y automatización, cuando se considere necesario.

4. La posibilidad de inspección y ensayo del diseño, incluyendo los requerimientos especiales de inspección y ensayo.

5. Criterios de aceptación del producto claramente definidos.

6. Una efectiva selección de materiales, componentes, equipos y sistemas, y una adecuada provisión o una definición clara de un plan de desarrollo que involucre a los proveedores.

7. Facilidad para el análisis de fallas y su corrección.

8. Requerimientos de embalaje de los productos terminados, incluyendo factores de seguridad.

CAP. 5 — CONTROL DE DISEÑO **71**

9. Etiquetas, avisos, identificación (número de serie, código de lote, etc.), instrucciones de uso.

c) **Verificación de diseño**. Generalmente estos productos no necesitan ser verificados, dado que ya se encuentran especificados; las principales características no son variadas respecto del diseño desarrollado por los entes normalizadores, pero el cliente puede solicitar la aplicación de alguna de las herramientas de la verificación de diseño, a saber:

1. Ejecución de ensayos o pruebas piloto de calificación sobre prototipos o maquetas

   Estos ensayos se llevarán a cabo en las condiciones más rigurosas de funcionamiento del producto. En caso de no poder realizarse el ensayo en estas condiciones, se deberán extrapolar los resultados hasta las condiciones más adversas.

   Previamente a la ejecución del ensayo se deberá establecer el procedimiento a seguir, las características a verificar, los instrumentos y equipos a utilizar, la forma de alcanzar las condiciones de ensayo y los límites de aceptación del diseño. Los resultados deberán ser documentados, identificando al personal que lo llevó a cabo; esta documentación servirá como evidencia objetiva.

2. Ejecución de cálculos alternativos

   Estos cálculos podrán ser más simples o rigurosos que los empleados durante la ejecución del diseño, pero deberá arribarse a resultados compatibles con los exigidos por los datos de entrada.

3. Comparación del nuevo diseño con un diseño ya aprobado, si ello fuera posible

   Este recurso se utilizará únicamente cuando no se puedan efectuar ensayos de prototipos o cálculos alternativos.

d) **Validación del diseño.** Dado que al diseño principal, el del producto, no lo efectúa el fabricante, la etapa de validación no es aplicable a este caso.

e) **Cambios de diseño**. como decíamos al definir las normas y las especificaciones, éstos son documentos que evolucionan, que se modifican con el transcurrir del tiempo, incorporando nuevas tecnologías, materiales, requisitos, etc. de manera que, lo que hasta ayer fue válido, hoy puede no serlo y obligarnos a modificar nuestros productos, procesos, rutinas, etcétera.

   Estas modificaciones en las normas y especificaciones obligan a revisar los diseños, a detectar si se deben modificar y, en caso de introducir cambios, a someter al nuevo diseño a todos los pasos y requisitos establecidos para el diseño original, aun cuando sólo se haya modificado una parte.

Más adelante veremos qué documentos se utilizan como evidencias objetivas de la ejecución de estas tareas.

Resultará evidente que la información contenida en las normas sirve al personal de Ingeniería de Producto como datos de entrada; sin embargo, por el modo en que la presentan las normas, no sirve al personal de Producción o Fabricación para elaborar los productos. Puede tomarse como ejemplo la tabla de la figura 5,1, extraída de la API Spec. 6A.

Como se podrá observar, los datos son dados en forma "colectiva", utilizando un mismo dibujo y una tabla para varios tamaños de pieza. Esta información no sirve a fabricación; en primer lugar, porque se encuentra en un idioma extranjero y difícilmente los operarios conozcan idiomas y, en segundo lugar, porque no resulta práctico su uso en planta, además de constituir una fuente segura de errores de lectura y de interpretación. Por lo tanto, esta información deberá ser traducida al castellano e incorporada a una especificación de producto o un plano particular para cada caso (figura 5,2). De este modo, la información se encontrará contenida en un documento con el que los operarios están familiarizados, cuya lectura les resulta sencilla, dado que se encuentra en su idioma y "topográficamente", el mismo tipo de información se encuentra en el mismo lugar aunque cambien los documentos.

Al transferir la información de la norma a la especificación o plano particular pueden cometerse errores, de manera que habrá que comparar el documento de origen con el de destino. Dado que se trata de un diseño ya desarrollado por el ente normalizador, estos documentos no requieren la ejecución del Control de Diseño tal como lo venimos planteando, a menos que medie expreso pedido por parte del cliente; lo que sí se deberá efectuar es el *control de los datos*, ya impuesto por la edición 1994 de las normas ISO en su capítulo 4.5, "Control de Documentos y Datos", tarea que denominaremos "Control de Literalidad". Esta tarea se limita a comparar los datos del documento de origen con los incorporados al de destino, certificando que no se han cometido errores en la transferencia.

Para evidenciar que el "Control de Literalidad" se ha efectuado y que el resultado ha sido la aprobación del documento y su consiguiente liberación para la fabricación o construcción, se podrá utilizar un sello como el que se muestra en la figura 5,3.

PRODUCTOS INDUSTRIALES
NO NORMALIZADOS

En este caso, la variedad de posibilidades irá desde el diseño de nuevos productos, construcciones, instalaciones —como el diseño de un equipo especial, una represa, una planta nuclear—, hasta la modificación de productos, construcciones o instalaciones existentes; el hecho distintivo lo establece la no normalización y la tarea de diseño propiamente dicha, partiendo de datos que pueden ser provistos por el cliente, establecidos por los diseñadores o en conjunto entre ambas partes.

La secuencia de operaciones, en este caso, será más extensa que en el anterior, y deberá considerar:

a) **Verificación de los datos de entrada del diseño**. Al igual que en todos los casos, esto involucra asegurar que los datos básicos que darán origen al diseño están completos, son claros y no presentan dudas ni incompatibilidades. Aquí, los datos de entrada a verificar serán todos aquellos que haya establecido el cliente o recabado el personal de diseño.

CAP. 5 — CONTROL DE DISEÑO 73

Table X A4
Type 6B flanges for 5000 psi rated working pressure

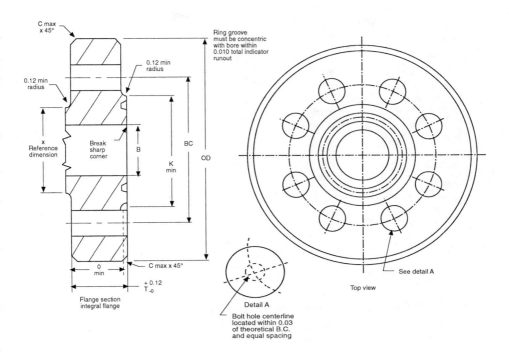

Basic Flange Dimensions									Bolting Dimensions						
Nominal Size and Bore of Flange	Max Bore	Outside Diameter of Flange	Tolerance	Max Chamfer	Diameter of Raised Face	Total Thickness of Flange	Basic Thickness of Flange	Diameter of Hub	Diameter of Bolt Circle	Number of Bolts	Diameter of Bolts	Diameter of Bolt Holes	Bolt Hole Tolerance	Length of Stud Bolts	Ring Number R or RX
	B	OD	OD	C	K	T	Q	X	BC					L_{sss}	
2 1/16	2.09	8.50	±0.06	0.12	4.88	1.81	1.50	4.12	6.50	8	7/8	1.00	+0.06	6.00	24
2 9/16	2.59	9.62	±0.06	0.12	5.38	1.94	1.62	4.88	7.50	8	1	1.12	+0.06	6.50	27
3 1/8	3.22	10.50	±0.06	0.12	6.62	2.19	1.88	5.25	8.00	8	1 1/8	1.25	+0.06	7.25	35
4 1/16	4.28	12.25	±0.06	0.12	7.62	2.44	2.12	6.38	9.50	8	1 1/4	1.38	+0.06	8.00	39
7 1/16	7.16	15.50	±0.12	0.25	9.75	3.62	3.25	9.00	12.50	12	1 3/8	1.50	+0.06	10.75	46
9	9.03	19.00	±0.12	0.25	12.50	4.06	3.62	11.50	15.50	12	1 5/8	1.75	+0.09	12.00	50
11	11.03	23.00	±0.12	0.25	14.63	4.69	4.25	14.50	19.00	12	1 7/8	2.00	+0.09	13.75	54
13 5/8	13.63	—	—	—	—	—	—	—	—	—	—	—	—	—	—
16 3/4	16.78	—	—	—	—	—	—	—	—	—	—	—	—	—	—

Figura 5,1.

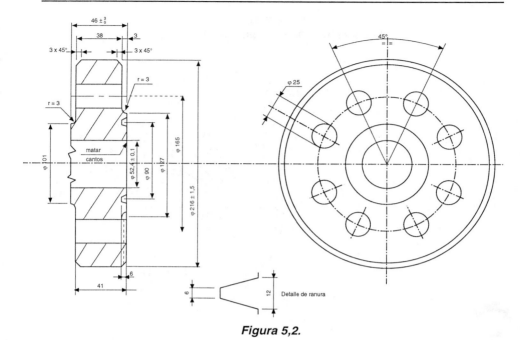

Figura 5,2.

b) **Revisión del diseño.** Esto implica también efectuar una revisión, teniendo en cuenta los siguientes elementos (según la norma ANSI/ASQC Z-1.15-1979, pero adaptados a este caso):

1. Los requerimientos de calidad de los clientes.
2. Los requerimientos establecidos por la propia empresa.
3. Los requerimientos especificados por entes reguladores o por cámaras industriales.
4. Considerar y evaluar las necesidades de seguridad de usuarios y observadores.
5. Factibilidad de producción del diseño, incluyendo necesidades especiales de mecanizado, automatización y transporte, cuando se considere necesario.
6. La posibilidad de inspección y ensayo del diseño, incluyendo los requerimientos especiales de inspección y ensayo.
7. Las máximas tolerancias admitidas.
8. Criterios de aceptación del producto claramente definidos.
9. Una efectiva selección de materiales, componentes, equipos y sistemas, y una adecuada provisión o una definición clara de un plan de desarrollo que involucre a los proveedores.

CAP. 5 — CONTROL DE DISEÑO

10. Requerimientos de seguridad, service y mantenimiento.

11. Facilidad para el análisis de fallas y su corrección.

12. Impacto sobre el medio ambiente a causa de su uso.

13. Requerimientos de embalaje de los productos terminados, incluyendo factores de seguridad.

14. Etiquetas, avisos, identificación (número de serie, código de lote, etc.), instrucciones de uso, montaje o instalación.

15. Modo de análisis de los efectos de las fallas (FMEA), árbol de análisis de fallas (FTA).

16. Características de confiabilidad del producto.

17. Durabilidad, almacenamiento y disposición.

18. Datos históricos de experiencia relativa a lesiones personales, daños a la propiedad y degradación del medio ambiente.

19. Anticipar e identificar los usos incorrectos o abusos a los que no se debe someter el producto.

20. Posibilidad de utilizar un sistema de seguridad.

c) **Verificación de diseño.** En este caso sí se impone efectuar la verificación del diseño, utilizando las herramientas ya descriptas en el caso de productos industriales normalizados.

d) **Validación del diseño.** La validación, en algunos casos, estará dada por pruebas, tales como las que son efectuadas en los aceites lubricantes para motores, los cuales son colocados en motores especialmente dispuestos para las pruebas; luego, transcurrido el tiempo preestablecido, se extrae una muestra y se la somete a análisis para verificar si ha conservado las características o para hacer una extrapolación y verificar que las mantendrá por la cantidad de kilómetros preestablecidos a recorrer por un vehículo. El *feedback* recibido de los clientes no puede ser empleado para reemplazar la validación del diseño.

e) **Cambios de diseño.** En oportunidades, el desarrollo de la fabricación o construcción de un diseño aporta experiencias o datos que imponen cambios en el diseño original y en otras ocasiones, esta experiencia la constituye el *feedback* obtenido luego de la puesta en marcha, uso o montaje, reclamos del cliente, informes de service, informes de no conformidad de campo, etcétera.

Como en el caso anterior, estas modificaciones obligan a someter el nuevo diseño a todos los pasos y requisitos establecidos para el diseño original, aun cuando sólo se haya modificado una parte.

PRODUCTOS DE CONSUMO MASIVO

El diseño de productos de consumo masivo, como dijéramos al iniciar el capítulo, tiene en consideración diversos factores, tales como la existencia de una carencia en el mercado, una franja de consumidores no satisfecha, las debilidades humanas y los gustos de los consumidores. De esta manera, en la mayoría de los casos los datos de entrada llegan en forma de informes de investigación de mercado, la que si no fue orientada puede conducir a la empresa a un verdadero desastre.

Así, se impone, en primer lugar, la participación de los técnicos de la empresa que desarrollarán el futuro diseño en el diseño del cuestionario de la investigación de mercado, para asegurar la obtención de datos más ajustados a sus necesidades que los que tendrían los expertos en investigación de mercado si actuaran solos. En segundo lugar, debe efectuarse un control de diseño teniendo en cuenta las siguientes consideraciones:

a) **Verificación de los datos de entrada del diseño.** La actividad es la misma que para el caso de los productos industriales no normalizados, con la salvedad de que aquí debemos tener en cuenta que no tenemos clientes, sino potenciales clientes, y que la consulta no es directa, sino por medio de la agencia de análisis de mercado.

b) **Revisión del diseño.** Aquí resultan válidos todos los tópicos establecidos para los productos industriales no normalizados; hay que agregar:

1. Los datos referidos a tamaños o volúmenes más prácticos o más requeridos.

2. Las formas, colores, presentación y material de los envases.

3. Los embalajes.

4. Las formas y los lugares de distribución y venta.

5. La localización de services y puntos de venta de repuestos.

6. Disponibilidad y adecuación de las instalaciones y del mantenimiento, y de los manuales de reparación.

7. La existencia de una organización adecuada para la distribución y el servicio a los clientes.

8. Entrenamiento del personal que efectúe la asistencia en el campo.

9. Ensayos o comportamiento en el campo.

10. Certificación de completa satisfacción de los ensayos de calificación.

c) **Verificación de diseño.** En este tipo de artículos, lo que en algunos casos llega a las manos del consumidor está compuesto por una caja, un frasco y el producto propiamente dicho, que es el elemento más susceptible de ser verificado, pudiéndose extender al frasco y a la caja, según el caso.

Como dijéramos más arriba, los casos son tan variados que van desde los automóviles hasta los perfumes, desde los alimentos hasta la vestimenta, de

CAP. 5 — CONTROL DE DISEÑO

manera que se deberá analizar, para cada caso, la aplicabilidad, extensión y profundidad de esta verificación.

Por último, diremos que aquí habrán de aplicarse las mismas herramientas que para los productos industriales normalizados, a saber:

1. Ejecución de ensayos o pruebas piloto de calificación sobre prototipos o maquetas.

2. Ejecución de cálculos alternativos.

3. Comparación del nuevo diseño con otro ya aprobado, si ello fuera posible.

d) **Validación del diseño.** En la mayor parte de estos casos, son los mismos fabricantes quienes establecen los requerimientos para la validación en forma de datos de entrada, de manera que, como dice el ya citado DAVID HOILE:

> LA **VALIDACION** DEL DISEÑO SE TRANSFORMA EN PARTE DE LA **VERIFICACION** DEL DISEÑO.

No obstante, una validación muy efectiva es el *feedback* de los usuarios; pero los productos de consumo masivo son dispersados en un mercado muy grande, y llega a cada consumidor solamente una pequeña parte de la producción, por lo que éstos consideran innecesario comunicarse con el fabricante para efectuar sus quejas o sugerencias, a pesar de que en los envases de muchos productos se incluye el número telefónico para este tipo de comunicaciones; de manera que, en muchos casos, la validación, erróneamente, se efectúa por defecto: *"al no haber quejas ni sugerencias, el producto está validado"*.

e) **Cambios de diseño.** Los cambios de diseño en estos productos se manifiestan con mayor frecuencia que en los anteriormente considerados, debido a las modas, los gustos, etc. La misma empresa o la agencia de análisis de mercado podrán generar el *feedback*; lo importante es producir este ingreso de información y tomarlo en cuenta permanentemente.

Este caso no escapa a la cláusula de los anteriores: las modificaciones obligan a someter al nuevo diseño a todos los pasos y requisitos establecidos para el original, aun cuando sólo se haya modificado una parte.

DOCUMENTACION A UTILIZAR

La documentación adecuada a cada caso variará según el tipo de producto y las exigencias de los entes reguladores y los clientes, pero podemos sugerir algunos sellos y formularios que resultarán útiles.

Los documentos que contienen los datos de entrada y las consultas existentes a efectos de aclararlos o completarlos deberán ser identificados y archivados como evidencia objetiva, lo mismo que las memorias de cálculo del diseño y las de la verificación.

En algunos casos bastará con evidenciar la liberación para construcción o fabricación, es decir, la aprobación del diseño después de haber sido verificado, colocando sobre las especificaciones y los planos un sello como el que se muestra en la figura 5,3.

En otros casos se deberá registrar la liberación de una etapa de diseño antes de pasar a la siguiente, en un documento distinto, específico para este fin, como el que se muestra en la figura 5,4.

Las razones que imponen un cambio de diseño deben asentarse y conservarse —con el objeto de poder reconstruir la "historia" de un producto o servicio— en forma ordenada y específica en un documento, tal como el que se muestra en la figura 5,5.

El documento que sintetizará todos los cambios y proveerá una información ordenada y cronológica de éstos será el Registro de Pedidos de Cambios, que puede observarse en la figura 5,6.

En todos los casos, las especificaciones y los planos deberán contar con evidencia de liberación, pudiéndose utilizar el sello mostrado a continuación.

CONTROL DE DISEÑO
CONTROL DE LITERALIDAD
APROBADO

Firma   / / Fecha

Figura 5,3.

CAP. 5 — CONTROL DE DISEÑO

𝔚𝔢𝔯𝔨𝔢 𝔄𝔊	Registro de Liberación de Etapas de Diseño	Nro.:	
Proyecto			
Etapa	**Condición**	**Liberación**	**Fecha**
	Preliminar a ☐		
	b ☐		
	c ☐		
	d ☐		
	Para Construcción ☐		
	Conforme a Obra ☐		
	Preliminar a ☐		
	b ☐		
	c ☐		
	d ☐		
	Para Construcción ☐		
	Conforme a Obra ☐		
	Preliminar a ☐		
	b ☐		
	c ☐		
	d ☐		
	Para Construcción ☐		
	Conforme a Obra ☐		
	Preliminar a ☐		
	b ☐		
	c ☐		
	d ☐		
	Para Construcción ☐		
	Conforme a Obra ☐		

Figura 5,4.

80 · ASEGURAMIENTO DE CALIDAD. ISO 9000

Werke AG	**Pedido de Cambio**	**Nro.:**

Proyecto

Producto

Plano/s

Cambios a efectuar

Razones para efectuar el/los cambio/s

_____ / /
Firma   Fecha

Aceptación

_____ / / _____ / / _____ / /
Firma   Fecha   Firma   Fecha   Firma   Fecha

Cambios efectuados

_____ / /
Firma   Fecha

Figura 5,5.

CAP. 5 — CONTROL DE DISEÑO

81

Werke AG	Registro de Pedidos de Cambio	Pág.: De:

Proyecto

Producto

Plano	Pedido de Cambio Nro.	Observaciones

Figura 5,6.

Capítulo 6

Control de Documentos y Datos

TEXTO DE LA NORMA ISO 9001

GENERALIDADES

El proveedor debe establecer y mantener procedimientos documentados para controlar todos los documentos y datos que se relacionan con los requisitos de esta norma, incluyendo, en la medida en que sea aplicable, documentos de origen externo, tales como normas y dibujos del cliente.

APROBACION Y EMISION DE DOCUMENTOS Y DATOS

Los documentos y datos deben ser revisados y aprobados por personal autorizado antes de su emisión, para ver si son adecuados. Debe establecerse y estar fácilmente disponible una lista maestra o procedimiento de control de documentos equivalente que identifique la condición de la revisión vigente de los documentos para evitar el uso de documentos no válidos y/u obsoletos.

Este control debe asegurar que:

a) las ediciones pertinentes de los documentos apropiados estén disponibles en todas las secciones en que se efectúan operaciones esenciales para el funcionamiento efectivo del sistema de calidad;

b) los documentos no válidos y/u obsoletos sean eliminados oportunamente de todos los puntos de emisión o uso, o se asegure de alguna otra forma que no se haga un uso no previsto de ellos;

c) cualquier documento obsoleto retenido para propósitos legales y/o de conocimiento o preservación se identifique apropiadamente.

CAMBIOS DE DOCUMENTOS Y DATOS

Los cambios de los documentos y datos deben ser revisados y aprobados por las mismas funciones u organizaciones que efectuaron la revisión y aprobación original, a menos que se establezca específicamente otra forma.

ASEGURAMIENTO DE CALIDAD. ISO 9000

Las funciones u organizaciones designadas deben tener acceso a la información de respaldo pertinente sobre la cual puedan basar su revisión y aprobación.

Cuando sea posible, la naturaleza del cambio debe ser identificada en el documento o en anexos adecuados.

Comentario

Un sistema de calidad está constituido por documentos de requisitos, documentos de registros y documentos mixtos, es decir, aquellos que establecen requisitos y a la vez sirven como registros.

Como los requisitos varían con el tiempo, los documentos que los contienen deben modificarse en consecuencia.

Los documentos de registro dan cuenta de los resultados de actividades llevadas a cabo en el pasado; dado que el pasado no es modificable, tampoco ellos lo son. Cualquier modificación de un dato consignado en estos documentos puede ser calificada como un fraude. Si por error se hubieran incorporado datos que no concuerdan con la realidad, se deberá elaborar un nuevo documento que anule el anterior, pero no se deberá eliminar el documento erróneo, ya que esta acción dificultaría detectar las causas o circunstancias que motivaron la existencia de un registro equivocado.

Por último, tenemos los documentos mixtos, los cuales tampoco podrán modificarse una vez emitidos, pero sí mientras conserven su condición de "documento de requisito", es decir, antes de que se le incorporen registros.

Ejemplos de estos tipos de documentos son los siguientes:

De requisitos

— Normas

— Códigos

— Manuales de Calidad

— Manuales de Procedimientos

— Prácticas Operativas

— Instrucciones de Trabajo

— Especificaciones

— Planos

— Planillas de Cálculo

— Formulaciones

— Planes de Inspección y Ensayo (*)

(*) Como guía para desarrollar el documento, y luego para revisarlo con vistas a su aprobación, es conveniente utilizar una planilla como la que se muestra en la figura 6,1.

CAP. 6 — CONTROL DE DOCUMENTOS

De registro

— Informes de Inspección

— Fichas de Calibración

— Discos o rollos de registradores automáticos de procesos

— Radiografías

— Informes de No Conformidad

— Pedidos de Acción Correctiva

— Informes de Auditorías

— Legajos de Capacitación del Personal

Mixto

— Planes de Inspección y Ensayo (*)

El objeto del Control de Documentos es asegurar que los usuarios sepan:

— cuáles son los documentos vigentes, incluyendo los suministrados por los clientes, y las normas de aplicación en la empresa, es decir, los documentos que deben utilizar;

— que disponen de todos ellos y "solamente de ellos";

— que se conoce el estado de revisión de cada documento;

— que los documentos obsoletos son retirados de los lugares de uso y

— que los datos contenidos en ellos son correctos.

APROBACION Y EMISION

Vamos a discriminar entre "aprobación" y "aval". Los documentos de requisitos necesitan una aprobación formal; esto implica que un funcionario de la empresa especialmente asignado, libere el documento para su uso o aplicación. Como guía para desarrollar el documento, y luego para revisarlo con vistas a su aprobación, es conveniente utilizar una planilla como la que se muestra en la figura 6,1. Sin la correspondiente autorización ningún documento debe ser utilizado; de esto debe estar informado y concientizado todo el personal. Los documentos de registro requieren un aval, es decir, una constancia que formalice el documento e identifique al responsable por los datos en él consignados.

Cuando se trate de documentos impresos sobre papel —ya se trate de documentos de requisitos, registros o mixtos—, bastará incorporar una firma. En cambio, cuando se trate de documentos contenidos en archivos electrónicos (como memorias de computadoras o disquetes), la aprobación o el aval estará dado por la intervención de un funcionario sobre

---

(*) Este documento puede ser de requisitos exclusivamente o de requisitos y registro.

TECHINT		Lista de Chequeo de Documentos			

Documento :   **Nro.:**   **Rev.:**

Debe satisfacer	Satisface		Satisface		Observaciones
	Sí	No	Sí	No	
Norma					
Norma					
Norma					
Manual de Aseg. Calidad					
Procedimiento					
Procedimiento					
Informe de No Conformidad					
Acción Correctiva					

Las modificaciones en este procedimiento afectan a:

La fecha de entrada en vigencia es correcta

Sí ☐   No ☐

Nueva fecha   / /

Modificada   Sí ☐   No ☐

Observaciones _____

Distribución

Documento aprobado

Firma   / / Fecha

Figura 6,1.

CAP. 6 — CONTROL DE DOCUMENTOS **87**

el sistema computarizado, utilizando una *password* o clave de su exclusivo dominio, mediante la cual el documento podrá ser difundido y utilizado.

En la práctica se verifican dos formas de llevar a cabo la aprobación de un documento de requisitos. Una es aquella en la que el documento contiene tantas aprobaciones como sectores intervinientes en su aplicación. El objeto de las múltiples aprobaciones es comprometer el apoyo de todos los involucrados para el cumplimiento de los requisitos establecidos. Esta es una forma muy utilizada cuando el sector emisor no tiene la seguridad de obtener el apoyo de la dirección de la empresa, es decir, cuando no se siente respaldado y su autoridad resulta débil. De esta manera, el procedimiento sería sometido al "acuerdo consensual", luego de lo cual podría denominárselo como "norma interna", en lugar de procedimiento.

Otra forma de aprobar un documento de requisitos es la de reservar esta prerroga-tiva-responsabilidad para la máxima autoridad del sector emisor, esto es, una sola aprobación. Esta es la forma que generalmente adoptan los emisores que cuentan con el respaldo de la dirección, fundamentando su autoridad en el reconocimiento de su capacidad como especialista en la materia.

Tanto en una como en otra forma, las aprobaciones deben ser efectuadas por la máxima autoridad de cada sector.

Sea cual fuere el método adoptado —aprobaciones múltiples o única—, la responsabilidad por el cumplimiento de los requisitos establecidos en el procedimiento recaerá sobre la máxima autoridad del sector emisor.

Debe tenerse presente que la aprobación de un documento incluye la aprobación (cantidad y exactitud) de los datos contenidos.

LA REVISION Y LA DISTRIBUCION

Es natural que una vez que un documento de requisitos comenzó a ser aplicado se reciban sugerencias, con el objeto de optimizarlo o que el mismo emisor verifique la necesidad de algunos ajustes, que sólo se hacen visibles una vez que se probó su funcionamiento.

En ocasiones, los requerimientos cambiantes del mercado, o las normas, hacen que se deban efectuar modificaciones.

Hay dos situaciones indeseables respecto de la frecuencia de las revisiones: una, cuando se producen con mucha asiduidad, y la otra, cuando no se realizan nunca.

Puede haber varios motivos por los cuales las revisiones se produzcan continuamente:

1. Los datos del relevamiento previo no son fidedignos.

2. El documento no fue suficientemente meditado.

88   *ASEGURAMIENTO DE CALIDAD. ISO 9000*

3. El emisor no tiene el respaldo necesario de parte de la dirección, y debe ceder a las presiones de los usuarios para "aflojar" los requerimientos.

Existen por lo menos dos razones por las cuales un procedimiento no se modifica nunca:

1. El procedimiento es perfecto, razón que se descarta sin necesidad de análisis alguno por nuestra parte.

2. El procedimiento no es utilizado, es ignorado y ha caído en el olvido.

Un buen documento de requisitos logra un equilibrio entre el tiempo de vigencia de una emisión y la frecuencia de las revisiones, lo que no implica que se deba forzar una situación y demorar una mejora necesaria por el solo hecho de que la revisión anterior es muy reciente, y alguien pudiera llegar a pensar que el procedimiento no fue suficientemente meditado.

El estado de revisión debe evidenciarse claramente. Una forma de hacerlo es determinar un lugar fijo sobre el cuerpo del documento, y mostrar en ese lugar el estado de revisión, utilizando un sistema similar al siguiente:

1. Cuando el documento no ha sido emitido oficialmente y sólo se remite a otros sectores para recoger comentarios, se pueden utilizar letras; por ejemplo:

   a) para el primer borrador,

   b) para el segundo borrador, al cual se le han incorporado las modificaciones surgidas del borrador a); y así sucesivamente, con c), d), etcétera.

2. Cuando el documento ha sido aprobado y es emitido oficialmente por primera vez, se le asigna doble cero (00) —en el lugar reservado a tal efecto—, para evidenciar la situación.

3. Se coloca 01 para hacer notoria la primera revisión, 02 para la segunda, 03 para la tercera, etcétera.

La emisión de listados con la identificación de los documentos y su estado de revisión permitirá mantener el control sobre los documentos que se están generando o que se están utilizando en la empresa; este control es requerido por los organismos normalizadores que otorgan autorización para utilizar sus monogramas y que, en consecuencia, tienen derecho a efectuar auditorías, o es requerido por las compañías de seguros ante un juicio por responsabilidad de productos, cuando la cobertura se ha fundamentado en la aplicación de los procedimientos.

Disponemos de —por lo menos— dos criterios respecto de cómo evidenciar el estado de revisión, criterios que afectan el modo de emisión.

El primero admite un solo estado de revisión sobre el documento; esto es, desde la primera hoja hasta la última figurará un único estado, por ejemplo 01, si el procedimiento

CAP. 6 — CONTROL DE DOCUMENTOS

89

fue objeto de una revisión. Esto obliga a emitir el procedimiento completo, por voluminoso que sea, aun cuando se haya modificado una sola palabra en una sola hoja.

El segundo criterio efectúa el cambio del estado de revisión solamente en las hojas afectadas; en consecuencia, en un mismo documento se pueden encontrar hojas cuyo estado de revisión es 00 en unas, 01 en otras, 04 en otras, o cualquier mezcla de estados. Esto hace que se puedan emitir solamente las hojas afectadas por la revisión, permaneciendo invariable el resto, pero obliga a tener, en una carátula o en una hoja *ad hoc*, un listado en que figure el estado general de revisión y cada una de las hojas modificadas con su correspondiente estado; listado éste que debe ser remitido a los usuarios, juntamente con cada partida de hojas modificadas.

Cuando se adopa este segundo criterio, es posible efectuar blanqueos, es decir, si se ha acumulado una cierta cantidad de hojas con distintos estados de revisión es posible efectuar un cambio en todo el documento, llevando el número al inmediatamente superior al de la revisión de valor más alto. Por ejemplo:

> Si en un procedimiento se encuentran hojas con revisión: 00
> 07
> 02
> 04
> 01

de acuerdo con la cantidad de revisiones o de hojas afectadas, se blanquea el estado de revisión, efectuando una nueva emisión, en la cual todas las hojas consignarán la revisión 08.

Este último criterio permite la aplicación de un recurso práctico adoptado por algunas empresas. El método consta de la utilización combinada del número de edición y el número de revisión, y por lo tanto, en el documento figuran ambas instancias; cuando se emite por primera vez un documento, su número de emisión será el uno (01), y la revisión de cada parte componente será cero (00), indicado, por ejemplo, de la siguiente manera:

> Edic.: 01
> Rev.: 00

Luego, se irán acumulando las revisiones con distintos estados para cada parte u hoja, cambiando, en consecuencia, el número de revisión, y manteniéndose el de edición. Acumulada cierta cantidad de revisiones, se vuelve a editar el documento, cambiando todas las revisiones por cero y numerando la edición con dos (02).

El criterio que se adopte debe ser de aplicación uniforme, independientemente del volumen de cada procedimiento.

CONTROL DE ACTUALIZACION

Además de la necesidad de llevar a cabo una correcta gestión y fabricación de un producto o la prestación de un servicio, la aplicación de los procedimientos es auditable, de manera que es imprescindible mantener un estricto control del estado de revisión o estado de actualización.

Debe establecerse un método de control que asegure que cada usuario cuenta con la copia que se encuentra en vigencia y que se retiraron de uso los documentos obsoletos.

El método más sencillo de efectuar el control se realiza a través de los remitos de documentación (figura 6,2) o listas de distribución (figura 6,3), en los cuales deberá figurar el nombre del procedimiento, el código, el estado de revisión, la fecha de recepción y la firma del destinatario, como mínimo.

telemeter	Nro.: _____		
Remito de Documentación			
Destinatario:			
Documento	**Número**	**Ind.**	**Cant.**
Cant. de documentos:			
Remitente		Destinatario	
Fecha: / /		Fecha: / /	
Firma:		Firma:	
Aclarac.:		Aclarac.:	
Observaciones:			
El destinatario será responsable por la destrucción de los documentos superados.			**1**

Figura 6,2.

CAP. 6 — CONTROL DE DOCUMENTOS **91**

Cía. Fundmet	**Lista de Distribución**			

Documento distribuido: Rev.:

Documento reemplazado: Rev.:

Copia Nro.	Destinatario	Distribución		Observaciones
		Fecha	**Firma del receptor**	

Figura 6,3.

92   *ASEGURAMIENTO DE CALIDAD. ISO 9000*

El uso de remitos resulta práctico cuando los documentos deben ser enviados a lugares distantes, dentro o fuera de la empresa; en cambio, los listados de distribución pueden ser utilizados cuando la entrega pueda efectuarse "en mano". Un recurso más sencillo, aplicado en empresas de pequeña dimensión, es hacer firmar el dorso de una copia del documento a los receptores, como evidencia de tal recepción, la cual es archivada por el emisor.

Existen dos criterios para eliminar los ejemplares obsoletos; el primero consiste en hacer que el mismo usuario, al reemplazar el documento fuera de uso, proceda a su destrucción; el segundo criterio consiste en que el documento obsoleto sea devuelto al emisor, juntamente con el remito de la nueva revisión. El método a aplicar, en algunos casos, estará estrechamente vinculado con el tipo de documento de remisión, ya sea remito o listado de distribución.

Conviene, en ambos casos, agregar un sello destacado, sin enmascarar los datos del documento, en el que conste cuál es la revisión superada por el nuevo documento, ejemplo mostrado en la figura 6,4.

Reemplaza a:	Rev.:

Figura 6,4.

Finalmente, otra medida conveniente es asignar a cada usuario, por sector, departamento o gerencia, un número que lo identifique, consignando este número sobre los documentos remitidos. Esta identificación será de gran ayuda cuando los manuales tengan una configuración distinta, en función del nivel del usuario y del grado de detalle o del tipo de información que necesita.

EMISION Y VIGENCIA

Debe tenerse en cuenta que cuando se emite un documento de requisito, ya sea nuevo o revisionado, las personas que deben aplicarlo necesitan efectuar ajustes en el desarrollo de sus tareas, acostumbrándose a la nueva gestión, al nuevo formulario, etcétera.

Es esperable, entonces, que al principio se cometan errores, y éstos, hasta cierto grado, deben ser tolerados.

Por otro lado, cuando la modificación afecta los registros, se debe tener en cuenta que, durante un período, podrán convivir los formularios utilizados antes de la modificación con los nuevos, ya sea porque se debe agotar el stock de los viejos formularios o porque el proceso de ejecución y cierre de un registro insume un tiempo prolongado, haciendo que los formularios que se empezaron a utilizar antes de la revisión no estén completos al tiempo de recibida ésta.

CAP. 6 — CONTROL DE DOCUMENTOS   **93**

Por lo antedicho se impone la necesidad de establecer dos fechas, una de emisión y otra de vigencia.

Es conveniente que la fecha de emisión corresponda a la de remisión a los usuarios, pues en el caso de que se colocara una fecha anterior, las demoras por ejecución, consultas, aprobaciones, etc., insumirán el tiempo de adiestramiento o acostumbramiento al nuevo procedimiento.

En cuanto a la fecha de entrada en vigencia, debe considerarse tanto el período de acostumbramiento como el necesario para concluir el uso de los viejos formularios.

Entonces, las fechas de emisión y vigencia serán los límites inferior y superior, respectivamente, de este período de adaptación.

Un documento no caduca cuando su reemplazante es emitido, sino cuando éste entra en vigencia.

En consecuencia, la aplicación de un documento es auditable a partir de su entrada en vigencia y no desde su emisión.

La norma establece como opcionales un "registro maestro" o un "procedimiento". En algunas empresas suelen utilizarse ambas opciones, pues al procedimiento para el control de los documentos se le suma un registro de emisión (por sector) (figura 6,5), el cual generalmente forma parte del mismo procedimiento.

REGISTRO DE FIRMAS

Un documento que no es requerido específicamente por las normas, pero impuesto por la costumbre y que se han habituado a solicitar los auditores durante su actuación, es el registro de firmas.

Su utilidad se basa en la necesidad de reconocer la firma de los funcionarios y la fecha a partir de la cual el funcionario está habilitado para firmar los documentos.

La variante que mayor cantidad de información brinda es la que requiere la mención de:

— Nombre y apellido del funcionario

— Puesto que ocupa

— Firma, en todas sus variantes

— Fecha de alta

— Fecha de baja

— Listado de documentos que puede firmar

— Mención del reemplazante en su ausencia (por vacaciones, enfermedad, etc.)

Un modelo de formulario que contiene algunos de estos datos se muestra en la figura 6,6.

ASEGURAMIENTO DE CALIDAD. ISO 9000

TECHINT		Registro de Emisión de Documentos	Pág.: de

Contrato: **Sección:**

Número	Denominación	Rev.	Fecha	Firma	Observaciones

Figura 6,5.

CAP. 6 — CONTROL DE DOCUMENTOS   **95**

TECHINT		**Registro de Firmas**	**Pág.:**

Proyecto/obra

Funcionario	Firma	Puesto
Apellido y nombre: Alta: / / Baja: / /		
Apellido y nombre: Alta: / / Baja: / /		
Apellido y nombre: Alta: / / Baja: / /		
Apellido y nombre: Alta: / / Baja: / /		
Apellido y nombre: Alta: / / Baja: / /		
Apellido y nombre: Alta: / / Baja: / /		
Apellido y nombre: Alta: / / Baja: / /		
Apellido y nombre: Alta: / / Baja: / /		
Apellido y nombre: Alta: / / Baja: / /		
Apellido y nombre: Alta: / / Baja: / /		
Apellido y nombre: Alta: / / Baja: / /		

Figura 6,6.

Capítulo 7

Compras

TEXTO DE LA NORMA ISO 9001

GENERALIDADES

El proveedor debe establecer y mantener procedimientos documentados para asegurar que el producto adquirido cumpla con los requisitos especificados.

EVALUACION DE SUBCONTRATISTAS

El proveedor debe:

a) evaluar y seleccionar subcontratistas sobre la base de su habilidad para cumplir con los requisitos del subcontrato, incluyendo el sistema de calidad y cualquier requisito de aseguramiento de calidad;

b) definir el tipo y extensión del control ejercido por el proveedor sobre los subcontratistas. Esto debe depender del tipo de producto, el impacto del producto subcontratado sobre la calidad del producto final y, cuando sea aplicable, de los informes de auditorías de calidad y/o registros de calidad, capacidad y desempeño, previamente demostrados, de los subcontratistas;

c) establecer y mantener registros de calidad de subcontratistas aceptables.

DATOS DE LAS ADQUISICIONES

Los documentos de compra deben contener los datos que describan claramente el producto ordenado, incluyendo, cuando sea aplicable:

a) tipo, clase, grado u otra identificación precisa;

b) título u otra identificación positiva, y ediciones aplicables de especificaciones, dibujos, requisitos de proceso, instrucciones de inspección y otros datos técnicos pertinentes, que incluyan requisitos para aprobación o calificación del producto, procedimientos, equipamiento del proceso y personal;

ASEGURAMIENTO DE CALIDAD. ISO 9000

c) título, número y edición de la norma de sistema de calidad que debe ser aplicada.

El proveedor debe revisar y aprobar los documentos de compra para comprobar si se adecuan a los requisitos especificados, antes de liberarlos.

VERIFICACION DEL PRODUCTO ADQUIRIDO

VERIFICACION DEL PROVEEDOR EN LAS INSTALACIONES DEL SUBCONTRATISTA

Cuando el proveedor propone verificar el producto adquirido en las instalaciones del subcontratista, debe especificar las disposiciones de verificación y el método de liberación del producto en los documentos de compra.

VERIFICACION DEL PRODUCTO SUBCONTRATADO POR PARTE DEL CLIENTE

Cuando se especifique en el contrato, el cliente del proveedor o el representante del cliente debe ser advertido del derecho a verificar, en las instalaciones del subcontratista, que el producto subcontratado está conforme a los requisitos especificados. Dicha verificación no debe ser usada por el proveedor como evidencia de un control efectivo de calidad del subcontratista.

La verificación por parte del cliente no debe eximir al proveedor de la responsabilidad de entregar producto aceptable, ni debe excluir el rechazo consiguiente del cliente.

Comentario

El objeto de este criterio es asegurar que se compren las materias primas, insumos o componentes especificados, verificando que se los adquieran a proveedores previamente evaluados y calificados.

De esta manera, aquí hay dos actividades claramente diferenciadas: el control de los documentos de compras y la gestión previa de toma de conocimiento que permita acotar la confianza depositada en el proveedor, basada en evidencias objetivamente elaboradas y analizadas.

EVALUACION DE PROVEEDORES

La evaluación de proveedores es el método que las empresas utilizan con el propósito de determinar objetivamente el grado de confianza que sus proveedores

CAP. 7 — COMPRAS

merecen, en cuanto a una provisión o prestación en los niveles de calidad establecidos, en el momento oportuno y al precio más conveniente.

Las empresas deberían ser evaluadas —y en algunos casos así sucede— antes de convertirse en proveedoras propiamente dichas, pero a nadie escapa que las evaluaciones son efecutadas por empresas ya en funcionamiento, que tienen sus proveedores habituales y que, generalmente, las llevan a cabo con posterioridad al establecimiento de la relación comprador-proveedor.

Dada esta situación, la frase utilizada en la plaza para denominar a esta actividad es "evaluación de proveedores", y ella será la que utilizaremos en adelante.

En una forma que podría llamarse restringida, la evaluación de proveedores tuvo su origen en la industria automotriz, pero actualmente puede atribuirse su generalización a la aplicación de ella que la industria nuclear estuvo haciendo desde la década del '70.

Las empresas potencialmente proveedoras de la industria nuclear se vieron sorprendidas por esta nueva actividad, pero debieron aceptarla como condición *sine qua non* para participar en las construcciones y montajes nucleares. Actualmente ven la evaluación como una actividad más en la rutina de su negocio.

Distinta es la reacción en las empresas proveedoras de la industria convencional, a la cual se está aplicando la evaluación de proveedores.

Desde la posición de *comprador*, la evaluación reconoce dos motivaciones: la plena conciencia de los ejecutivos respecto de las ventajas de conocer profundamente a un proveedor y sus productos, frente a los riesgos de desconocerlos; y la imposición por parte de un ente externo a la empresa, tal como un licenciante o un comprador.

La primera de las motivaciones es la más saludable, pues las evaluaciones encontrarán pocos escollos internos, gozarán del apoyo de los ejecutivos y tendrán a su disposición toda la infraestructura necesaria. Este es el método adoptado en nuestro país por la industria nuclear, automotriz, aeronáutica, y algunas de otros ramos.

La segunda de las motivaciones es la más difícil de llevar adelante, pues, dado que se trata de una imposición (externa), que los ejecutivos no conocen las ventajas y riesgos, que consideran la evaluación como un esfuerzo innecesario y un despilfarro de recursos, quienes tengan la responsabilidad de llevarlas a cabo encontrarán innumerables escollos; de manera que deberá buscarse la forma de evaluar que resulte más potable para quienes ofrecen resistencia, y consideran que esto sólo implica una pérdida.

Pero allí no terminan las resistencias, pues a las internas se suman las externas, es decir, las empresas sometidas a evaluaciones. Ellas se originan en las diferencias en el grado de desarrollo de las empresas, los temores de los industriales respecto de las consecuencias de una evaluación, el desconocimiento de los sistemas de calidad que deberían aplicar y los costos involucrados en el desarrollo de las evaluaciones.

Generalmente, para evitar quedarse sin proveedores como consecuencia de evaluaciones muy estrictas, las empresas desarrollan métodos de evaluación laxos, por medio de los cuales pueda ser admitida la mayor cantidad de proveedores; de esto resulta que los límites inferior y superior de aceptación admiten empresas que se encuentran muy distantes una de otra en cuanto a su grado de desarrollo, equipamiento y sistemas de calidad.

Resulta común que las grandes empresas cuenten con proveedores que a su vez sean grandes o medianas empresas; la proporción de proveedores pequeños es muy reducida; en estas condiciones es relativamente fácil evaluarlas.

Las mayores dificultades se presentan cuando se desciende en la escala de magnitud o, en su caso, en el porcentaje de la facturación que un comprador representa para un proveedor a ser evaluado.

En las empresas medianas, la proporción de proveedores pequeños es significativamente mayor que en las grandes. Por lo general, las empresas pequeñas no están dispuestas a ser evaluadas por sus clientes, y en el caso de acceder, no están dispuestas a cambiar sus prácticas, a adoptar sistemas de control, ya sean de calidad o de equipos, ni a mejorar sus instalaciones y parque de maquinarias; todo ello, por supuesto, en caso de resultar necesario; de esta manera es inútil evaluarlas y prácticamente imposible aprobarlas.

Es indudable que un proveedor para el cual su cliente representa el 80% de sus ingresos se someterá con muy poco o ningún reparo a la evaluación; distinto es el caso en que la incidencia sobre los ingresos es reducida, puesto que, en estas condiciones, el comprador no puede ejercer suficiente presión para efectuar la evaluación o impulsar el desarrollo del proveedor.

Otra dificultad se presenta cuando el proveedor se encuentra en el extranjero. Difícilmente se disponga de presupuesto y tiempo para efectuar una visita de evaluación.

Los costos de las evaluaciones se ven muy incrementados, como consecuencia de la disparidad de normas y especificaciones aplicadas y de la reiteración de evaluaciones a un mismo proveedor, efectuadas por distintos compradores, cada uno de ellos con su propio método, y con el agravante de que en ocasiones se está tratando de satisfacer la misma norma o especificación.

Como ya dijimos, una de las dificultades es el desconocimiento de las ventajas de evaluar proveedores por parte de quienes tienen que asignar tareas y presupuesto. Puede decirse que las ventajas más importantes son:

- Conocimiento de la amplitud y grado de aplicación de los sistemas de calidad y de los procesos y controles a que son sometidos los productos y servicios.

  Esto permite acotar la confianza respecto de la calidad, y la posibilidad de que esa calidad se mantenga constante o mejore con el transcurso del tiempo, lo que a su vez puede conducir a una disminución sustancial, o a una completa anulación de inspecciones de recepción en instalaciones del comprador.

- Conocimiento del grado de integración de los procesos, del parque de maquinarias y su estado de conservación, de la capacidad productiva y de la posibilidad de incrementarla a corto, mediano y largo plazo.

CAP. 7 — COMPRAS

Resulta vital para cualquier industria tener asegurada la fuente de aprovisionamiento, no sólo cuando se trata de materia prima, sino, principalmente, cuando parte de los insumos son componentes complejos para ser incorporados sin transformación al producto final; asimismo, asegurarse de que la dependencia de los proveedores de sus propios proveedores no producirá momentos críticos en el suministro, que el parque de maquinarias es el adecuado para el grado de integración declarado por el proveedor y que el estado de conservación de las máquinas producirá artículos o servicios dentro de las especificaciones, sin paradas imprevistas o salidas de producción que alteren el programa de fabricación y el fluir de productos.

Por último, la capacidad de reacción ante requerimientos de mayor volumen de producción, dará al comprador una idea respecto de los compromisos que él mismo pueda contraer.

- Conocimiento del estado económico-financiero de la empresa y, en oportunidades, de los costos de producción. Este conocimiento permitirá establecer un cierto grado de confianza en la permanencia del proveedor en el mercado y como proveedor de un mismo comprador. Por un lado, la ausencia de convocatorias y quiebras, o de situaciones que puedan conducir a ellas, asegurará la permanencia en el mercado. Por otro lado, un análisis de los costos (sólo posible cuando la relación comprador-proveedor se aproxima a la de proveedor único) permitirá conocer la rentabilidad del proveedor, quien, siempre que se mantenga dentro de ciertos límites, permitirá la permanencia de la relación comercial.

- Posibilidad de efectuar auditorías periódicas, con el objeto de verificar la adhesión a los sistemas y métodos comprometidos durante la evaluación, y, en consecuencia, producir las correcciones necesarias en el momento oportuno.

Resulta evidente que la empresa, como un todo orgánico, se verá beneficiada por la evaluación de proveedores, pero esto se hará más evidente en algunas áreas particulares, como por ejemplo:

- **Compras**. Podrá asegurar el oportuno fluir de materias primas, desde los proveedores hacia la empresa.

- **Almacenes**. Sus stocks podrán ser disminuidos racionalmente, tanto volumétrica como monetariamente, dado el conocimiento que se tiene de la rapidez de respuesta y la puntualidad de los proveedores.

- **Producción**. Podrán confiar en los programas de fabricación, sin temer altibajos en la provisión de materias primas o subcomponentes. Tendrá menos inconvenientes durante el ciclo productivo.

- **Control de Calidad**. Verá aliviada su tarea en la recepción; esto implicará mayor disposición de personal para otras inspecciones, menor cantidad de decisiones a tomar y discusiones con los representantes de los proveedores, menor costo de laboratorio y mayor disposición de elementos de medición y ensayos.

102 ASEGURAMIENTO DE CALIDAD. ISO 9000

- **Pago a Proveedores.** Verá disminuida la retención de pagos debido a reclamos internos por calidad inadecuada, incumplimiento de plazos de entrega, etcétera.

- **Comercialización.** Contará con un importante argumento de ventas para presentar a sus compradores.

El desconocimiento de estas ventajas se traduce en cierta resistencia en más de un nivel de la empresa, que se manifiesta como falta de apoyo jerárquico, de medios para efectuar las evaluaciones y de reconocimiento por los avances logrados; por supuesto, las resistencias se presentarán en el caso en que las evaluaciones se realicen por imposición de entes externos, y no por el convencimiento de directivos y ejecutivos. En otro nivel, la resistencia estará manifestada por los compradores, dado que verán limitado el espectro de proveedores a los cuales podrán colocar las órdenes de compra; no entenderán el porqué de las limitaciones, hasta que hayan experimentado las ventajas de las evaluaciones, además de otras razones, cuyo análisis escapa al objeto de este libro.

Por otro lado, y no obstante lo aparentemente obvio de las ventajas, los ejecutivos siguen ofreciendo resistencia a las evaluaciones, y no sin fundamento. Aun cuando reconozcan las ventajas, el costo de evaluar proveedores resulta alto, principalmente, cuando al iniciarse la actividad se hace difícil ponderar las ventajas en términos monetarios.

Como dijimos más arriba, es dable observar que varias empresas de un mismo mercado evalúen a un mismo proveedor, con la intención de cumplimentar los requerimientos de la misma norma o especificación.

Considerando que para la empresa compradora el costo de una evaluación está compuesto por el salario del personal asignado, las instalaciones y equipos necesarios, los viáticos por alojamiento y transporte, y las auditorías posteriores, cada proveedor evaluado resulta un tanto oneroso. Si a esto se suma que una empresa de las consideradas grandes tiene un promedio de trescientos proveedores o más, la erogación por evaluaciones, reevaluaciones y auditorías representa un gran volumen anual; es razonable que los ejecutivos no vean con demasiado entusiasmo esta gestión, a pesar de que, como se verá más adelante, la cantidad de empresas a evaluar resulta significativamente menor al total de los proveedores.

Una solución a los inconvenientes de tener que evaluar proveedores la están aportando los entes acreditados por ISO para certificar los sistemas de calidad de las empresas que adoptaron la serie 9000 de las normas ISO.

En estos casos, auditores especialmente calificados y certificados auditan a las empresas que, voluntariamente, requieren sus servicios y, si los resultados satisfacen los requerimientos de las normas, recomiendan a los entes certificadores que consideren la situación y emitan el correspondiente certificado. Todo esto con cargo a la empresa que solicitó la auditoría de certificación.

CAP. 7 — COMPRAS   **103**

De esta manera, al reconocer los certificados como válidos, la actividad de los evaluadores pertenecientes a los clientes se ve considerablemente simplificada, pues el aspecto de la calidad no necesita ser evaluado; no obstante, otros aspectos, como el potencial industrial, los plazos de entrega, el grado de integración del proceso, etcétera, deberán ser cotejados.

Al momento de escribirse este libro las empresas certificadas en el país no superan las veinticinco, de manera que la certificación ISO es un beneficio a futuro.

Deben tenerse presente dos situaciones. La primera es que solamente entes efectivamente acreditados por ISO pueden emitir certificados de cumplimiento de estas normas, no resultando válidos los que no cumplan con esta condición. La segunda es que algunas empresas que fabrican una gran variedad de productos, en dos o más plantas, publicitan en los medios periodísticos la obtención de la certificación ISO, dando la impresión de que todos sus productos son fabricados aplicando el sistema de calidad, cuando la realidad es que solamente uno o dos de los productos, fabricados en una sola planta, fueron sometidos al sistema y, por consiguiente, a la auditoría de certificación.

Como también dijimos más arriba, los evaluadores no sólo deberán enfrentar la resistencia interna, es decir, en su propia empresa, sino que se le presentarán dificultades externas.

Estas dificultades vienen dadas, en primer lugar, por la disparidad en el grado de desarrollo de las empresas proveedoras. Así, por ejemplo, se puede contar con proveedores que representan a la "gran industria", con disposición y capacidad para cumplir con los requerimientos de los compradores o con capacidad pero sin disposición para tal cumplimiento; en otro extremo del *continuum*, es posible encontrar proveedores tan pequeños que pueden ser considerados meros artesanos y no empresas formalmente constituidas. En segundo lugar, las dificultades se hacen evidentes cuando los proveedores se encuentran en el exterior, a veces en continentes distintos.

En otro orden de cosas, se presentan graves inconvenientes cuando el estado del mercado se aproxima al del monopolio y el proveedor no está dispuesto a ser evaluado o, aun cuando esté dispuesto, su grado de desarrollo industrial es ínfimo.

Estos inconvenientes se traducen en:

- Imposibilidad de evaluar al proveedor por su propia negativa.

- Imposibilidad de aprobar a distintos proveedores de un mismo ramo, mediante la utilización de un método equitativo que pondere los méritos y atribuya a cada uno un lugar en el espectro del desarrollo.

104 ASEGURAMIENTO DE CALIDAD. ISO 9000

El primero de los casos, es decir, la negativa a ser evaluado, reconoce varias causas para su manifestación.

Como ya se dijo, una de las causas es la proporción que el comprador representa en los ingresos del proveedor. Cuando se aplica la práctica del "proveedor único", la relación comprador-proveedor es tan estrecha, que este último pasa a ser un apéndice, una parte del comprador fuera de los límites físicos de su establecimiento, como habitualmente sucede con las terminales de montaje de automotores y los fabricantes de autopartes. En estos casos la incidencia en los ingresos alcanza porcentajes tan altos que difícilmente el proveedor pueda oponerse a la evaluación.

Pero cuando una empresa tiene múltiples proveedores para un mismo producto o servicio, su incidencia en los ingresos se ve sensiblemente disminuida, a tal punto que algunos proveedores, ante la eventualidad de tener que pasar por una evaluación, prefieren perder el cliente.

Ahora, si como decíamos antes, el mercado es monopólico, las empresas encontrarán grandes dificultades para cumplir con las normas que les exijan evaluar proveedores. Ni qué hablar cuando en un mercado de esas características el proveedor se encuentra tan lejos de satisfacer los requerimientos que hace imposible su aprobación, dejando al comprador sin posibilidad de adquirir los productos necesarios en las condiciones que imponen las normas o las especificaciones.

Otro motivo para la negativa son los "temores".

En determinadas oportunidades el proveedor teme que al ser investigado su imagen y su prestigio ante el cliente se vean afectados negativamente (por supuesto que esto no sucede con las empresas llamadas "de primera línea"); teme que sus debilidades y fallas no resueltas sean utilizadas en su perjuicio, y, como consecuencia, perder a su cliente. La pérdida de un comprador importante, aun cuando no se difundan las razones (y tal vez sea peor cuando el mercado desconoce las razones), puede hacerse evidente en el mercado local y provocar la desconfianza, y, tal vez, la pérdida de otros clientes.

Por último, en cuanto a los temores, se encuentra el más racional de todos; es aquél provocado por la posibilidad de difusión de secretos industriales. Muchas veces en industrias pequeñas y medianas, el ingenio, movido por la competencia, las necesidades y las limitaciones (se podría decir "las grandes limitaciones" en países en desarrollo), ha dado origen a métodos, tecnologías y formulaciones que otorgan una ventaja vital respecto de la competencia. Los proveedores que han desarrollado una tecnología, temen que al ser evaluados por un comprador, éste llegue al conocimiento de su secreto industrial y lo difunda al resto del mercado, igualando la situación de todos los oferentes.

Todos estos temores hacen que las puertas de las empresas se mantengan cerradas a las evaluaciones.

Por otro lado, uno de los temas que más contribuyen a la negativa es el desconocimiento de los sistemas de calidad, y de lo que su desarrollo implica.

CAP. 7 — COMPRAS   **105**

Si bien en la industria en general, la inspección es una función existente, en muchos casos no cuenta con la estructura adecuada, con el presupuesto suficiente y con el reconocimiento y la autoridad necesarios.

Por lo general, algunos inspectores no muy bien adiestrados son destinados a extraer muestras y a efectuar ensayos y mediciones; luego, sus "indicaciones" tienen menos peso, menos efecto que las "órdenes" impartidas por el responsable de la producción, que se ve en el compromiso de cumplir con los estándares de producción.

Además, cuando existen grupos dedicados a la calidad, en algunos casos, fueron formados destinando a ellos personal que excedía la estructura necesaria en otros sectores, sin considerar las aptitudes y capacitación de las personas a las que se les asignaba la responsabilidad de las inspecciones.

De manera que cuando los proveedores toman conocimiento de los requerimientos de calidad —en cuanto a estructura, equipos, capacitación y calificación del personal, documentación soporte, autoridad de los integrantes del sector dedicado a la calidad, etc.— y lo comparan con lo que hacen y tienen, descubren abismos que consideran insalvables o muy onerosos y poco prácticos para llevarlos a cabo.

Al igual que para el comprador que evalúa, también para el proveedor existe un costo a soportar. El proveedor pone a disposición de los evaluadores, personal, instalaciones, documentación y gastos de representación.

No resultaría un inconveniente económico someterse a evaluación, si su costo se redujera al de una sola oportunidad; pero si cada uno de los clientes de una empresa pretende evaluarla, la cantidad incrementa el costo a niveles inadmisibles y la buena disposición decrece, como consecuencia de lo que se ha transformado en una molestia.

Esta situación se hace más molesta cuando todas las empresas evaluadoras pretenden satisfacer la misma norma o especificación, lo que hace absurda la multiplicación de esfuerzos por parte de compradores y proveedores.

En el mercado existen empresas, por ejemplo, de construcción y montaje, que acuerdan provisiones con diferentes compradores, cada uno de ellos con requerimientos de calidad distintos, bajo normas o especificaciones particulares; esto obliga, en muchos casos, a reevaluar proveedores, con un considerable costo para ambas partes.

Además, no debemos olvidar que un proveedor evaluado y aprobado equivale a un proveedor al que se debe auditar periódicamente, con el inevitable costo que esta actividad implica.

LA EVALUACION

Cuando se encara por primera vez el tema de las evaluaciones, la primera pregunta que sus responsables se formulan es: "¿a qué proveedores o productos vamos a evaluar?"

He aquí el origen de consultas, reuniones, discusiones y análisis, que muchas veces terminan en soluciones de compromiso. Estas soluciones cuestan tiempo y dinero a la empresa, de manera que deben ser evitadas, llegando a propuestas que, si bien podrían no ser la mejores, sí serían mejorables a corto plazo. Estas propuestas dependen de varios factores que analizaremos a continuación.

En primer lugar, podemos considerar la importancia que un producto o servicio pueda tener en la empresa.

Es sabido que dentro del universo de productos y servicios que una empresa compra, existen varias categorías, determinadas por la incidencia que en el normal desarrollo de su negocio tiene cada uno de ellos.

Por supuesto que estas categorías pueden ser puestas de manifiesto en un **gráfico de Pareto** (ABC). Se encontraría así que aproximadamente el 20 % de los productos y servicios resultan "críticos", es decir, sin ellos la empresa no puede funcionar; el resto tiene importancia relativa, puesto que la carencia o falla de algunos (no todos van a escasear o fallar a la vez) producirán un funcionamiento anormal de la empresa, y otros —la gran mayoría— no la afectarán en gran medida o podrán ser fácilmente reemplazados.

Pero de los proveedores del 20 % crítico, ¿a cuáles debemos evaluar?

Por un lado la empresa puede depender de su sistema de procesamiento de datos. ¿Implica esto someter a evaluación a, por ejemplo, IBM, o el prestigio mundial de esta empresa y los resultados comprobados eximen al usuario de la necesidad de evaluarla?; por supuesto, nadie invertirá su tiempo y dinero en una tarea innecesaria.

Sin embargo, los productos y servicios de esta empresa se encuentran dentro del 20 % crítico, al igual que la proveedora de energía eléctrica. Pero si la experiencia indica que no se puede confiar en la calidad y continuidad del suministro eléctrico, a lo sumo se estudiarán alternativas tales como la duplicidad de servicio o la instalación de una usina propia, pero difícilmente se someta a la prestadora a una evaluación formal.

De manera que, aun tratándose de productos y servicios críticos, el porcentaje se verá sensiblemente reducido.

Otros factores decisivos son: la posibilidad de relación monopsónica o monopólica entre comprador y proveedor, y la distancia que los separa; esto puede conducir a la conveniencia de no evaluar al proveedor sino a su producto.

Por otro lado, un factor relevante resultan ser las características del producto a adquirir, es decir, importa si se trata de un producto de fabricación seriada o por orden, si se fabrica bajo normas impuestas en el mercado o es un desarrollo del fabricante y su experiencia en tales desarrollos.

Además, hay otros dos factores determinantes; uno de ellos es la experiencia propia respecto de utilizaciones anteriores de ese producto o servicio, y el otro, son las condiciones que los entes normalizadores, reguladores o licenciantes impongan a nuestra empresa.

Por último, en cada empresa en particular se encontrarán razones, también particulares, para decidir qué y a quién evaluar.

ORGANIZACION Y UBICACION EN EL ORGANIGRAMA

En principio resulta conveniente aclarar que, de acuerdo con el tamaño y la política de la empresa, el grupo evaluador puede tener carácter temporario o permanente.

Este carácter deriva de la posibilidad de integrar el grupo con personal seleccionado de distintos departamentos, los cuales, una vez finalizada la evaluación, vuelven a sus tareas habituales; también puede derivar de integrar el grupo con personal que tal vez fue seleccionado originariamente en otros departamentos, y cuya tarea permanente es la de efectuar evaluaciones.

Además, puede mencionarse un punto intermedio, en el cual se le asigna la función —en forma permanente— a un coordinador-evaluador; el grupo de evaluadores es temporario.

Cualquiera sea el carácter temporal del grupo, éste deberá funcionar como un departamento staff.

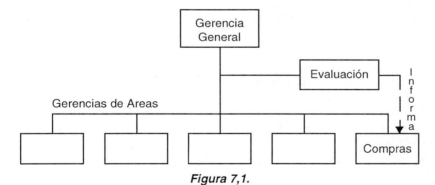

Figura 7,1.

Como todo departamento, debe contar con un jefe; ya se trate de un departamento permanente o de uno temporario, habrá una persona designada para convocar y organizar al personal, que deberá estar calificada como evaluador líder (ver más adelante el parágrafo "Personal"), y tendrá a su cargo la administración del departamento. Esto no es impedimento para que coexistan con él otros evaluadores que tengan a su cargo simultáneamente distintas evaluaciones, pero bajo su coordinación.

A su vez, cada evaluador líder tendrá bajo su mando evaluadores y evaluadores en entrenamiento; para temas específicos necesitará la asistencia de especialistas, como compradores, usuarios, personal de mantenimiento, técnicos, ingenieros, etcétera, debiendo recurrir al jefe para convocar a todo este personal perteneciente a otros sectores y bajo la supervisión de otros jefes, con los que habrá que coordinar sus participaciones.

PERSONAL

SELECCION

Al igual que para cualquier función en una empresa, el éxito de la gestión depende, primero, de ubicar en el lugar requerido a la persona adecuada. Ello exige una cuidadosa selección del personal al que se le encargará el desarrollo de una gestión.

La selección de los evaluadores se debe efectuar entre el staff de auditores previamente calificados y ampliamente experimentados (ver más adelante el capítulo 18, "Auditoría de Calidad").

Se debe tener presente que no necesariamente un auditor interno experimentado en el propio sistema de calidad habrá de efectuar una labor satisfactoria evaluando otras empresas o sistemas. La cuestión es que el profundo conocimiento del sistema de la propia empresa, de los documentos y problemas con los que se encuentra y está familiarizado el auditor interno, no garantiza una amplitud de conocimiento y de concepto suficiente para interpretar otros sistemas aplicados en empresas diferentes, con sistemas particulares y personal distinto; sistemas que pueden o no ser correctos o satisfacer los requerimientos, pero que para evaluarlos no se deben comparar sólo con el único sistema conocido, sino con otros varios y, fundamentalmente, aplicando la experiencia y el sentido común.

CALIFICACION Y CERTIFICACION

Las normas no mencionan la calificación y certificación de quienes efectúen las evaluaciones de las empresas proveedoras, pero por la relación tan estrecha que guardan la actividad y el Método I (que expondremos más adelante) con las auditorías, si este método fuera el adoptado se debería contar con evidencia objetiva respecto de la idoneidad del funcionario asignado a esta tarea. De manera que habrá de aplicarse un método similar y complementario al de la calificación como auditor; esto implicará el entrenamiento del personal seleccionado bajo el monitoreo de un evaluador líder, la generación del registro de participación y del correspondiente certificado de calificación.

Una vez cumplimentada la cantidad mínima de evaluaciones requeridas y, habiendo tenido un desempeño satisfactorio, el evaluador en entrenamiento podrá ser calificado, lo que establecerá su cambio de condición de "evaluador en entrenamiento" a "evaluador".

La evidencia objetiva de la calificación es la "certificación".

El desempeño del evaluador en entrenamiento se podrá calificar de acuerdo con el siguiente criterio:

CAP. 7 — COMPRAS

Desempeño	Puntaje
Actitud pasiva, como mero observador	0
Participación limitada, toma nota de algunas respuestas y consulta las dudas con sus compañeros	0,4
Participación activa como evaluador, pero no participa en la elaboración del informe	0,8
Participación activa como evaluador, elaborando el informe y efectuando el seguimiento (cuando corresponde)	1
Para ser calificado, el postulante deberá haber reunido un mínimo de cuatro (4) puntos en las últimas cinco (5) evaluaciones, con la limitación de que en las últimas tres (3), deberá haber merecido un (1) punto en cada una.	

Satisfechas estas condiciones, el evaluador en entrenamiento pasará a ser evaluador calificado.

En el certificado de calificación debe constar toda la información que acredite la suficiente capacitación teórica y entrenamiento práctico para haber sido calificado, así como también el resultado del examen y la opinión del evaluador líder que tuvo a su cargo el entrenamiento.

Para ser calificado como evaluador líder, además de cumplir con todos los requisitos para la calificación como evaluador, se debe cumplir con mayor cantidad de evaluaciones acumuladas; como guía, se podría establecer un mínimo de siete en un período no mayor a un año. En este caso debería constar la opinión gerencial respecto del desempeño del evaluador.

La condición de "calificado", ya sea como evaluador o como evaluador líder, es revocable. Para mantenerla debe haber continuidad en la participación en evaluaciones, las cuales no deberían ser inferiores a tres anuales.

Perdida la condición de calificado, se deberá reevaluar a la persona para verificar su actualización en los temas técnicos y conocimiento de normas y especificaciones, además de participar en una serie de evaluaciones en condición de evaluador en entrenamiento o evaluador, es decir, en el nivel inmediato inferior al de la calificación perdida.

Las recalificaciones deberán ser asentadas en los certificados de calificación.

Registro de Participación en Evaluaciones		Legajo Nro.	
Apellido y Nombres			
Proveedor	Fecha	Categoría Eval. en entren./Evaluador/Eval. Líder	

Figura 7,2.

110 ASEGURAMIENTO DE CALIDAD. ISO 9000

	Certificado de Calificación de Auditor/Evaluador	Legajo Nro.

Apellido y nombres

Como Auditor	Pje.	Como Evaluador		

		Fecha	Proveedor	Pje.
Educación — Máx. 3 puntos				
1. Secundaria técnica completa (13 años) (1)	___			
2. Técnica más nivel terciario (16 años) (2)	___			
3. Técnica completa más universitaria completa (18 años) (3)	___			
Subtotal	___			
Especialización — Máx. 3 puntos				
4. Menos de 100 horas de cursos (1)	___			
5. Más de 100 horas y hasta 200 horas (2)	___			
6. Más de 200 horas de cursos (3)	___			
Subtotal	___			
Experiencia — Máx. 8 puntos		Total (Evaluador) ___		
7. En el ramo (5) más	___			
8. En procesos productivos (1) ó	___			
9. En relevamiento de gestiones técnicas (2) ó	___			
10. En auditoría técnica (3)	___			
Subtotal	___			
Opinión Gerencial — Máx. 2 puntos				
Puntaje Total				
Habilidad para comunicación — 60% 80% 100% Oral ☐ ☐ ☐ Escrita ☐ ☐ ☐				
Examen mín. 80% ___		Total (Evaluador Líder) ___		

Califica como	Recalif.		Califica como	Recalif.	
Auditor ☐ Auditor Líder ☐	Fecha	Firmas	Evaluador ☐ Evaluador Líder ☐	Fecha	Firmas
Fecha / / Fecha / /			Fecha / / Fecha / /		
Firma Evaluador Firma Evaluador			Firma Evaluador Firma Evaluador		
Firma Gerente Firma Gerente			Firma Gerente Firma Gerente		

Figura 7,3.

PREEVALUACIONES

Comúnmente, las empresas que encaran las evaluaciones ya están en funcionamiento y mantienen relaciones comerciales con varios proveedores, de los cuales tienen un cierto conocimiento, tanto de su conducta comercial como de la calidad (circunstancial) de sus productos o servicios; pero hay situaciones en las que los futuros proveedores no son conocidos, ya sea porque se trata de una empresa nueva, o porque se ha encarado la fabircación de nuevos productos, o la construcción de obras o montajes que requieren nuevas materias primas o servicios, y nuevos proveedores. De manera que, cuando no se tiene un conocimiento previo de la posible proveedora, resulta conveniente efectuar una "preevaluación", con el objeto de descartar aquellas empresas que no reúnen los requisitos mínimos indispensables, como por ejemplo de ubicación, de personal capacitado para el diseño, de equipamiento para la fabricación, la construcción o el montaje, etcétera.

La preevaluación se podrá efectuar mediante el análisis de planillas confeccionadas *ad hoc* para cada oportunidad. En ella se requerirá la información necesaria para obtener un conocimiento básico y elemental, de acuerdo con el cual se decidirá evaluar —o no— a la empresa.

Estas planillas podrán ser remitidas a los posibles proveedores, invitándolos a suministrar la información requerida con precisión y certeza, ya que si se decidiera evaluarlo, será verificada durante la visita de evaluación. A vuelta de correo se podrá contar con los datos necesarios.

A continuación se muestra una planilla como ejemplo:

ASEGURAMIENTO DE CALIDAD. ISO 9000

	Planilla de Preevaluación			**Hoja 1 de 2**
Empresa				
Productos				
	Dirección	**Teléfono**	**Télex**	**Fax**
Oficinas				
Planta 1				
Planta 2				
Depósito 1				
Depósito 2				
Contacto	**Puesto**	**Teléfono**	**Télex**	**Fax**

Licencias

Patentes

Marcas

Normas bajo las que trabaja

¿Posee Manual de Calidad?

Sí ☐   No ☐

Según norma ....

¿Posee Manual de Procedimientos?

Sí ☐   No ☐

Figura 7,4.

CAP. 7 — COMPRAS

	Planilla de Preevaluación	Hoja 2 de 2

Empresa

Superficies (totales)   Cubierta

Terreno m^2 Oficinas m^2 Laboratorios m^2

              Fábricas m^2 Depósitos m^2

Potencia instalada   Kw

Accesos: Tierra ☐   Pavimento ☐   Ferroviario ☐   Fluvial ☐   Marítimo ☐

Personal	Propios	Contratados	Totales
Ingeniería			
Aseguramiento de Calidad			
Control de Calidad			
Producción			

Métodos de fabricación

Equipos de fabricación

Equipos de medición, control, análisis y ensayos

Principales clientes

Figura 7,4.
(continuación)

PLANEAMIENTO Y PROGRAMACION

Al hablar de planificación, nos estamos refiriendo a la selección y ordenamiento secuencial de las empresas a evaluar, al establecimiento del alcance de cada evaluación y a la asignación de los recursos necesarios. Esta actividad es idéntica a la que se debe desarrollar para las auditorías internas, de manera que el lector deberá remitirse al punto correspondiente en el capítulo 18, "Auditoría de Calidad".

DESARROLLO DEL RELEVAMIENTO

También esta actividad se rige por los principios establecidos para la auditoría interna, de manera que rogamos al lector remitirse a este punto.

Resulta conveniente que el grupo evaluador se divida en dos subgrupos, cada uno conducido por un evaluador calificado; uno de los grupos, en el que participará el experto en calidad, se dedicará a evaluar el sistema de calidad del proveedor, y el otro, en el que participarán expertos en métodos y tiempos, equipamientos, procesos, etc., evaluará el potencial industrial.

Como se verá más adelante, a cada tema bajo observación le corresponderá un porcentaje de cumplimiento con respecto al nivel requerido por el comprador; esto es, básicamente, lo que se evalúa de los Sistemas de Calidad.

En cuanto a la capacidad operativa (según los métodos de evaluación que la consideran), también se requerirán listas de chequeo adecuadas específicamente para cada ramo y, en función de ellas, el grupo efectuará la evaluación.

Posteriormente al relevamiento, el grupo evaluador debe reunirse para analizar la información, discutir sobre los hallazgos y comparar toda la información con las normas, especificaciones o estándares.

Por medio de este análisis se deberá considerar la opinión que se consignará en el informe de evaluación, y de la que dependerá el futuro como proveedor de la empresa evaluada.

METODOS DE EVALUACION

En primer lugar, el evaluador debe tener en cuenta qué pretende su empresa del proveedor y del producto a ser evaluado.

Una evaluación no puede hacerse en "el aire", debe estar sustentada por requerimientos específicos, concretos, provenientes de normas o especificaciones. El evaluador

CAP. 7 — COMPRAS   **115**

debe conocer con profundidad, concienzudamente, los requerimientos que deben cumplir el proveedor y el producto, y por qué debe ser así, y tener conocimiento de los distintos procesos, métodos y sistemas para cumplirlos.

Generalmente el evaluador novel carece de experiencia para discernir si el proveedor tendrá capacidad suficiente para poder cumplir con los requisitos que se le impondrán; en consecuencia, emitirá una opinión muy subjetiva, basada principalmente en el único sistema que conoce, es decir, el de la empresa en la que presta servicios.

Entonces, reiteramos, es menester que el evaluador, además de reunir las condiciones enunciadas para esa función, tenga experiencia en varias empresas. Por supuesto que no se trata de contar con evaluadores universales, que tanto puedan evaluar un sistema de calidad, como el estado de conservación y capacidad de una maquinaria o el estado económico-financiero de una empresa, pero sí que en cada disciplina que deba ser evaluada se emplee personal experimentado. De aquí se desprende fácilmente que ésta es tarea de un equipo, como hemos venido afirmando, y no de un individuo solo.

Aun tratándose de personal experimentado, es inevitable una cuota de subjetividad, de manera que deben instrumentarse métodos para minimizarla.

Partiendo de sus propias necesidades, las empresas han desarrollado métodos de ponderación, con la intención de reducir la subjetividad, normalizar las ponderaciones y medir a todos los proveedores "con la misma vara".

No a todas las empresas les interesa dirigir los esfuerzos de evaluación a los mismos temas, pero, haciendo una síntesis de lo que normalmente se lleva a cabo, podemos decir que los puntos susceptibles de evaluación son:

— Sistema de Calidad

— Potencial industrial

— Cumplimiento de obligaciones (v.g.: plazos de entrega)

— Precios

— Estado económico-financiero

Para la evaluación de los Sistemas de Calidad y el potencial industrial o capacidad productiva, las empresas cuentan con normas, especificaciones y registros de entregas anteriores. Para verificar el cumplimiento de las obligaciones, cuentan con los registros de entregas, en el caso de proveedores a los que ya se les haya comprado con anterioridad, y con el prestigio que las empresas tienen en el mercado, en el caso de proveedores nuevos. Para la comparación de precios disponen de los vigentes en plaza de productos similares y, para la evaluación del estado económico-financiero, de los balances y toda otra información contable que puedan obtener, de acuerdo con el grado de dependencia que el proveedor tenga con el cliente.

ELECCION DE LA NORMA QUE DEBE APLICAR LA EMPRESA PROVEEDORA

Los proveedores deberían aplicar sistemas de calidad basados en normas acordes con las aplicadas por la empresa compradora y con el método de selección establecido en el capítulo 1.

Es sumamente importante establecer correctamente los requisitos que debe cumplir el proveedor, para asegurar que, en cada oportunidad, suministre insumos o servicios aptos, es decir, que satisfagan permanentemente las necesidades.

Un insumo o servicio puede resultar *no apto* para la elaboración del producto al que se incorpora o el servicio en que se utiliza. Por ejemplo, podemos hablar de "no calidad" cuando la materia prima que se utilizará para la fabricación de un producto no cumple con las especificaciones técnicas del comprador, o cuando la prestación de un servicio, tal como la electricidad, no es continua ni estable, o no se encuentra dentro de los valores de intensidad y voltaje necesarios; o, para tomar otro ejemplo, cuando el cliente de un banco debe hacer largas colas para luego ser mal atendido al llegar a una ventanilla.

No poder confiar en el nivel de calidad ofrecido por un proveedor, o en el mantenimiento del nivel ofrecido al comenzar la relación comercial, no sólo crea incertidumbre, sino problemas concretos dentro del desarrollo de las actividades de una empresa.

Seguramente, si el lector hace memoria, recordará más de una oportunidad en que "la muestra" —fabricada casi artesanalmente— superaba holgadamente los productos fabricados luego en serie; o algunos productos de consumo masivo, que en períodos cercanos a su lanzamiento al mercado brindaban una calidad muy superior a la de épocas posteriores, cuando ya se habían impuesto.

Como ejemplo de los inconvenientes debidos a la calidad podemos decir que, en los costos que generalmente involucra la perforación y explotación de un pozo petrolífero, un elemento de costo ínfimo, tal como lo es una cupla de unión de tubos, puede provocar, por una falla en su calidad, la obturación e inutilización de una instalación que costó millones de dólares.

Es por esto que la calidad se vuelve crítica, y los sistemas, métodos y resultados de los proveedores deben ser evaluados.

Cualquiera sea la norma o especificación que se adopte, la composición del Sistema de Calidad deberá ser establecida para cada empresa en particular, tomando los requerimientos de la norma como los mínimos a solicitar. De esta manera surgirá un "perfil de calidad", en el que se listará minuciosamente cada requerimiento.

El perfil tendrá la cualidad de guiar al evaluador, en cuanto a qué debe verificar para poder aprobar a cada proveedor, y orientará al auditor cuando, con posterioridad a la aprobación, deba confeccionar su lista de chequeo, limitándose a observar el cumplimiento de lo establecido cuando se evaluó al proveedor.

CAP. 7 — COMPRAS   **117**

Una ventaja adicional de los perfiles es que, ante empresas de la misma categoría, proveedoras de productos o servicios similares, se aplican los mismos requerimientos y se las evalúa con el mismo criterio.

A modo de ejemplo, se muestra a continuación el formulario "Lista de Chequeo para Evaluación" (figura 7,5), que incluye una primera columna en la que se consignan todos los requerimientos que la empresa propietaria del formulario puede solicitar a sus proveedores, y una segunda columna para incluir el perfil de calidad, donde se han de marcar con una X los requerimientos obligatorios; también se ha previsto una columna para incluir comentarios que acoten cada requerimiento. Una vez completada la columna de las X, se tendrá el perfil de calidad.

Como dijimos antes, se han desarrollado métodos para minimizar la incidencia de la subjetividad en las observaciones de los evaluadores, aun cuando se reconozca que es imposible eliminarla por completo. En correspondencia con cada requerimiento establecido como perfil de calidad en la lista de chequeo, se encontrarán columnas para ser utilizadas durante el relevamiento —planificado (P); ejecutado (E); porcentaje correspondiente al cumplimiento de cada requisito (%); puntaje asignado a cada requisito— y se suministran los puntajes máximos para cada requisito. Al pie de la última página de la lista de chequeo se podrá consignar el porcentaje de cumplimiento de los requerimientos establecidos (ver la tabla de asignación de porcentajes en la pág. 110). De tal manera, la lista de chequeo de evaluación cumple con el doble propósito de "documento de requisito" y "documento de registro".

118 ASEGURAMIENTO DE CALIDAD. ISO 9000

	Lista de Chequeo de Evaluación						Hoja 1/4
Proveedor				**Nivel**		**Fecha** / /	
Requerimiento	**X**	**P**	**E**	**Observaciones**	**%**	**Ptos.**	**Puntos asign.**
Manual de Calidad						8	
Manual de Procedimientos						8	
Firma del manual						8	
Revisión periódica del MC/MP						8	
Control del MC/MP						7	
Organigrama						7	
Descripción de funciones y responsabilidades						7	
Verificación de Contrato						30	
Control de Diseño						13	
Control de Literalidad						13	
Calificación del personal						12	
Evidencias del CD/CL						12	
Control de Documentos						15	
Remitos						5	
Listas de Distribución						5	
Registro de Firmas						5	
Destrucción de documentos obsoletos						10	
Archivo de documentos superados						10	
Evaluación de proveedores						16	
Aprobación de productos						16	
List. prov. aprobados						10	
Listado produc. aprobados						10	
Ctrl. órdenes de compra						7	
Incorp. req. especiales						7	
Requisitos de marcación						7	
Requisitos de identific.						7	

Figura 7,5.

CAP. 7 — COMPRAS

	Lista de Chequeo de Evaluación						Hoja 2/4
Proveedor				Nivel	Fecha / /		
Requerimiento	X	P	E	Observaciones	%	Ptos.	Puntos asign.
Productos suministrados por el cliente						15	
Información por escrito						10	
Balance de masas						10	
Marcación de ítem						10	
Identificación de ítem						10	
Rastreabilidad						20	
Definición del lote						5	
Documentación de Control de Procesos						10	
Listado de procesos bajo control						5	
Aptitud de máquina						10	
Capacidad de proceso						10	
Listado de Procesos Especiales						5	
Calificación de procedim.						7	
Calificación de personal						7	
Calificación de equipos						7	
Inspección de Recepción						15	
Toma de muestras						5	
Archivo de muestras						5	
Ctrl. evidencias objet.						5	
Liberación para producc.						10	
Inspección en Proceso						10	
Plan de Inspección y Ensayo						30	
Toma de muestras						5	
Archivo de muestras						5	

Figura 7,5 (continuación).

	Lista de Chequeo de Evaluación						Hoja 3/4
Proveedor				**Nivel**	**Fecha** / /		

Requerimiento	X	P	E	Observaciones	%	Ptos.	Puntos asign.
Inspección Final						5	
Producto						4	
Protección						4	
Marcación						3	
Identificación						5	
Embalaje						4	
Estibado						4	
Verificación de regist.						5	
Control P.I.E.						6	
Archivo de contramuestras						5	
Programa de calibración						10	
Tabla de períodos						3	
Marcación de instrumentos						10	
Procedim. de calibración						10	
Patrones						10	
Certificados de calibrac.						12	
Fichas de calibración						12	
Inventarios de instrumen.						5	
Acciones Corr. por instrumentos descalibrados						5	
Indicadores de estado de inspección						20	
Informes de No Conformid.						20	
Listado de I.N.C.						5	
Areas de cuarentena						15	
Disposiciones Finales						5	
Responsabilidad por Disposiciones Finales						5	
Pedidos de Acción Correctiva						10	
Listado de P.A.C.						5	

Figura 7,5 (continuación).

CAP. 7 — COMPRAS

	Lista de Chequeo de Evaluación							Hoja 4/4
Proveedor				**Nivel**		**Fecha** / /		
Requerimiento	**X**	**P**	**E**	**Observaciones**	**%**	**Ptos.**	**Puntos asign.**	
Proced. manipuleo, preserv. almacenam. y expedición						10		
Archivo de registros						10		
Permanencia en archivo						3		
Emisión de certificado de calidad						5		
Auditorías						15		
Programa de auditoría						15		
Calificación de personal						15		
Informe de Auditoría						15		
Perfil requerido para los puestos						10		
Perfil del personal						10		
Listado de cursos						7		
Formación de legajo						5		
Certificados de capacit.						5		
Asistencia preventa						7		
Asistencia posventa						7		
Manuales de operación						3		
Manuales de mantenimiento						3		
Provisión de repuestos						7		

Observaciones

Sumatoria (Descontar los NA) — X | Z

Cociente $\dfrac{Z}{X} =$

% Cumplim.:

Calificación:

Figura 7,5 (continuación).

METODOS DE EVALUACION

METODO I

Para la interpretación del método I se deberán tener en cuenta los formularios mostrados en la figura 7,5.

I,1. Evaluación del sistema de calidad

1. El grupo evaluador contará con tantos juegos de cuestionarios como integrantes participen.

   Durante la visita se realizará un relevamiento, con el objeto de constatar el grado de cumplimiento de las especificaciones de calidad aplicables. El grado de satisfacción o exactitud de cada punto relevado será manifestado en cifras porcentuales (%) respecto de su completo cumplimiento.

   Se efectuará la ponderación de los resultados del relevamiento.

2. El método de ponderación será el siguiente:

   En las instalaciones del proveedor y durante la visita de relevamiento:

   a) Asignar un "grado de cumplimiento" (*no existe; debe mejorar; adecuado; supera* —ver tabla de asignación de porcentajes más adelante—) a cada pregunta del cuestionario de evaluación.

   En la Empresa, con posterioridad al relevamiento:

   b) Excluir del total (valor máximo) del cuestionario, los valores parciales de cada pregunta "no aplicable" (NA) a cada empresa en particular.

   c) Obtenido el nuevo valor máximo, de acuerdo con el punto b), efectuar la sumatoria de todos los valores para obtener el nuevo valor total del sistema.

   d) Obtener el valor ponderado para cada pregunta, mediante el producto del valor parcial de cada pregunta y el porcentaje de cumplimiento, expresado en decimales.

   e) Obtener la sumatoria de los valores ponderados.

   f) Efectuar el cociente entre el valor obtenido según e) y el valor según c), expresándolo en cifra porcentual. Este valor será el porcentaje que determinará la calificación del proveedor.

Con la intención de objetivar aun más la observación del evaluador, se ha desarrollado un método para asignar un porcentaje al cumplimiento de cada tema; este método se describe a continuación.

CAP. 7 — COMPRAS

Ejecución	Planeamiento			
	No existe	Debe mejorar	Adecuado	Supera
No existe	0	10	20	25
Debe mejorar	25	35	50	60
Adecuado	40	70	100	100
Supera	50	80	100	100

Tabla de asignación de porcentajes.

Debe tenerse presente que los valores de la tabla sólo son indicativos, y el evaluador podrá optar por cualquier valor intermedio.

Ejemplo:	
Pregunta:	¿Se identifican los artículos deficientes?
Situación relevada:	En la última etapa del proceso se encuentra un operario que separa los productos deficientes, apilándolos en un área predeterminada y marcándolos con tiza. Esta acción está prevista en un procedimiento, escrito en forma rudimentaria.
Evaluación:	La existencia de un procedimiento escrito en forma rudimentaria permite calificar al planeamiento en la categoría "debe mejorar". Su ejecución precaria no es confiable y también "debe mejorar".
De la tabla:	Se toma el porcentaje que corresponde a la intersección de "planeamiento debe mejorar" y "Ejecución debe mejorar", es decir, 35.

Por supuesto que la variedad de métodos es tan amplia como el espectro de empresas que los desarrollan; aquí sólo pretendemos presentar algunos casos. El método I podría resultar un tanto extenso para empresas con necesidades o requerimientos menores y por lo tanto el lector encontrará que el método II es mucho más sencillo que el anterior.

I,2. Evaluación del potencial industrial

La evaluación del potencial industrial de un proveedor suministrará a los evaluadores las pautas para considerar la real capacidad de la empresa para dar cumplimiento a lo comprometido en su Manual de Calidad, acotar las reales posibilidades con respecto al tamaño de los productos, las cantidades factibles de ser fabricadas en un período dado, las

ASEGURAMIENTO DE CALIDAD. ISO 9000

posibilidades de cumplir con los plazos de entrega, las de incrementar la producción y mantener los precios (es decir, prever la no variación de los precios a causa de un incremento de los costos, motivado por descartes y retrabajos que tengan su origen en maquinarias y equipos sometidos a un deterioro excesivo no controlado).

Se puede decir que, en nuestro país, la industria pionera en el desarrollo y aplicación de este tema ha sido la automotriz. El mayor desarrollo se ha producido, fundamentalmente, en los sistemas de Control Estadístico de Procesos, a través de la aplicación del análisis de la capacidad de proceso y de la aptitud de máquina, mediante la utilización de gráficos de control, diagramas de causa-efecto, **diagramas de Pareto**, histogramas, correlación y regresión, análisis de variancia, etcétera.

Dado que el propósito de este libro no es el desarrollo de los temas estadísticos, se recomienda remitirse a la bibliografía específica sobre el tema.

En el ambiente industrial, fuera del automotriz, la urgencia de los primeros momentos, impuesta por el vertiginoso avance de la tecnología, ha hecho que se desarrollaran métodos que insumen menor cantidad de tiempo y permiten una rápida toma de decisiones, ya que los de tipo estadístico requieren una aplicación prolongada para poder tomar una decisión, y una aplicación permanente para ejercer un control.

A continuación, nos referiremos a los métodos más sencillos.

EVALUACION DEL POTENCIAL INDUSTRIAL DEL PROVEEDOR

Cada proveedor será evaluado en función de su potencial industrial, para lo cual se aplicará, como regla general, un cuestionario elaborado sobre la base de los siguientes criterios:

1. CAPACIDAD OPERATIVA

Se evaluará la capacidad de la planta para producir artículos que satisfagan las características, cantidades y plazos requeridos por la empresa. Para ello, se solicitará un listado de equipos, en el que deberá figurar:

— Año de fabricación de cada máquina o equipo.

— Estado general.

— Capacidad o dimensiones de productos que se elaborarán con cada equipo.

Se requerirá también una proyección de renovación de maquinarias y equipos y de aumento de capacidad productiva, además de un *lay-out* de la planta.

CAP. 7 — COMPRAS

2. GRADO DE INTEGRACION DEL PROCESO

Se solicitará al proveedor que informe el grado de integración de su proceso y facilite un listado de sus proveedores.

3. INSTRUMENTOS Y EQUIPOS DE MEDICION Y ENSAYOS

Se demandará un listado de instrumentos y equipos de medición y ensayos, en el cual deberán figurar, como mínimo, los siguientes datos:

— Año de adquisición de cada instrumento o equipo.

— Rango de utilización.

— Estado de conservación de cada instrumento o equipo.

4. EQUIPOS DE MOVIMIENTOS

Se examinará la adecuación de los equipos de movimientos, tales como puentes grúa, autoelevadores y parque automotor, para el manipuleo de los artículos que se proveerán.

5. ALMACENES

Se analizarán los almacenes de materia prima, productos en elaboración y productos finales, y la existencia de zonas para el almacenamiento de productos no conformes a las especificaciones.

6. PERSONAL

Se solicitará al proveedor que suministre un listado en el cual se consigne la cantidad de personal afectado a áreas tales como:

— Ingeniería.

— Investigación y Desarrollo.

— Control de Calidad y Laboratorios.

— Producción.

Deberá estar discriminado el número de técnicos y profesionales afectado a cada área.

Como se puede observar, este método de evaluación del potencial industrial no contempla la utilización de guías para la minimización de la subjetividad de los evaluadores, lo que se lograría en gran medida con la aplicación de los métodos estadísticos; en su defecto, al igual que se ha hecho al delinear el perfil de calidad, resulta conveniente establecer indicadores que sivan como referencia para la evaluación, como los siguientes:

ASEGURAMIENTO DE CALIDAD. ISO 9000

1. Para la evaluación de la capacidad operativa

   — Listado de equipamiento mínimo (perfil de equipamiento).

   — Antigüedad máxima de las máquinas y equipos.

   — Consideraciones sobre el estado de conservación para cada tipo de máquina o equipo.

   — Capacidad mínima de producción.

   — Tamaños máximo y mínimo de los productos que serán requeridos.

   El análisis de la proyección de máquinas y equipos se efectuará en función del estado del parque de maquinarias y la previsión de su renovación en plazo perentorio.

   Por su parte, el análisis de la poryección de incremento de la capacidad operativa del proveedor se efectuará en relación con las proyecciones de ventas de la propia empresa, dado que si el comprador no prevé requerir un incremento de insumos en, por ejemplo, cinco años, no tiene sentido que, en ese período, solicite una previsión de aumento de capacidad productiva a sus proveedores.

   El resultado del análisis del *lay-out* será indicativo de la racionalidad aplicada al elaborar las proyecciones de crecimiento de la planta. Además este análisis podrá contribuir al estudio de los costos del producto y, como se verá más adelante, de zonas especialmente requeridas.

2. El análisis del grado de integración del proceso resulta importante, puesto que dará a los evaluadores una idea del grado de dependencia de la empresa evaluada respecto de sus propios proveedores.

   Esto resulta particularmente importante en los casos en que las etapas fundamentales del proceso productivo sean cumplidas por terceros a quienes se debe controlar en un grado superior que a los proveedores de materia prima. Ejemplos de este caso son los tratamientos térmicos efectuados en talleres especializados, los tratamientos superficiales o la fabricación de partes terminadas o semielaboradas que luego serán incorporadas al producto definitivo.

3. El conocimiento de la antigüedad, el rango de utilización y el estado general de los instrumentos y equipos de medición y ensayos proveerán a los evaluadores la confianza necesaria, respecto de la capacidad del equipamiento, para suministrar medidas y resultados confiables. Este análisis debe efectuarse tanto para los elementos usados en la producción como para los utilizados en el control de calidad.

4. El conocimiento de los equipos de movimientos permitirá estimar las posibilidades de deterioro de los productos durante su manipuleo, transporte, estiba, despacho, etcétera.

5. Complementando el reconocimiento *in situ* con el análisis del *lay-out*, se podrá estimar la capacidad de la planta para el almacenamiento de materia prima, productos en elaboración y terminados. El objeto de este análisis es comprobar la real existencia de áreas para el almacenamiento de materiales y productos que no cumplan con las especificaciones (las áreas especialmente requeridas

CAP. 7 — COMPRAS

que mencionamos más arriba), los que deberían ser segregados en zonas de cuarentena, y de ser posible, marcados de tal manera que sean fácilmente reconocibles, con el propósito de no ser inadvertidamente utilizados en la fabricación, o despachados al comprador.

6. El análisis de listado de personal permitirá hacer una estimación del potencial humano, potencial con el cual el proveedor deberá hacer frente a las dificultades que puedan presentarse a la empresa, diseñar productos nuevos o modificar los existentes, producir y controlar; en definitiva, con el personal declarado en el listado el proveedor deberá tomar las decisiones diarias.

I,3. Cumplimiento de obligaciones

Una de las obligaciones que debe imponerse un proveedor es mantener el nivel de calidad para el cual ha sido calificado (ver Calificación más adelante), y es éste el único aspecto que considera la empresa que aplica el método I.

SEGUIMIENTO DE ENTREGAS

Con posterioridad a la incorporación de una empresa al listado de proveedores calificados se efectuará un seguimiento de las entregas, basado fundamentalmente en la inspección de recepción y en la *performance* durante su utilización.

De acuerdo con la calificación otorgada a las empresas sus entregas serán sometidas a inspecciones de recepción, según se establece en el cuadro siguiente:

Calif.	Resultados de la inspección	Tipo de inspección	Acción	Duración de la acción
A	Sin rechazos	Puntual	Análisis para el otorgamiento del diploma de calidad certificada.	A definir según frecuencia de entregas.
	$NR > 0,03$		Tratamiento como P hasta $NR = 0,03$	
P	$NR \leq 0,05$	100 % (*)	Si ha cumplimentado las recomendaciones del grupo evaluador, tratamiento como A.	
	$NR > 0,05$		Se reanalizará la calificación.	

(*) Debe interpretarse como *todas las remesas recibidas*, y no como la inspección de todas las unidades que conforman una remesa; para determinar la cantidad de unidades a inspeccionar se aplicará la norma IRAM 15.

El nivel de rechazos (NR) surgirá de la siguiente fórmula:

$$NR = \dfrac{\displaystyle\sum_{1}^{n} Kir}{\displaystyle\sum_{1}^{n} Ki}$$

Donde: n = número de remesas entregadas en el período considerado.
Kir = cantidad de remesas rechazadas en dicho período.
Ki = cantidad total de remesas aprobadas en dicho período.

I,4. Calificación

La calificación (o descalificación) es la conclusión necesaria de una evaluación. Sin embargo, al determinar que un proveedor sea aceptado (calificado) o rechazado (descalificado), no solamente se está poniendo en juego el prestigio de la empresa evaluada, sino que con seguridad se lo está haciendo con el prestigio de los evaluadores, sea por haber calificado a una empresa que no se encontraba en condiciones, sea por haber descalificado a una que sí lo estaba.

Esta situación impone la necesidad de fundamentar las decisiones en evidencias objetivas, las cuales deberán constar en un historial que contenga todos aquellos documentos utilizados antes y durante la evaluación, y después de la calificación. Si el sistema de documentación de la empresa establece distintos lugares de archivo para estos datos, por lo menos se deberá contar con referencias que permitan ubicarlos para su consulta.

A modo de ejemplo podemos decir que un historial debería contener:

— Un informe de evaluación, donde se dé cuenta de los elementos y circunstancias que condujeron a la decisión tomada.

— El perfil de calidad.

— El perfil de equipamiento.

— El cuestionario de evaluación de calidad y el del potencial industrial, utilizados durante el relevamiento.

— Toda la documentación suministrada por el proveedor.

— Una memoria de todos los cálculos efectuados.

— El programa de instrumentación de mejoras o desarrollo del proveedor.

— Los informes de avance del programa.

— Los informes de seguimientos de entregas.

CAP. 7 — COMPRAS   129

CALIFICACION

De acuerdo con los resultados obtenidos en la evaluación del sistema de calidad y del potencial industrial, se reconocen dos posibilidades de calificación:

— Empresas con nivel A.

— Empresas P, es decir, con potencial para adquirir el nivel A y autorizadas para proveer artículos bajo condiciones especiales.

Los criterios que hay que tener en cuenta para la calificación son los siguientes:

Resultados		Calificación
Sistema de Calidad %	**Potencial Industrial %**	
≥ 80	≥ 70	A
80 > X > 30	70 > X > 40	P

Como se puede observar, existen límites para obtener la calificación en cualquiera de los niveles.

La calificación como nivel A, con un porcentaje menor al 100 %, tanto para el Sistema de Calidad como para el potencial industrial, deberá considerarse transitoria, ya que se le deberá requerir al proveedor el cumplimiento del total de las especificaciones en un plazo perentorio (ver Desarrollo de Proveedores, más adelante). Esta calificación involucrará un tratamiento de las entregas, basado en la confianza obtenida, que deberá concluir con el otorgamiento de un diploma de calidad certificada, lo que significará la eliminación de las inspecciones de recepción, y el incremento del prestigio del proveedor, representado por ese diploma ante otros compradores.

El diploma de calidad certificada es un elemento que muchos proveedores de la industria automotriz lucen con orgullo en sus establecimientos.

Las empresas que evalúan a sus proveedores elaboran un listado en el que se consigna el estado de calificación del proveedor; según este estado, los compradores podrán entregar los pedidos de cotización o las órdenes de compra, a los proveedores habituales o no.

Generalmente se pueden elaborar tres tipos de listados; uno por productos, otro por proveedores y otro combinado, que considera a los proveedores y cada producto que puede serle requerido; esto es así porque en oportunidades en que se califican ambos (proveedor y producto), la calificación del proveedor no habilita a éste para suministrar toda su línea de productos, sino sólo aquellos que han sido probados y aprobados. Ejemplos de estos listados son las siguientes figuras:

Cabefa	Listado de Proveedores Calificados				
Productos	Proveedor	Fechas			Observaciones
		Alta	Susp.	Baja	

Figura 7,6.

B D B	Proveedores Calificados			Página de		
Proveedor	Producto	Informe Nro.	Fecha de			
			Alta	Suspensión	Baja	

Figura 7,7.

Listado de Proveedores Calificados

Fecha emisión: / /

Prov. Nro.	Nombre	Producto aprobado	Calificación	Informe de evaluación	Fecha alta inicial	Suspensión		Informe de baja	Fecha de baja
						Seg.	Alta		

Figura 7,8.

132 ASEGURAMIENTO DE CALIDAD. ISO 9000

En el caso de verificarse irregularidades en las entregas de un proveedor calificado podría degradárselo a niveles inferiores, como por ejemplo, conisderarlo "potencial" y darle el tratamiento correspondiente a esa categoría, suspenderlo o darlo de baja.

La suspensión de un proveedor implica efectuar una reevaluación, cuyo grado de detalle será establecido en función de los tópicos afectados por las irregularidades.

Como se puede observar en los formularios de la figura 7,6, sólo hay espacio para una o dos suspensiones; esto es así porque ellas son consecuencia de irregularidades graves, y porque la pérdida en la que se ha incurrido a consecuencia de las irregularidades y el costo de las reevaluaciones no deben estar asumiéndose repetidamente, de modo que la reincidencia en situaciones similares a las que produjeron una primera o una segunda suspensión debería resolverse con la baja del proveedor.

La baja puede aplicarse sin suspensión previa, en función de la gravedad de las irregularidades.

I,5. Estado económico-financiero

Este análisis permite prever la posibilidad de convocatorias de acreedores o quiebras, siempre y cuando se cuente con información suficiente.

Resulta de vital importancia tener asegurada la permanencia de un proveedor en el mercado, puesto que, para poder asumir compromisos, la propia empresa necesita tener asegurado el flujo de materiales, componentes y servicios.

Por lo general, para efectuar el análisis del estado económico-financiero de una empresa, no se cuenta más que con los últimos balances generales, salvo el caso de un vínculo comercial muy estrecho.

De esta manera, las técnicas para aplicar se limitarán a un análisis vertical, un análisis horizontal y la determinación de índices, los cuales sólo resultarán útiles si se cuenta con los índices de empresas del mismo ramo y similares características.

No obstante las limitaciones, resulta necesario adquirir algún conocimiento de la situación de la empresa proveedora.

I,6. El informe de evaluación

Los hallazgos y las opiniones de los evaluadores se expresan por escrito en lo que se llama Informe de Evaluación.

El informe deberá remitirse al Gerente de Compras de la empresa, para que éste tome conocimiento de la situación y comunique el resultado a la máxima autoridad de la empresa proveedora evaluada.

El contenido del informe debe ser tal que permita un rápido conocimiento de la situación y una certera toma de decisiones. Para ello, deben evitarse los extensos desarrollos literarios y adoptarse una estructura de uso permanente, es decir, que el mismo tipo de información se encuentre siempre en el mismo orden y lugar; esto facilitará la búsqueda de datos específicos, por el hábito que producen los informes ordenados siempre de la misma manera. A tales efectos, se recomienda la adopción de una estructura similar a la que se muestra en figura 7,9.

CAP. 7 — COMPRAS

		Informe de Evaluación de Proveedores	Página 1 de

Proveedor	Visita Nº	Norma ISO			
Dirección	Fecha / /	9001	9002	9003	

Materiales involucrados

Conclusiones e impresión de la visita

Mejoras a instrumentar	Sistema de Calidad			Potencial Industrial		
	Perfil de Calidad Nro.			Perfil Industrial Nro.		
	Porcentaje de cumplimiento			Porcentaje de cumplimiento		
	Objetivo ≥ 80	Obtenido actual	Anterior	Objetivo ≥ 70	Obtenido actual	Anterior

Mejoras instrumentadas

Indicadores contables y antecedentes comer.	
Personal entrevistado	
Evaluadores	

Firma y aclaración	Firma y aclaración	Firma y aclaración	Firma y aclaración	Firma y aclaración

Figura 7,9.

134 ASEGURAMIENTO DE CALIDAD. ISO 9000

METODO II

II,1. Evaluación del sistema de calidad

Este es un método más sencillo que el anterior pero, debido a que investiga con mucho menor detalle el Sistema de Calidad, es mucho más severo en la asignación de puntajes.

Si el evaluador lo considera conveniente, podrá aplicar en este método la tabla de asignación de porcentajes del método I.

5,1. El grupo evaluador visitará las instalaciones del proveedor que será evaluado y completará el cuestionario de evaluación.

A continuación, se transcriben las preguntas del cuestionario.

VI,1. ¿Cuentan con personal que efectúa exclusivamente control de calidad?

VI,2. ¿El personal está capacitado?

VI,3. ¿Se utilizan Planes de Inspección y Ensayos?

VI,4. ¿Se registran los resultados de las inspecciones y ensayos?

VI,5. ¿Se segregan y/o identifican los artículos en No Conformidad?

VI,6. ¿Se trabaja bajo normas?

VI,7. ¿Los criterios de aceptación se encuentran a disposición del personal?

VI,8. ¿Se contrastan y calibran los equipos e instrumentos de medición y ensayos?

A cada una de las preguntas del sector VI del Cuestionario de Evaluación se le asignará un porcentaje en función del grado de cumplimiento.

El reverso del cuestionario será completado en la Empresa; para ello se procederá como indican los puntos siguientes.

El valor máximo para cada pregunta, que figura en la segunda columna de la tabla 1, será multiplicado por el equivalente en decimales del porcentaje asignado a cada pregunta. El resultado del producto será anotado, siempre que sea igual o mayor al mínimo admisible parcial (en caso contrario se le asignará cero puntaje), en la columna correspondiente del formulario. El total se obtendrá por la suma de los puntajes parciales que, para continuar con la evaluación, deberá ser igual o mayor que 40.

	Valores	
Pregunta	Máximo	Mínimo admisible parcial
VI,1	8	7
VI,2	5	4
VI,3	7	6
VI,4	7	6
VI,5	7	6
VI,6	5	4
VI,7	5	3
VI,8	6	4
	Mínimo admisible total	40

Tabla 1

CAP. 7 — COMPRAS

Cuestionario de Evaluación

Proveedor Nro.

I	Razón social
	Ramo / Antigüedad c/proveedor

II Direcciones

Ofic./Plantas	Calle	Nro.	Piso	Ciudad	C.P.	Teléfono/Télex/Fax

III Contacto — Apellido y nombres — Puesto — Teléfono

IV Capacidad de producción

Mensual/Diaria/Horaria	Tamaño	Peso

V Personal Producción — Control de Calidad

	Ingenieros	Técnicos	Obr. espec.	Total	Ingenieros	Técnicos	Total
Propios							
Contratados							

VI Control de Calidad

	Pregunta	Porcentaje
1.	¿Cuenta con personal que efectúe exclusivamente Control de Calidad?	_____
2.	¿El personal está capacitado?	_____
3.	¿Se utilizan planes de inspección y ensayo?	_____
4.	¿Se registran los resultados de las inspecciones y ensayos?	_____
5.	¿Se segregan y/o identifican los artículos en No Conformidad?	_____
6.	¿Se trabaja bajo normas?	_____
7.	¿Los criterios de aceptación se encuentran a disposición del personal?	_____
8.	¿Se contrastan y calibran los equipos e instrumentos de medición y ensayo?	_____

VII Observaciones:

Figura 7,10.

II,2. Cumplimiento de obligaciones

Aquí el análisis es mucho más sencillo, pero también mucho más subjetivo, pues se basa solamente en lo observado durante la visita a las instalaciones del proveedor, sin fundamentarlo en una documentación tan abundante como la solicitada en el método I.

Se ponderará, con la asistencia de la Gerencia de Compras, el cumplimiento de los plazos de entrega.

Cuando la empresa en evaluación sea un proveedor habitual, la ponderación se fundamentará en el relevamiento de los datos históricos al respecto. Se asignará un puntaje al cumplimiento de los plazos de entrega que podrá alcanzar un máximo de 25.

Cuando se trate de un nuevo potencial proveedor, del cual no se poseen antecedentes, se le asignará un puntaje de 13.

Este método considera el tema del cumplimiento de obligaciones mediante el análisis del cumplimiento de los plazos de entrega.

II,3. Precios

La evaluación de precios es una actividad puntual, de corto alcance, dada la variación continua a que están sometidos, pero en el momento de la evaluación puede contribuir en gran manera para la toma de decisiones.

De los métodos presentados, el único que considera este aspecto es el II, y lo hace de la siguiente manera.

Se ponderará el precio del artículo o del servicio que la empresa pueda proveer. Para ello, se tomará el Precio Promedio Ponderado de la plaza, al cual se le asignará un puntaje de 10, y en función de la relación existente entre el PPP de plaza y el precio de la empresa en evaluación, se le asignará puntaje al precio, según los criterios siguientes:

Paridad de precios ($\pm$ 0,5 %)	10 puntos
Precio de plaza mayor	10 puntos + (más) 1 punto por el primer intervalo de 0,6 % a 2,5 % + (más) 1 punto por cada 2,5 % siguiente, menor al PPP.
Precio de plaza menor	10 puntos - (menos) 1 punto por el primer intervalo de 0,6 % a 2,5 % - (menos) 1 punto por cada 2,5 % siguiente, mayor al PPP.

La forma de efectuar este cálculo será:

CAP. 7 — COMPRAS

Puntaje a sumar o restar (Ps/r) al de paridad:

$$Ps/r = \cfrac{1 - \cfrac{\text{Precio de plaza}}{\text{Precio del proveedor}} \times 100}{2,5} =$$ Este valor resultará negativo si el precio de plaza es mayor que el del proveedor, y positivo si es menor (**)

(**) Puntaje asignable al precio = 100 - Ps/r

Este cálculo no se efectuará cuando la diferencia de precios oscile entre ± 0,5 %, correspondiendo, entonces, 10 puntos a este concepto (el porcentaje de variación aceptable podrá ser modificado para cada tipo de producto o servicio de acuerdo con las políticas de compras de la Empresa que lo aplique).

Por supuesto, de darse el caso de paridad en los otros conceptos, el método puede simplificarse, recurriendo a la comparación directa de precios.

II,4. Concepto

Se ponderará el concepto general formado durante la visita, asignándose puntaje de acuerdo con la tabla 3.

Concepto	Puntaje
Inaceptable	0
Bueno	5 a 7
Muy Bueno	8 a 9
Sobresaliente	10
Mínimo admisible para ser aprobado	5

Tabla 3

II,5. Calificación

Se establecerá el puntaje total para cada empresa mediante la sumatoria de los puntos obtenidos, según los parágrafos anteriores.

Así, por ejemplo, una empresa a la que le haya correspondido el mínimo admisible para su sistema de calidad (40 puntos) de la que no se posean antecedentes respecto del cumplimiento de los plazos de entrega (13 puntos) cuyo precio sea igual al de la plaza (10 puntos) y que tenga un concepto de 5 puntos, sumará:

— Calidad	40
— Plazos de entrega	13
— Precio	10
— Concepto	5
Total	68

Se establece que 68 es el puntaje mínimo admisible para que una empresa sea incorporada al listado de proveedores calificados.

Dado que una empresa puede proveer varios productos, y que una de las variables de la evaluación es el precio, puede resultar calificada para proveer un determinado producto y no otro.

Los métodos precedentes son aplicables cuando el grupo evaluador puede visitar y entrevistar al proveedor; en caso contrario, cuando la visita no se puede efectuar, o se juzga inconveniente —por ejemplo, por razones presupuestarias—, se evalúa el producto. Para ello se debe tener en cuenta si se trata de un producto respecto del cual no se poseen antecedentes o de uno que ha estado siendo utilizado en la empresa, y si se posee un historial o experiencia.

En el caso de productos nuevos se puede encarar la evaluación por medio de un análisis de *performance*, realizado mediante su utilización, una fabricación piloto, análisis químicos, ensayos mecánicos, etcétera. Esta situación tiene la desventaja de indicar el grado de calidad en el instante de la prueba, pero esto no da la pauta de que esa calidad se mantendrá constante en futuras provisiones.

Para el caso en que se cuenta con antecedentes del producto, es factible la aplicación (excluyendo el parágrafo B en III,2, que sirve para evaluar, complementariamente, un aspecto del proveedor pero no al producto) del método III.

METODO III

III,1. Calificación de la calidad

DETERMINACION DE LA CALIFICACION GENERAL DEL PROVEEDOR (CGP)

La CGP se determinará en las instalaciones de la Empresa, en función de:

A. Calificación de calidad del proveedor (CCP)

Por medio de la CCP se evaluará la *performance* del insumo, la identificación de acuerdo con especificaciones, embalaje, etcétera. El cálculo se efectúa como se detalla a continuación:

CAP. 7 — COMPRAS

$$CCP = \frac{\text{Unidades aprobadas sin penalidades (UASP)}}{UASP + U_1 P_1 + U_2 P_2 + U_n P_n} \times 100$$

Donde: U: número de unidades o embarques a los que se les asignaron puntos de penalidad.
P: puntos de penalidad asignados.

PUNTUACION DE LAS PENALIDADES	
1.	Cuando se produzcan problemas de uso o manipuleo.
2.	Cuando se requiera aprobación especial pero el insumo sea aceptado.
5.	Cuando el insumo sea rechazado.
10.	Cuando el insumo haya elaborado productos defectuosos.

III,2. Cumplimiento de obligaciones

B. Calificación de datos de preembarque (CDP)

A través de la CDP se evaluará si el proveedor está enviando los protocolos de análisis antes o durante el embarque, si los métodos de análisis que figuran en los protocolos coinciden con los establecidos en las especificaciones de compras, si hay correlación entre los resultados obtenidos por el proveedor y nuestro laboratorio, etcétera.

El cálculo se efectúa como se detalla a continuación:

$$CDP = \frac{\text{Unidades recibidas con datos de preembarque (URCP)}}{\text{número de unidades recibidas (UR)}} \times 100$$

Cuando la recepción de datos es tardía, es decir, posterior a la recepción del embarque, se deducirán 0,5 puntos a cada embarque afectado.

III,3. Concepto

C. Calificación de servicio (CS)

Los datos para la asignación de la CS surgirán de los departamentos técnicos, almacenes y compras; entre los temas a considerar deben tenerse en cuenta la asistencia técnica, la forma y plazos de entrega, el cumplimiento de compromisos, etcétera.

Nivel	Puntaje
Muy bueno	100
Por encima del promedio	80
Promedio	60
Por debajo del promedio	40
Insatisfactorio	0

Ejemplo de cálculo del CGP

Supóngase que para el suministro de un insumo que denominaremos "X" se cuenta con tres proveedores (A, B y C) y se dispone de los siguientes datos:

1) El proveedor A entregó 5 embarques, cumpliendo en todos con las especificaciones y entregando los protocolos juntamente con cada embarque, coincidiendo con los resultados obtenidos en los análisis de recepción, y su servicio se considera por encima del promedio. El cálculo será el siguiente:

$$CCP = \frac{UASP}{UASP + U_1 P_1 + U_2 P_2} \times 100 = \frac{5}{5} \times 100 = 100$$

$$CDP = \frac{URCP}{UR} \times 100 = \frac{5}{5} \times 100 = 100$$

$$CS = 80$$

2) El proveedor B entregó 5 embarques, cumpliendo en todos con las especificaciones, pero sólo envió 3 protocolos juntamente con los embarques y 2 tardíamente; todos los datos han coincidido con los resultados obtenidos en los análisis de recepción. El servicio se considera por debajo del promedio, porque el proveedor no está cumpliendo con sus compromisos, aunque lo esté haciendo técnicamente. El cálculo será el siguiente:

$$CCP = \frac{UASP}{UASP + U_1 P_1 + U_2 P_2} \times 100 = \frac{5}{5} \times 100 = 100$$

$$CDP = \frac{URCP}{UR} \times 100 = \frac{(3 \times 1) + (2 \times 0,5)}{5} \times 100 = 80$$

$$CS = 40$$

CAP. 7 — COMPRAS

3) El proveedor C entregó 5 embarques, de los cuales 4 cumplieron las especificaciones y 1 fue rechazado; además, no fue recibido ningún protocolo de análisis. El servicio se considera insatisfactorio, porque el proveedor no está cumpliendo con sus compromisos, ni siquiera de manera técnica, pues un envío fue rechazado. El cálculo será el siguiente:

$$CCP = \frac{UASP}{UASP + U_1 P_1 + U_2 P_2} \times 100 = \frac{4}{4 + (1 \times 5)} \times 100 = 44,44$$

$$CDP = \frac{URCP}{UR} \times 100 = \frac{0}{5} \times 100 = 0$$

$$CS = 0$$

Agrupando los resultados se tendrá el CGP.

Proveedor	CCP	CDP	CS	CGP
A	100	100	80	280
B	100	80	40	220
C	44	0	0	44

Como se puede apreciar en el cuadro anterior, el proveedor más confiable es el A, y a él se le debería comprar en el futuro.

III,4. Calificación

Hasta aquí, aplica el Método III la empresa que lo ha desarrollado. Sin embargo, deberían establecerse puntajes mínimos para cada uno de los tópicos considerados, con el fin de evitar que el cumplimiento en un 100 % de dos de ellos alcance, en su sumatoria, valores considerables, cuando el restante pudiera ser nulo. Por ejemplo, podría establecerse que:

> SOLAMENTE SERAN CALIFICADOS AQUELLOS PROVEEDORES PARA LOS CUALES LOS RESULTADOS DE LAS EVALUACIONES SEAN IGUALES O MAYORES QUE LOS SIGUIENTES:

$$CCP \geq 80$$
$$CDP \geq 80$$
$$CS \geq 60$$

$$Total = 220$$

142 ASEGURAMIENTO DE CALIDAD. ISO 9000

Así, el proveedor B del ejemplo anterior no debería ser calificado, pues a pesar de alcanzar un puntaje total de 220 puntos, la calificación del servicio (CS) no alcanza al mínimo puntaje establecido. De esta manera, otro proveedor que alcanzara los mínimos establecidos podría ser calificado y se evitaría así la situación de proveedor único que resultaría de la aplicación del procedimiento tal cual fue expuesto originalmente.

Dado que este método es aplicado en una empresa del mercado automotriz, utiliza el control estadístico de procesos, del que ya hemos hablado.

DESARROLLO DE PROVEEDORES

No escapará a la observación del lector el hecho de que no todas las empresas que sean evaluadas reunirán las condiciones establecidas en el perfil de calidad o de equipamiento, de manera que sólo algunas pocas podrán ser aprobadas (calificadas) como proveedoras en la primera evaluación.

El caso de las empresas calificadas como "potenciales" no debe tomarse como una situación permanente; el proveedor deberá instrumentar los cambios necesarios para satisfacer los requerimientos de sus clientes. Es sólo mediante el compromiso de desarrollarse que una empresa puede integrar, en la categoría de "potencial", el Listado de Proveedores Calificados.

Es conveniente que el compromiso del proveedor potencial sea establecido por escrito, puntualizando las acciones que se emprenderán y las fechas en las que se completará cada etapa.

El desarrollo comprometido es objeto de control por parte del comprador, quien, en cada instancia, puede requerir la elaboración de un nuevo informe de evaluación, en el que se consignen los avances (o retrocesos) y se asignen los nuevos puntajes.

Dado que es el comprador quien mejor conoce la situación precisa en que necesita que se encuentren sus proveedores, en muchos casos las etapas del desarrollo se llevarán a cabo con su asistencia y supervisión. Esta situación se da casi con exclusividad en el campo de la calidad, puesto que en cuanto a equipamiento de producción, precios, etcétera, las decisiones incumben al proveedor.

EJERCICIO DE APLICACION

A continuación, dado que no nos es posible visitar una empresa para efectuar el ejercicio, se simularán las acciones previas al relevamiento, suponiendo que la preevaluación fue efectuada y que se decidió evaluar al proveedor, teniendo en cuenta que se trata de un proveedor habitual y que los datos que los evaluadores pudieran relevar se suministran por

CAP. 7 — COMPRAS   **143**

escrito. Solamente se evaluarán aquellos tópicos de los cuales se posea información (así quedará excluida, por ejemplo, la evaluación del potencial industrial por el método I).

Serán desarrollados los tres métodos basados en los mismos datos, es decir, para el mismo proveedor.

Se trata de una empresa que fabrica ascensores y montacargas, y debe evaluar al fabricante de cables de acero, el cual, se sabe, es licenciatario de API.

Aplicación del método I

2. DETERMINACION DE LA NORMA ISO APLICABLE

a) Complejidad del proceso de diseño

El proveedor fabrica sus productos según las especificaciones API, en las cuales se establecen todas las características químicas y físicas de los materiales, la conformación y resistencia de los cables, los criterios de aceptación, los ensayos y los equipos de ensayo para ser utilizados, etc. De acuerdo con esto no queda margen para el diseño y se puede considerar que, por lo tanto, *el esfuerzo en el diseño es mínimo y simple*, o sencillamente que no existe. Corresponderán en este caso cero (0) puntos.

b) Madurez del diseño

Debe tenerse en cuenta que el API es un organismo que normaliza la experiencia acumulada por muchos de sus miembros durante largos períodos y que sus especificaciones contienen datos de diseños "largamente madurados"; por lo tanto, a este tópico le corresponderán cero (0) puntos.

c) Complejidad del proceso de producción

Los alambres que han de conformar un cable deberán ser soldados durante el proceso de trefilación, para permitir continuidad en la longitud; además, deberán ser tratados térmicamente para alivio de tensiones y superficialmente para protección; éstos son procesos especiales, considerados "complejos", de manera que a este tópico le corresponderán dos (2) puntos, pues requiere pocos procesos complejos.

d) Características de los productos o servicios

Un cable para el uso en ascensores y montacargas deberá tener varias características restringidas (como, por ejemplo, la resistencia a la tracción, ductilidad, plegado,

144   ASEGURAMIENTO DE CALIDAD. ISO 9000

fatiga, composición química), de manera que, en este caso, se cuenta con "mediana cantidad de características restringidas", y corresponden dos (2) puntos.

e) Economía

En esta ocasión, los costos que pudieran provocar las fallas de los cables deben ser considerados desde distintos puntos de vista.

1) Los costos por mantenimientos de garantías comerciales (reparaciones de equipos vendidos y en uso), que pueden ser significativos, más aun si se consideran los lucros cesantes de los clientes.

2) Los costos por juicios por responsabilidad de producto.

3) La pérdida de confianza en la plaza, con la consiguientre pérdida de oportunidad de ventas.

Por lo tanto, los costos que pueden producir son internos, es decir, no hacen al equipamiento, y corresponden a este ítem tres (3) puntos.

f) Seguridad:

Aquí, el uso de un cable defectuoso no resultaría riesgoso para el personal de la empresa, pero sí para los usuarios, de manera que la elección del puntaje estaría entre cero puntos de un extremo de la escala y los cuatro puntos del otro extremo, excluyéndose los intermedios. No cabe duda que la alternativa serán los cuatro (4) puntos.

Así, se tendrá:

a)	0 puntos
b)	0 puntos
c)	2 puntos
d)	2 puntos
e)	3 puntos
f)	4 puntos
Total	11 puntos

De acuerdo con este puntaje, y si el proveedor no tuviera requerimientos contractuales, correspondería un sistema de calidad conformado por la selección de los criterios de la norma ISO 9004; sin embargo, como por un lado, al ser el proveedor licenciatario

CAP. 7 — COMPRAS

de API debe cumplir los requerimientos de la norma API Spec. Q1 —norma cuyo nivel de requerimientos se puede ubicar entre las ISO 9001 y 9002— y por otro, deberá cumplimentar los requisitos que el fabricante de ascensores le imponga (que son los de "asegurar la calidad durante la producción y la instalación", coincidiendo con lo que establece la norma ISO 9002), esta última será la base de la evaluación.

3. DETERMINACION DEL PERFIL DE CALIDAD DEL PROVEEDOR

Aquí, se deberá recurrir a la norma de referencia, en este caso la ISO 9002, para determinar el perfil del proveedor.

Habrá que tener en cuenta que, para algunos casos, no son aplicables la totalidad de los requisitos establecidos por las normas. En este caso en particular, el cliente no facilita artículo alguno al proveedor, y por lo tanto no resulta aplicable el tópico *Productos Suministrados por el Cliente*; además, habrá de tenerse en cuenta si los procesos o la cantidad de cada producto fabricado permiten una eficaz aplicación de las técnicas estadísticas.

También deberán contemplarse aquellos requerimientos que no son establecidos por el nivel de norma seleccionado, pero que, de todos modos, se consideran necesarios. Este es el caso de la empresa en análisis. Dado que no se desarrollan diseños, el criterio de control de los mismos no resulta aplicable y tampoco lo requiere la norma ISO 9002; a pesar de esto, la transferencia de información de las normas de producto a la documentación interna del proveedor hará necesaria la aplicación de un control de la exactitud de los datos transferidos. Esta actividad será denominada Control de Literalidad y será requerida en el Perfil del Proveedor.

ASEGURAMIENTO DE CALIDAD. ISO 9000

	Lista de Chequeo de Evaluación						Hoja 1/4
Proveedor				**Nivel**		**Fecha** / /	

Requerimiento	X	P	E	Observaciones	%	Ptos.	Puntos asign.
Manual de Calidad	X					8	
Manual de Procedimientos	X					8	
Firma del manual	X					8	
Revisión periódica del MC/MP	X					8	
Control del MC/MP	X					7	
Organigrama	X					7	
Descripción de funciones y responsabilidades	X					7	
Verificación de Contrato	X					30	
Control de Diseño						13	
Control de Literalidad	X					13	
Calificación del personal						12	
Evidencias del CD/CL	X					12	
Control de Documentos	X					15	
Remitos	X					5	
Listas de Distribución	X					5	
Registro de Firmas	X					5	
Destrucción de documentos obsoletos	X					10	
Archivo de documentos superados	X					10	
Evaluación de proveedores	X					16	
Aprobación de productos	X					16	
List. prov. aprobados	X					10	
List. produc. aprobados	X					10	
Ctrl. órdenes de compra	X					7	
Incorp. req. especiales	X					7	
Requisitos de marcación	X					7	
Requisitos de identific.	X					7	

Figura 7,11. Perfil del proveedor. Página 1

CAP. 7 — COMPRAS

	Lista de Chequeo de Evaluación							Hoja 2/4

Proveedor			Nivel		Fecha / /			
Requerimiento	**X**	**P**	**E**	**Observaciones**	**%**	**Ptos.**	**Puntos asign.**	
Productos Suministrados por el Cliente						15		
Información por escrito						10		
Balance de masas						10		
Marcación de ítem	X					10		
Identificación de ítem	X					10		
Rastreabilidad	X					20		
Definición de lote	X					5		
Documentación de control de procesos	X					10		
Listado de procesos bajo control	X					5		
Aptitud de máquina						10		
Capacidad de proceso						10		
Listado de procesos especiales	X					5		
Calificación de procedim.	X					7		
Calificación de personal	X					7		
Calificación de equipos	X					7		
Inspección de Recepción	X					15		
Toma de muestras	X					5		
Archivo de muestras	X					5		
Ctrl. evidencias objet.	X					5		
Liberación para producc.	X					10		
Inspección en Proceso	X					10		
Plan de Inspección y Ensayo	X					30		
Toma de muestras						5		
Archivo de muestras						5		

Figura 7,11. Perfil del proveedor. Página 2

| | Lista de Chequeo de Evaluación | | | | | | | Hoja 3/4 |

	Lista de Chequeo de Evaluación							Hoja 3/4
Proveedor				**Nivel**		**Fecha** / /		
Requerimiento	**X**	**P**	**E**	**Observaciones**			**%**	**Ptos.**	**Puntos asign.**
Inspección Final	X							5	
Producto	X							4	
Protección	X							4	
Marcación	X							3	
Identificación	X							5	
Embalaje	X							4	
Estibado	X							4	
Verificación de regist.	X							5	
Control P.I.E.	X							6	
Archivo de contramuestras								5	
Programa de calibración	X							10	
Tabla de períodos	X							3	
Marcación de instrumentos	X							10	
Procedim. de calibración	X							10	
Patrones	X							10	
Certificados de calibrac.	X							12	
Fichas de calibración	X							12	
Inventarios de instrumen.	X							5	
Acciones Corr. por instrumentos descalibrados	X							5	
Indicadores de estado de inspección	X							20	
Informes de No Conformid.	X							20	
Listado de I.N.C.	X							5	
Areas de cuarentena	X							15	
Disposiciones Finales	X							5	
Responsabilidad por Disposiciones Finales	X							5	
Pedidos de Acción Correctiva	X							10	
Listado de P.A.C.	X							5	

Figura 7,11. Perfil del proveedor. Página 3

CAP. 7 — COMPRAS

	Lista de Chequeo de Evaluación							Hoja 4/4
Proveedor				**Nivel**		**Fecha** / /		
Requerimiento	**X**	**P**	**E**	**Observaciones**	**%**	**Ptos.**	**Puntos asign.**	
Proced. manipuleo, preserv. almacenam. y expedición	X					10		
Archivo de registros	X					10		
Permanencia en archivo	X					3		
Emisión de certificado de calidad	X					5		
Auditorías	X					15		
Programa de Auditoría	X					15		
Calificación de personal	X					15		
Informe de Auditoría	X					15		
Perfil requerido para los puestos	X					10		
Perfil del personal	X					10		
Listado de cursos	X					7		
Formación de legajo	X					5		
Certificados de capacit.	X					5		
Asistencia preventa						7		
Asistencia posventa						7		
Manuales de operación						3		
Manuales de mantenimiento						3		
Provisión de repuestos						7		

Observaciones:

Sumatoria
(Descontar los NA)

| x | Z |

Cociente $\dfrac{Z}{x}$ =

% Cumplim.:

Calificación:

Figura 7,11. Perfil del proveedor. Página 4

ASEGURAMIENTO DE CALIDAD. ISO 9000

Hasta aquí se han desarrollado las tareas de preparación; de aquí en más se hará lo mismo con el relevamiento de datos, su procesamiento y conclusión.

4. DATOS GENERALES

Durante el relevamiento efectuado a la empresa se detectó lo siguiente:

1. La empresa posee un Manual de Calidad de acuerdo con la norma ISO 9002.

2. La empresa posee un Manual de Procedimientos.

3. En el Manual de Calidad falta la firma de la máxima autoridad de la empresa.

4. El Manual de Calidad se encuentra actualizado de acuerdo con la última revisión de la norma ISO 9002, pero no existe evidencia objetiva de la participación de los directivos en esta actualización.

5. En el organigrama no se muestran las líneas de comunicación; en la descripción, las funciones y responsabilidades llegan hasta el nivel de inspector.

6. Los planos y especificaciones de fabricación cuentan con un sello, como evidencia objetiva de que la información en ellos contenida fue contrastada con la información suministrada por la especificación API (American Petroleum Institute) correspondiente, norma bajo la cual el proveedor fabrica sus productos.

7. La empresa cuenta con un procedimiento de Control de Documentos que establece el uso de remitos para la distribución externa e interna, un registro de firmas para todo el personal involucrado con la calidad, la destrucción de los documentos obsoletos por parte de los receptores o usuarios, y el archivo de documentos obsoletos por parte de los emisores, que contiene un sello que dice "Reemplazado por...".

8. Se ha verificado que todos los documentos en vigencia, incluyendo el Manual de Calidad, han sido dsitribuidos con los remitos, pero en un puesto de inspección en planta se encontraron tres procedimientos superados, archivados juntamente con los vigentes. También se ha verificado la existencia del registro de firmas (actualizado) y el archivo de documentos superados, que contiene el sello mencionado.

9. Existen evidencias objetivas de que los proveedores de alambrón fueron evaluados por antecedentes, de acuerdo con un procedimiento escrito.

10. Los compradores cuentan con un Listado de Proveedores Aprobados (actualizado).

11. En las órdenes de compras se solicita que se identifiquen los rollos de alambrón con el número de colada.

12. No se solicita la marcación de los rollos porque, según declara el fabricante de cables, el fabricante de acero tiene por costumbre atar una chapa acuñada con el número de colada por cada lote.

CAP. 7 — COMPRAS

13. Las materias primas que ingresan a la empresa son marcadas (según un procedimiento escrito) con una etiqueta en la que se identifica el material y el estado de inspección. Una vez que la materia prima pasa a producción no se utilizan marcaciones, y la identificación se hace sólo a través de la documentación que, de acuerdo con un procedimiento escrito, permite efectuar la rastreabilidad, partiendo desde la información suministrada por el cliente que pudiera efectuar un reclamo, hasta la ubicación del proveedor de materia prima.

14. El dato para efectuar la rastreabilidad es la fecha de fabricación contenida en la documentación interna y en la etiqueta adherida a cada carrete de producto terminado.

15. El departamento de Planeamiento y Control de la Producción emite Hojas de Ruta y de Proceso, que contienen todas las instrucciones necesarias para fabricar el producto y mantener bajo control los procesos comunes de fabricación.

16. En el Manual de Calidad se establece que los procesos especiales aplicados por la empresa son la soldadura, el tratamiento térmico y el tratamiento superficial a que se somete el alambre. No posee procedimientos ni se efectúan las calificaciones que corresponden.

17. Al arribar los rollos de alambrón a la empresa se hace una extracción de muestras, de acuerdo con la norma IRAM 15, y se someten a ensayo de tracción y análisis químico. Solamente las materias primas aprobadas ingresan al almacén; el resto es demorado en un área de cuarentena, a la cual no tiene acceso el personal de producción.

18. Existe un procedimiento para la Inspección en Proceso. El Plan de Inspección y Ensayo (P.I.E.) establece las inspecciones y ensayos para ser efectuados y la toma de muestra a efectuar en cada oportunidad, los procedimientos aplicables, la frecuencia de aplicación y los registros que se deben generar. No se toman muestras.

19. Durante la operación de protección de la superficie de cada carrete de cable terminado (envuelto en film de polietileno), se aplica una etiqueta sobre el cable que evidencia su liberación para despacho.

20. Existe un Pedido de Acción Correctiva, fechado hace 12 meses, que establece la necesidad de modificar el procedimiento de Inspección Final, y que hace obligatoria la verificación de registros y control del P.I.E. antes de la liberación para despacho. El Pedido de Acción Correctiva no ha sido considerado aún.

21. Se ha verificado que el sector de Metrología posee un programa de calibración y todos los procedimientos y patrones necesarios, pero los patrones, con cuatro años de antigüedad, no cuentan con los certificados de calibración.

22. Los micrómetros incorporados el mes anterior, y actualmente en uso, no se encuentran marcados, no cuentan con fichas ni certificados de calibración, ni han sido incorporados al inventario ni al programa de calibración.

23. Durante la recorrida por la planta se han detectado, fuera de la zona de cuarentena, tres artículos en No Conformidad que no cuentan con los Informes de No Conformidad correspondientes.

24. Las Disposiciones Finales son establecidas por un comité conformado por el jefe de Calidad, el jefe de Ingeniería y el jefe de Producción, según lo establece el procedimiento correspondiente.

25. Consultado el Listado de No Conformidades se ha verificado que las no conformidades repetitivas generaron los correspondientes Pedidos de Acción Correctiva pero no han sido resueltos.

26. Existen áreas de cuarentena o segregación para materias primas, productos en elaboración y productos terminados; no obstante, los artículos mencionados en el punto 23 no se encontraban marcados ni segregados, contrariamente a lo establecido en el procedimiento.

27. La empresa aplica procedimientos escritos para la ejecución de manipuleo, embalaje, almacenamiento y expedición de productos.

28. En el archivo se encuentra toda la información de calidad generada en el último año, de acuerdo con el procedimiento de archivo que establece una permanencia igual a ese período.

29. En el departamento de Calidad se encuentra un listado de cursos en los que debe participar el personal de Calidad y de Producción. Además, se ha presentado una carpeta que contiene fotocopias de los certificados de capacitación del personal de Ingeniería de Producto y Calidad, faltando los del personal de Producción, que, según evidencia el mismo listado, ya ha asistido a cursos. No se cuenta con procedimiento escrito.

30. La empresa provee a sus clientes catálogos para la selección de cables.

31. La atención de reclamos es la única actividad de asistencia posventa.

32. Según nuestros registros, en los últimos tiempos se recibieron en nuestra planta 23 provisiones, de las cuales, 15 se recibieron dentro del plazo de entrega y el resto con un atraso de una semana. Por otro lado, 18 provisiones cumplieron las especificaciones. Una fue aceptada con autorización especial, una fue rechazada y tres presentaron problemas de manipuleo (carretes mal enrollados).

33. El proveedor no entrega los certificados de los productos que vende.

34. La calificación de servicio fue estimada como del promedio.

35. El precio en plaza es de $ 780, el del proveedor es de $ 700.

5. ASIGNACION DEL GRADO DE CUMPLIMIENTO A CADA REQUERIMIENTO

En este punto se habrá de completar el perfil del proveedor en función de la información relevada.

El lector deberá tener presente que en la práctica difícilmente encuentre la información tan ordenada como se ha presentado en el punto 4; generalmente la información le llegará en desorden, a causa de postergaciones motivadas en que se debe rescatar información del archivo y no se puede interrumpir el relevamiento, otra información deberá relevarse durante la recorrida de la planta, otra deberá recabarse en otras dependencias, etc., lo que hace que el perfil del proveedor sea completado alterando el orden de las preguntas.

CAP. 7 — COMPRAS   153

	Lista de Chequeo de Evaluación					Hoja 1/4		
Proveedor				**Nivel**	**Fecha** / /			
Requerimiento	**X**	**P**	**E**	**Observaciones**	**%**	**Ptos.**	**Puntos asign.**	
Manual de Calidad	X	A	A	(1)	100	8	8	
Manual de Procedimientos	X	A	A	(2)	100	8	8	
Firma del manual	X	NE	NE	(3)	0	8	8	
Revisión periódica del MC/MP	X	NE	DM	(4)	25	8	2	
Control del MC/MP	X	NE	NE	(5)	0	7	0	
Organigrama	X	DM	DM	(6)	50	7	3,5	
Descripción de funciones y responsabilidades	X	A	A	(7)	100	7	7	
Verificación de Contrato	X	NE	NE	(8)	0	30	0	
Control de Diseño					—	13	—	
Control de Literalidad	X	NE	A	(9)	40	13	5,2	
Calificación del personal					—	12	—	
Evidencias del CD/CL	X	DM	A	(10)	70	12	8,4	
Control de Documentos	X	A	A	(11)	100	15	15	
Remitos	X	A	A	(12)	100	5	5	
Listas de Distribución	X	—	—	(13)	—	5	—	
Registro de Firmas	X	A	A	(14)	100	5	5	
Destrucción de documentos obsoletos	X	A	DM	(15)	35	10	3,5	
Archivo de documentos superados	X	A	A	(16)	100	10	10	
Evaluación de proveedores	X	A	A	(17)	100	16	16	
Aprobación de productos	X	A	A	(18)	100	16	16	
List. prov. aprobados	X	A	A	(19)	100	10	10	
List. produc. aprobados	X	A	A	(20)	100	10	10	
Ctrl. órdenes de compra	X	NE	NE	(21)	0	7	0	
Incorp. req. especiales	X	—	—	(22)	—	7	—	
Requisitos de marcación	X	NE	NE	(23)	0	7	—	
Requisitos de identific.	X	A	A	(24)	100	7	7	

Figura 7,12. Lista de chequeo de evaluación (completa). Página 1.

154 ASEGURAMIENTO DE CALIDAD. ISO 9000

Lista de Chequeo de Evaluación					Hoja 2/4		
Proveedor				**Nivel**	**Fecha** / /		
Requerimiento	**X**	**P**	**E**	**Observaciones**	**%**	**Ptos.**	**Puntos asign.**
Productos Suministrados por el Cliente					—	15	—
Información por escrito					—	10	—
Balance de masas					—	10	—
Marcación de ítem	X	A	A	(25)	100	10	10
Identificación de ítem	X	A	A	(26)	100	10	10
Rastreabilidad	X	A	A	(27)	100	20	20
Definición de lote	X	A	A	(28)	100	5	5
Documentación de control de procesos	X	A	A	(29)	100	10	10
Listado de procesos bajo control	X	NE	NE	(30)	0	5	0
Aptitud de máquina					—	10	—
Capacidad de proceso					—	10	—
Listado de procesos especiales	X	A	A	(31)	100	5	5
Calificación de procedim.	X	NE	NE	(32)	0	7	0
Calificación de personal	X	NE	NE	(33)	0	7	0
Calificación de equipos	X	NE	NE	(34)	0	7	0
Inspección de Recepción	X	A	A	(35)	100	15	15
Toma de muestras	X	A	A	(36)	100	5	5
Archivo de muestras					—	5	—
Ctrl. evidencias objet.	X	NE	NE	(37)	—	5	—
Liberación para producc.	X	A	A	(38)	100	10	10
Inspección en Proceso	X	A	A	(39)	100	10	10
Plan de Inspección y Ensayo	X	A	A	(40)	100	30	30
Toma de muestras		A	NE	(41)	10	5	5
Archivo de muestras					—	5	—

Figura 7,12. Lista de chequeo de evaluación (completa). Página 2.

CAP. 7 — COMPRAS

	Lista de Chequeo de Evaluación					Hoja 3/4			
Proveedor					**Nivel**	**Fecha** / /			
Requerimiento	**X**	**P**	**E**	**Observaciones**			**%**	**Ptos.**	**Puntos asign.**
Inspección Final	X	DM	NE	(42)			10	5	0,5
Producto	X	DM	NE	(43)			10	4	0,4
Protección	X	DM	NE	(44)			10	4	0,4
Marcación	X	DM	NE	(45)			10	3	0,3
Identificación	X	DM	NE	(46)			10	5	0,5
Embalaje	X	DM	NE	(47)			10	4	0,4
Estibado	X	DM	NE	(48)			10	4	0,4
Verificación de regist.	X	NE	NE	(49)			0	5	0
Control P.I.E.	X	NE	NE	(50)			0	6	0
Archivo de contramuestras							—	5	—
Programa de calibración	X	A	DM	(51)			50	10	5
Tabla de períodos	X	NE	NE	(52)			0	3	0
Marcación de insturmentos	X	A	DM	(53)			50	10	5
Procedim. de calibración	X	A	A	(54)			100	10	10
Patrones	X	A	A	(55)			100	10	10
Certificados de calibrac.	X	A	DM	(56)			50	12	6
Fichas de calibración	X	A	DM	(57)			50	12	6
Inventarios de instrumen.	X	A	DM	(58)			50	5	2,5
Acciones corr. por instrumentos descalibrados	X	A	NE	(59)			20	5	1
Indicadores de estado de inspección	X	NE	DM	(60)			25	20	5
Informes de No Conformid.	X	A	DM	(61)			50	20	10
Listado de I.N.C.	X	A	DM	(62)			50	5	2,5
Areas de cuarentena	X	A	A	(63)			100	15	15
Disposiciones Finales	X	A	DM	(64)			50	5	2,5
Responsabilidad por Disposiciones Finales	X	A	A	(65)			100	5	5
Pedidos de Acción Correctiva	X	A	DM	(66)			50	10	5
Listado de P.A.C.	X	NE	NE	(67)			0	5	—

Figura 7,12. Lista de chequeo de evaluación (completa). Página 3.

156   ASEGURAMIENTO DE CALIDAD. ISO 9000

	Lista de Chequeo de Evaluación						Hoja 4/4

Proveedor				Nivel	Fecha / /		

Requerimiento	X	P	E	Observaciones	%	Ptos.	Puntos asign.
Proced. manipuleo, preserv. almacenam. y expedición	X	A	A	(68)	100	10	10
Archivo de registros	X	A	A	(69)	100	10	10
Permanencia en archivo	X	A	A	(70)	100	3	3
Emisión de certificado de calidad	X	NE	NE	(71)	0	5	0
Auditorías	X	NE	NE	(72)	0	15	0
Programa de Auditoría	X	NE	NE	(73)	0	15	0
Calificación de personal	X	NE	NE	(74)	0	15	0
Informe de Auditoría	X	NE	NE	(75)	0	15	0
Perfil requerido para los puestos	X	NE	NE	(76)	0	10	0
Perfil del personal	X	NE	NE	(77)	0	10	0
Listado de cursos	X	NE	DM	(78)	0	7	0
Formación de legajo	X	NE	DM	(79)	25	5	1,25
Certificados de capacit.	X	NE	DM	(80)	25	5	1,25
Asistencia preventa						7	—
Asistencia posventa						7	—
Manuales de operación						3	—
Manuales de mantenimiento						3	—
Provisión de repuestos						7	—

Observaciones

Sumatoria (Descontar los NA)	711	393,5
	x	Z

Cociente $\dfrac{Z}{x}$ = 0,553

% Cumplim.: 55,3

Calificación:
    Potencial

Figura 7,12. Lista de chequeo de evaluación (completa). Página 4.

CAP. 7 — COMPRAS

A continuación se explicarán las razones para asignar cada grado de cumplimiento, en asociación con cada dato relevado.

En principio se debe aclarar que se presentan situaciones en las que el planeamiento no existe como requerimiento, sino solamente como ejecución, como sucede con el Manual de Calidad. Estos casos están marcados con un asterisco (*) en la columna de "observaciones" de la Lista de Chequeo de Evaluación. Dada la situación, se debe asignar "adecuado" (virtualmente) al grado de satisfacción al "planeamiento"; de lo contrario, se estaría disminuyendo el porcentaje de satisfacción por una situación distinta de la buscada y, por otro lado, satisfecha.

Generalmente, en la columna de "observaciones" se incluyen los comentarios que ayudarán a los evaluadores a recordar una situación; en este caso, se han incorporado los números que servirán como referencia para la explicación de cada asignación.

1 y 2. Por lo antedicho, tanto al Manual de Calidad como al de Procedimientos se los ha considerado adecuados en el planeamiento y en la ejecución (A - A = 100 %).

3. En el Manual no existe un lugar previsto para la firma (planeamiento = no existe), ni tampoco está firmado por la máxima autoridad (ejecución = no existe) (NE - NE = 0 %).

4. No existen evidencias de que esté planificada la revisión periódica del Manual, como tampoco de la intervención de los directivos en esta actividad; no obstante, la revisión fue efectuada (NE - DM = 25 %). Aquí, la ejecución debe mejorar porque se carece de la orden escrita por los directivos para efectuar la gestión.

5. No se encuentra planificado el control del Manual de Calidad, a pesar de lo cual, según el punto 8 de los Datos del Ejercicio, la distribución se efectúa de acuerdo con lo establecido en el procedimiento de Control de Documentos (NE - NE = 0 %).

6. Al organigrama le faltan solamente las líneas de comunicación entre sectores; correspondería DM - DM, según la intersección en la tabla de un 35 %, pero como lo que falta es relativamente poco, se le asigna un porcentaje mayor tomado de los recuadros vecinos; entonces (DM - DM = 50 %).

7. La descripción de funciones y responsabilidades llega al nivel requerido (A - A = 100 %).

8. La norma API y el perfil requieren Verificación o Revisión de Contrato, la carencia de datos, en este caso (en la realidad la carencia de un dato en las notas de los evaluadores no implica la inexistencia de evidencias en el proveedor y puede tratarse sólo de un olvido de los evaluadores) (este concepto se aplicará en todos los casos en que en este ejercicio no se disponga de datos), se considerará como (NE - NE = 0 %).

158   ASEGURAMIENTO DE CALIDAD. ISO 9000

9. El proveedor no dispone de un procedimiento de Control de Literalidad, pero de todas maneras efectúa la gestión (NE - A = 40 %).

10. La generación de evidencias objetivas para el Control de Literalidad está planificada, pues existe un sello para este uso y es aplicado consistentemente, pero al no existir un procedimiento, el uso del sello está planificado a medias; por lo tanto (DM - A = 70 %).

11 y 12. Estas gestiones están planificadas y ejecutadas satisfactoriamente (A - A = 100 %).

13. Este punto ha sido anulado dado que, pese a que los evaluadores lo habían incluido en el perfil, sólo figuraba como alternativa al uso de remitos.

14. Esta gestión está planificada y ejecutada satisfactoriamente (A - A = 100 %).

15. La planificación de esta tarea es correcta, pero la ejecución es insatisfactoria, considerándose que resulta muy grave que el personal no destruya los documentos obsoletos, motivo por el cual este requerimiento es penalizado; por lo tanto, en lugar del 50 % que le correspondería según el casillero de la tabla, se lo considerará (A - DM = 35 %).

16 y 17. Estas actividades resultan satisfactorias tanto en el planeamiento como en la ejecución (A - A = 100 %).

18. La empresa ha aplicado un procedimiento de evaluación de proveedores por antecedentes, pero lo ha aplicado a proveedores habituales, respecto de quienes ya tenía experiencia en el uso y rendimiento de sus productos; por lo tanto, no fue necesario evaluar el producto, de manera que le corresponderá (A - A = 100 %). Esta situación puede modificarse con el correr del tiempo y, si el proveedor tuviera que evaluar a otra empresa, de cuyos antecedentes no dispone, debería someter a ensayos una muestra; si ésta resultara aprobada, debería mantener bajo monitoreo el producto adquirido, hasta obtener información que le permita aplicar el procedimiento de evaluación correspondiente.

19. Esta actividad resulta satisfactoria tanto en el planeamiento como en la ejecución (A - A = 100 %).

20. Ver punto 18.

21. No se efectúa el control de órdenes de compras tal como lo establecen las normas, ni tampoco está planificado (NE - NE = 0 %).

22. En este caso, los requisitos especiales de las materias primas y los insumos quedan establecidos mediante codificación (por ejemplo, en los aceros y aceites, el requisito correspondiente a la norma SAE), de manera que, aunque los evaluadores lo hayan considerado necesario *a priori*, duante el relevamiento tomaron conocimiento de la situación y desestimaron la aplicación de este requisito.

CAP. 7 — COMPRAS

23. Aquí, el hecho de que el proveedor de alambrón "tenga la costumbre" de incluir una tarjeta con el número de colada, no libera al fabricante de cables de incluir una cláusula en la orden de compras que establezca este requerimiento fundamental (NE - NE = 0 %).

24 a 29. Estas actividades resultan satisfactorias tanto en el planeamiento como en la ejecución (A - A = 100 %).

30. Esta actividad no se encuentra ni planeada ni ejecutada (NE - NE = 0 %).

31. Esta actividad resulta satisfactoria tanto en el planeamiento como en la ejecución (A - A = 100 %).

32 a 34. Estas actividades no se encuentran ni planeadas ni ejecutadas (NE - NE = 0 %).

35 y 36. Estas actividades resultan satisfactorias tanto en el planeamiento como en la ejecución (A - A = 100 %).

37. Esta actividad no se encuentra ni planeada ni ejecutada (NE - NE = 0 %).

38 a 40. Estas actividades resultan satisfactorias tanto en el planeamiento como en la ejecución (A - A = 100 %).

41. Este requerimiento se encuentra establecido en el P.I.E., pero no se efectúa. Los evaluadores consideran que ésta es una falta grave y, en consecuencia, en lugar del 20 % que le correspondería, le asignan (A - NE = 10 %).

42 a 48. Según los datos relevados (ver 49; 50), se dispone de un procedimiento de Inspección Final que no contempla todas las actividades de esta gestión; por otro lado, no hay evidencias objetivas de su aplicación, de manera que corresponderá (DM - NE = 10 %).

49 y 50. Del Pedido de Acción Correctiva se toma conocimiento de que el procedimiento de Inspección Final no incluye la verificación de los registros y del P.I.E.; corresponderá, entonces (NE - NE = 0 %).

51. El programa de calibración no incluye los micrómetros incorporados en los últimos tiempos, de donde se concluye (A - DM = 50 %).

52. Este documento no se encuentra ni planeado ni ejecutado (NE - NE = 0 %).

53. Los micrómetros mencionados en el punto 51 no se encuentran marcados (A - DM = 50 %).

54 y 55. Estas actividades resultan satisfactorias tanto en el planeamiento como en la ejecución (A - A = 100 %).

56 a 58. A pesar de ser requerido en el procedimiento de calibración, los patrones y los micrómetros no cuentan con certificados de calibración; los micrómetros carecen de ficha de calibración y no están incorporados al inventario; corresponderá, entonces (A - DM = 50 %).

ASEGURAMIENTO DE CALIDAD. ISO 9000

59. Respecto de los hallazgos de los micrómetros se deberían haber iniciado Acciones Correctivas para subsanar esta desviación; al no tener lugar esta gestión, corresponderá (A - NE = 20 %).

60. En el dato número 13, se menciona que sobre las materias primas que ingresan a la empresa se colocan etiquetas para la identificación del material y del estado de inspección. Esta indicación no se utiliza en los semielaborados ni en los productos terminados; tampoco está establecido su uso por un procedimiento escrito, de manera que corresponderá (NE - DM = 25 %).

61 y 62. Debido al hallazgo de artículos no conformes sin sus correspondientes informes (por lo que tampoco se han incorporado al Listado de Informes de No Conformidad), corresponderá (A - DM = 50 %).

63. El hecho de que se hayan encontrado artículos en No Conformidad fuera del área de cuarentena no implica que no haya planificación o no se esté utilizando correctamente. Ver el dato número 26. Corresponderá, entonces (A - A = 100 %).

64. Al no contarse con los informes mencionados en el punto 61, no fueron establecidas las Disposiciones Finales correspondientes a este caso; por lo tanto (A - DM = 50 %).

65. Esta actividad resulta satisfactoria tanto en el planeamiento como en la ejecución (A - A = 100 %).

66. El Pedido de Acción Correctiva por la modificación del procedimiento de Inspección Final no ha sido resuleto, de manera que corresponderá (A - DM = 50 %).

67. Este documento no se encuentra ni planeado ni ejecutado (NE - NE = 0 %).

68 a 70. Estas actividades resultan satisfactorias tanto en el planeamiento como en la ejecución (A - A = 100 %).

71 a 77. Estas actividades no se encuentran ni planeadas ni ejecutadas (NE - NE = 0 %).

78. Al no existir un procedimiento de capacitación, el listado de cursos no se encuentra planificado, pero sí se encuentra ejecutado, aunque parcialmente, pues no incluye al personal de Inenería de Producto; por lo tanto (NE - DM = 25 %).

79 y 80. El legajo de capacitación se encuentra incompleto, pues no contiene los certificados del personal de Producción que ha participado en cursos, según surge del listado respectivo; corresponderá, entonces (NE - DM = 25 %).

CAP. 7 — COMPRAS

6. DETERMINACION DE LA CALIFICACION

La sumatoria del puntaje máximo (excluido el valor de las preguntas no aplicables) es de 711 puntos, mientras que la sumatoria de los puntos obtenidos es de 393,5 puntos.

El cociente entre el puntaje obtenido y el puntaje máximo es de 0,546; de donde se concluye que el porcentaje de cumplimiento de los requerimientos establecidos resulta ser del 55,3 %. Este valor se encuentra entre el 30 % mínimo para ser considerado como proveedor potencial y el 80 % mínimo como para ser aprobado como proveedor calificado. Por lo tanto, según el método I, le correspondería al proveedor la categoría de potencial hasta tanto sea reevaluado.

Aplicación del método II

1. EVALUACION DE CALIDAD

Como se puede observar en el cuestionario de evaluación, el proveedor ha merecido los siguientes valores:

Pregunta	Porcentaje	Valor máx.	Valor obtenido	Valor mín. admisible
VI,1.	100	8	8	7
VI,2.	100	5	5	4
VI,3.	100	7	7	6
VI,4.	80	7	5,6 ==> 0	6
VI,5.	0	7	0	6
VI,6.	100	5	5	4
VI,7.	90	5	4,5	3
VI,8.	80	6	4,8	4
Totales			34,3	40

162 ASEGURAMIENTO DE CALIDAD. ISO 9000

	Cuestionario de Evaluación	**Proveedor Nro.**

I	Razón social	
	Ramo	Antigüedad c/proveedor

II Direcciones

Ofic./Plantas	Calle	Nro.	Piso	Ciudad	C.P.	Teléfono/Télex/Fax

III	Contacto	Apellido y nombres	Puesto	Teléfono

V Capacidad de producción

Mensual/Diaria/Horaria	Tamaño	Peso

IV Personal   Producción   Control de Calidad

	Ingenieros	Técnicos	Obr. espec.	Total	Ingenieros	Técnicos	Total
Propios							
Contratados							

VI Control de Calidad

	Pregunta	Porcentaje
1.	¿Cuenta con personal que efectúe exclusivamente Control de Calidad?	100
2.	¿El personal está capacitado?	100
3.	¿Se utilizan planes de inspección y ensayo?	100
4.	¿Se registran los resultados de las inspecciones y ensayos?	80
5.	¿Se segregan y/o identifican los artículos en disconformidad?	0
6.	¿Se trabaja bajo normas?	100
7.	¿Los criterios de aceptación se encuentran a disposición del personal?	90
8.	¿Se contrastan y calibran los equipos e instrumentos de medición y ensayo?	80

VII	Observaciones:

Figura 7,13.

CAP. 7 — COMPRAS **163**

Como se puede observar, éste es un método de simple aplicación, pero que castiga muy severamente los incumplimientos.

Los porcentajes han sido asignados de acuerdo con la información provista por los datos del ejercicio aplicados al Método I. De esta manera ha resultado:

a) Para la pregunta VI,1, se ha supuesto que se cuenta con personal exclusivo para control de calidad dado que en el dato 29 se menciona al "Departamento de Calidad" y al "personal de Calidad"; por lo tanto, se le asignó un 100 % de cumplimiento.

b) Del mismo dato 29, se colige que el personal se encuentra capacitado, correspondiéndole a la pregunta VI,2 un 100 % de cumplimiento.

c) Del dato 18 se conoce que la empresa aplica Planes de Inspección y Ensayo, por lo tanto se le ha asignado un 100 % de cumplimiento a la pregunta VI,3.

d) En relación con el hallazgo de artículos en No Conformidad, para los cuales no se habían elaborado los Informes de No Conformidad, se puede considerar que no todos los resultados de inspecciones y ensayos son registrados; por lo tanto, a la pregunta VI,4 se le asignó un 80 % de cumplimiento. En este caso en particular, teniendo en cuenta que el método establece que, cuando el producto del valor decimal correspondiente al porcentaje por el valor máximo asignable a cada pregunta resulta ser inferior al mínimo admisible, se asignará cero (0) puntos a esa pregunta.

e) Dado que los artículos en No Conformidad de los que se habló en el punto anterior, no se encontraban en el área de cuarentena, se le asignó un 0 % de cumplimiento a la pregunta VI,5.

f) La empresa aplica las normas ISO y las API, de manera que corresponde un 100 % de cumplimiento a la pregunta VI,6.

g) De acuerdo con el dato 8, se han detectado tres documentos obsoletos entre los vigentes. Si bien se puede decir que los criterios de aceptación están a diposición del personal que los tiene que aplicar, el hecho de contar también con documentos obsoletos posibilita la utilización equivocada de esos criterios, de manera que se penaliza esta pregunta restándole un 10 %, resultando 90 % de cumplimiento para la pregunta VI,7.

h) De los micrómetros mencionados en el dato 22 no se poseen evidencias objetivas de su calibración; por lo tanto, a la pregunta VI,8 se le asignó 80 % de cumplimiento.

Aquí podría suspenderse la evaluación del proveedor, puesto que su puntaje en calidad no alcanza al mínimo obligatorio para ser calificado, pero a los efectos de presentar el ejercicio completo se continuará con la aplicación del método.

2. CUMPLIMIENTO DE OBLIGACIONES

Del dato 32 se desprende que el proveedor no está cumpliendo con todos los plazos de entrega, y, en consecuencia, le corresponderán solamente 12 puntos sobre los 25 posibles.

3. PRECIO

Aquí se deberá aplicar la fórmula:

$$Ps/r = \frac{1 - \dfrac{\text{precio de plaza}}{\text{precio del proveedor}} \times 100}{2,5} = \frac{1 - \dfrac{780}{700} \times 100}{2,5} = -4,57$$

Este valor puede asimilarse a -5, resultando que, por ser negativo, se sumará a los 10 puntos correspondientes a la paridad, siendo entonces 15 el valor de este tópico.

4. CONCEPTO

De acuerdo con el dato 34, el servicio prestado por el proveedor fue calificado como del promedio, de manera que se le asginaron 6 puntos. Se puede decir que éste es el concepto más subjetivo de todos los aplicados hasta el momento, de modo tal que el evaluador deberá considerar especialmente su efecto sobre los resultados finales.

5. CALIFICACION

Recurriendo a la tabla de puntaje mínimo para cada tópico se tiene:

	Puntaje mínimo	Puntaje obtenido
Calidad	40	34,3
Plazos de entrega	13	12
Precio	10	15
Concepto	5	6
	68	67,3

Este proveedor no puede ser calificado, a pesar de encontrarse su puntaje total muy cerca del mínimo. Además, esta situación ya la estaban anunciando los resultados de "calidad" y "plazo de entrega". La situación no cambiaría aunque se hubiera alcanzado el mínimo admisible de 68 puntos.

CAP. 7 — COMPRAS

Aplicación del método III

Los datos 32; 33 y 34 serán los considerados para la aplicación de este método. Por lo tanto, mediante las fórmulas se tendrá:

1. CALIFICACION DE LA CALIDAD DEL PRODUCTO

$$CCP = \frac{UASP}{UASP + U_1 P_1 + U_2 P_2} \times 100 = \frac{18}{18 + (1 \times 2) + (1 \times 5) + (3 \times 1)} \times 100 = \underline{64,3}$$

2. CUMPLIMIENTO DE OBLIGACIONES

$$CDP = \frac{URCP}{UR} \times 100 = \frac{0}{23} \times 100 = \underline{0}$$

3. CONCEPTO

$$CS = \underline{60}$$

4. CALIFICACION

Tomando los valores mínimos establecidos para el método se concluye que:

Valores mínimos		Valores obtenidos	
CCP	≥ 80	64,3	No alcanza el mínimo
CDP	≥ 80	0	No alcanza el mínimo
CS	≥ 60	60	Alcanza el mínimo
Total	220	124,3	No alcanza el mínimo

Como se puede apreciar, el proveedor no puede ser calificado porque en dos de los tópicos considerados no alcanza el mínimo.

Se recomienda tener presente que, si bien los resultados del ejercicio dieron como no aprobado al proveedor por los tres métodos aplicados, los datos considerados no necesariamente reflejan la realidad, de manera que si se sometiera un caso real a los tres métodos, cada uno de ellos podrá arrojar resultados que hagan que el proveedor que fue desaprobado por un método resulte aprobado por otro u otros. Esto se debe al dispar grado de detalle que cada uno de ellos tiene en consideración para extraer conclusiones.

CONTROL DE LOS DOCUMENTOS DE COMPRAS

Las normas establecen que se verifique que en el documento de compras se hayan consignado clara y exhaustivamente todos los datos que individualizan al producto o servicio y que determinan su calidad, incluyendo identificaciones, embalajes, protecciones, cuidados durante la carga, transporte, descarga, almacenamiento y norma de calidad que debe cumplimentar el proveedor. Podríamos decir que el "Control de los Documentos de Compras" y la Revisión de Contrato, ya tratada anteriormente, son dos caras de una misma moneda.

En la gestión de compras intervienen varios documentos, como por ejemplo, requerimientos o pedidos de compras, especificaciones de compras, pedidos de precio o cotización, cotizaciones, planillas comparativas de precios, órdenes de compra y sus equivalentes, notas de pedido, notas de entrega, contratos. La pregunta es: ¿a cuáles de estos documentos se debe controlar para dar cumplimiento a las normas? La respuesta estará dada por la combinación de varios elementos, a saber:

1. El tipo de producto para comprar

    Depende de varios factores: si se trata de un producto industrial o especial, para la adquisición del cual el comprador debe emitir planos o especificaciones; si se trata de un producto estándar al que se selecciona de un catálogo y al que se identifica por un código o un producto, también estándar, al que se compra por la sola mención de la marca.

2. El origen del producto

    Dependerá de si se trata de productos nacionales o importados. En el caso de ser nacionales dependerá de la localización del proveedor respecto del comprador, es decir, de la distancia y de las vías de comunicación. En el caso de productos importados incidirá toda la gestión y documentación para la importación, los costos de traslado y seguros, etcétera.

3. El volumen a comprar

    En algunos casos influirá sobre el volumen físico, en otros sobre el monetario y en otros sobre ambos.

4. La organización de la empresa compradora depende de la disponibilidad de personal para involucrarlo en la gestión, y de las relaciones o interfases entre las distintas áreas.

5. El nivel de calificación del proveedor.

La consideración de todas estas variables afectará la confección del procedimiento de compras, en el que se deberá establecer qué documentos intervendrán en la gestión de compras y cuáles serán controlados desde el punto de vista de la calidad.

En principio, podemos decir que el control de la orden de compra, como documento que formaliza el acuerdo o compromiso entre el comprador y el vendedor, deberá ser una constante; lo que variará será la extensión del control. Por ejemplo, si este documento contuviera todos los datos de identificación del producto, requerimientos de calidad, embalaje, protección, identificación, forma de entrega, etc., éstos se someterán a control; en cambio, si la empresa emite y adjunta, a cada orden de compra, una especificación de compras, materia prima o insumo —según se la llame—, solamente se deberá controlar

CAP. 7 — COMPRAS

167

que en la orden de compra se hayan incluido el código correcto de identificación de la especificación y el estado de revisión.

Mediante el cursograma de una gestión muy simplificada de compra de un producto industrial que necesita ser especificado por el comprador, podremos indicar las posibles instancias de control de los documentos.

Referencias	
RC	Requerimiento de compras
ESP	Especificación o plano
PC	Pedido de cotización
C	Cotización
PCP	Planilla comparativa de precios
OC	Orden de compra
1.	Detección de la necesidad y elaboración del requerimiento de compra.
2.	Análisis del RC por parte del jefe del usuario.
a)	¿Aprueba el documento?
3.	Envío del RC a Compras.
4.	Pedido de especificaciones a Ingeniería.
5.	Envío de las ESP.
6.	Consulta del fichero de proveedores calificados, elaboración de los pedidos de cotización y envío a los proveedores, habiendo adjuntado las ESP.
7.	Recepción de los PC y envío de la cotización.
8.	Recepción de las cotizaciones, análisis de los contenidos y selección de aquellas que cumplen los requisitos.
b)	¿Cuáles cumplen los requisitos?
9.	Confección de la planilla comparativa de precios.
c)	¿Cuál es el precio más conveniente?
10.	Adjudicación de la compra y elaboración de la orden de compra.
11.	Control de la inclusión de los requerimientos de calidad.
d)	¿Se incorporaron todos los datos y son correctos?
12.	Aprobación de la OC.
13.	Firma de la OC por parte del Gerente de Compras y envío al proveedor.

La evidencia objetiva más simple de la ejecución de esta tarea sería la incorporación de una firma por parte del personal autorizado; no obstante, en la mayoría de los casos, las empresas son remisas a hacer firmar estos documentos. Así, un sello de uso exclusivo para estos documentos es lo que generalmente se utiliza; por supuesto, el uso y tenencia de estos sellos se limita al responsable por la aprobación del documento. Esta evidencia podría asentarse también en un documento aparte, pero esto sólo resultaría práctico en el caso de ciertos contratos sobre los que no resultara conveniente incorporar sellos o firmas, fuera de aquellas específicamente necesarias.

168 ASEGURAMIENTO DE CALIDAD. ISO 9000

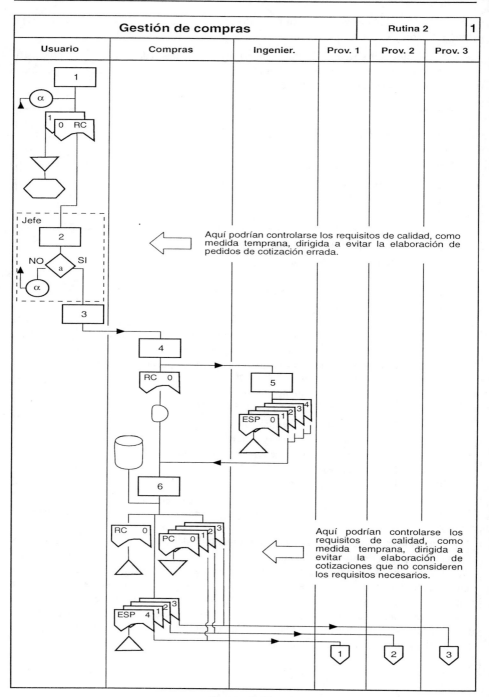

Figura 7,14.

CAP. 7 — COMPRAS 169

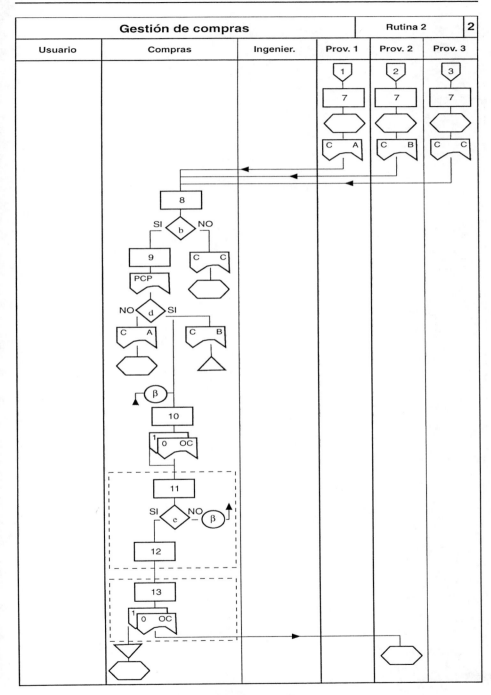

Figura 7,14 (continuación).

Capítulo 8

Productos Suministrados por el Comprador

TEXTO DE LA NORMA ISO 9001

El proveedor debe establecer y mantener procedimientos documentados para el control de verificación, almacenamiento y mantención del producto suministrado por el cliente, entregado para incorporarlo en los suministros o para actividades relacionadas. Se debe registrar e informar al cliente en caso de que un producto se pierda, se dañe o resulte inapropiado de cualquier otra forma para su uso.

La verificación por parte del proveedor no exime al cliente de la responsabilidad de entregar producto aceptable.

Comentario

Este requerimiento es aplicable solamente en aquellos casos en que una empresa recibe artículos para su uso, montaje o procesamiento, que le son entregados por su cliente. De esta manera, esos artículos no integran su inventario sino el del cliente, es decir, no se consideran como patrimonio propio, motivo por el cual la empresa no puede disponer de ellos sin autorización expresa del cliente.

Ejemplo de estos casos son los servicios de llenado de recipientes, tal como sucede en algunas empresas que fabrican pomos de plástico extruidos y reciben productos líquidos a granel fabricados por su cliente; su actividad incluye no sólo la fabricación del pomo para su cliente sino el llenado, embalado y entrega. Otro caso lo constituyen los talleres que prestan servicios mecánicos para terceros, para los cuales reciben materia prima o artículos pertenencientes al cliente, o el préstamo de instrumentos de uso específico para brindar servicios esporádicos; la compra de esos instrumentos por parte del proveedor resultaría muy onerosa y no justificada plenamente. También serviría como ejemplo el caso de las empresas de transporte.

172 ASEGURAMIENTO DE CALIDAD. ISO 9000

El destino de los artículos rechazados por la Inspección de Recepción, en Proceso o Final, el de los sobrantes, desperdicios, etc., deberá ser comunicado con precisión a su propietario, que es el cliente. Esto no sucede cuando los artículos pertenecen al fabricante.

También debe ser informada inmediatamente cualquier novedad que se registre durante el almacenamiento o el transporte de esos artículos.

En algunos casos se requiere la emisión de procedimientos específicos para la administración y tratamiento de los artículos rechazados por la Inspección de Recepción. En oportunidades, el cliente se reserva el derecho de participar en la aprobación de estos procedimientos.

Todas las comunicaciones deberían efectuarse por escrito, de manera de contar con evidencia objetiva de su emisión, oportunidad, situación e interviniente.

En todos los casos debería tenerse presente que:

1. El cliente, y no el fabricante, es responsable por la calidad de los productos que provee.

2. El fabricante es responsable por:

   a) la verificación del material (cantidad, identificación, daños provocados por el manipuleo y transporte y el registro de las condiciones de recepción);

   b) el almacenamiento en condiciones de preservación;

   c) la aplicación —como mínimo, durante el proceso o el uso y hasta la entrega al cliente— de los mismos controles y cuidados que aplica para sus propios productos;

   d) la información por escrito al cliente respecto de cualquier pérdida, merma no prevista, daño, discrepancia entre el producto consignado en la documentación y el producto recibido, etcétera;

   e) la elaboración y presentación de los balances de materiales, cuando esto le sea requerido.

A continuación, mostramos un ejemplo del documento utilizado para efectuar los balances de materiales.

Balance de masas

Cliente | **Orden de compra**

Plano:

Remito del cliente	Rechazado						Aprobado			Total por remito
	En bruto Kg.	En elabor. Kg.	Teórico de viruta %	Teórico de viruta Kg.	Terminado Kg.	Teórico de viruta %	Teórico de viruta Kg.	Terminado Kg.		
Nro.: Kg.:										
Nro.: Kg.:										
Nro.: Kg.:										
Nro.: Kg.:										
Nro.: Kg.:										
Nro.: Kg.:										
Nro.: Kg.:										
Nro.: Kg.:										
Nro.: Kg.:										
Nro.: Kg.:										
Nro.: Kg.:										

Figura 8,1.

174 — ASEGURAMIENTO DE CALIDAD. ISO 9000

Según el tipo de obra, la fabricación, los costos involucrados, etc., la cantidad de documentos utilizados para la administración de estos elementos puede ser ampliada, siempre y cuando se justifique. Un ejemplo de estos documentos, que adicionan orden y claridad a la gestión, lo constituyen el Informe de Recepción (figura 8,2), el Plan de Inspección Recepción (figura 8,3), que sirve como guía y registro para efectuar la inspección antes de su aceptación, y que debiera ser preparado antes de la actividad de inspección, y el remito de elementos (figura 8,4), que se aplicaría en todas las oportunidades en las que un elemento provisto por el cliente debiera ser devuelto.

TECHINT		**Informe de Recepción** (elementos suministrados por el cliente)	**P S C Nro.:**
Contrato:			**Orden de entrega/remito:**
Elemento:	**Identificación:**		**Planos/Especificaciones:**
Documentación de referencia:			

Condición a ser verificada	Req.	Apr.	Obs.	Observaciones
Liberación por la inspección del proveedor	☐	⌐	⌐	_____
Documentación provista por el proveedor	☐	⌐	⌐	_____
Identificaciones/marcaciones	☐	⌐	⌐	_____
Protecciones coberturas	☐	⌐	⌐	_____
Daños por mal embarque	☐	⌐	⌐	_____
Propiedades químicas	☐	⌐	⌐	_____
Propiedades físicas	☐	⌐	⌐	_____
Ausencia de humedad	☐	⌐	⌐	_____
Daños físicos	☐	⌐	⌐	_____
Lubricación	☐	⌐	⌐	_____
Dimensiones	☐	⌐	⌐	_____
Limpieza	☐	⌐	⌐	_____
Holiday	☐	⌐	⌐	_____
	☐	⌐	⌐	_____
	☐	⌐	⌐	_____

Referencias

Observaciones _____

_____

_____

Firma   / / Fecha

Figura 8,2.

CAP. 8 — PRODUCTOS SUMINISTRADOS POR EL COMPRADOR

175

TECHINT		Plan de Inspección de Recepción					P I R Nro.:

Obra:		Plano/Especificación Nro.:	Pág. de /
Proveedor:		Orden de compra Nro.:	

Nro.	Características a inspeccionar	Registro Nro.	EP (*)	PT (*)	ET (*)	Observaciones

(*) EP: ejecuta el proveedor sin la presencia de los inspectores de Techint.
PT: ejecuta el proveedor con la presencia de los inspectores de Techint.
ET: ejecutan los inspectores de Techint.

Rev.	Descripción	Ejecutó	Controló	Aprobó

Inspector	Recepción final en obra		Observaciones:
	Informe Nro.: Fecha Firma / /		

Figura 8,3.

![TECHINT]		Remito de Elementos			R D E Nro.:
Contrato:					**Pág.** de /
De: Techint S.A.			a:		
Nro.	**Plano**	**Rev.**	**Identificación**	**Cantidad**	**Observaciones**

Observaciones:

Techint	Receptor
Firma	Firma
Fecha / /	Fecha / /

Figura 8,4.

Capítulo 9

Identificación de Productos y Rastreabilidad

TEXTO DE LA NORMA ISO 9001

Cuando sea apropiado, el proveedor debe establecer y mantener procedimientos documentados para identificar el producto, a través de medios adecuados, desde que lo recibe y durante todas las etapas de producción, despacho e instalación.

Cuando y en la medida en que la trazabilidad sea un requisito especificado, el proveedor debe establecer y mantener procedimientos documentados para la identificación única del producto individual o de lotes. Esta identificación debe ser registrada.

Comentario

IDENTIFICACION

En primera instancia debemos aclarar la diferencia entre *identificación* y *marcación*.

La *identificación* está estrechamente relacionada con el reconocimiento; resulta suficiente con *reconocer la identidad* de algo o de alguien. La identificación de los productos se efectúa a través de la documentación que da cuenta de ellos, es decir, debe haber una relación biunívoca entre el documento y el objeto en él descripto. Para ello se suelen mencionar en los documentos las características distintivas de los objetos, y se les asigna un código.

En ocasiones, resulta conveniente transferir ese código identificatorio a los objetos, por medio de cuños, pintura, lápices eléctricos, colocación de tarjetas, rótulos, etc.; esto es lo que denominaremos *marcación*.

178 ASEGURAMIENTO DE CALIDAD. ISO 9000

Deberá tenerse mucho cuidado tanto al seleccionar el medio de marcación como al determinar qué artículos o productos serán marcados. Teniendo en cuenta que las normas requieren la identificación, la marcación resulta accesoria, como una ayuda para la identificación y no como un requisito establecido por la norma. Por esto deberá analizar cada caso para desarrollar un procedimiento de identificación que resulte práctico.

El relato de un caso concreto ilustrará al lector respecto de la necesidad de tener en cuenta lo antedicho.

En el montaje de una planta industrial en la cual el tendido de cañerías *(piping)* constituía el mayor porcentaje de la instalación, se había elaborado un procedimiento de identificación en el cual se establecía que la totalidad de los artículos serían marcados, pintándoles un código compuesto por dos letras y cinco dígitos.

El procedimiento había sido confeccionado durante la etapa de desarrollo de la oferta. Cuando se ganó la licitación y se comenzaron las tareas de montaje, la empresa contratista se encontró con que, de acuerdo con lo pactado, se marcaría cada uno de los accesorios para cañerías que se encontraban dentro de tres containers (la mayoría de los accesorios variaban entre 1/2" y 4"). Recién aquí el contratista consideró el compromiso que había adquirido inadvertidamente (por supuesto, en el apuro de la presentación de la oferta, la confección del procedimiento había resultado fácil y demandado poco tiempo).

El cumplimiento de un compromiso tal imponía que varios operarios pasaran días, pincel en mano, pintando los códigos, con el consiguiente incremento de los costos y, lo que era peor, el atraso en el montaje, pues ningún accesorio podía ser montado hasta que estuviera marcado. Aquí comenzó una etapa de negociaciones con el cliente. Se arribó a un acuerdo mediante el cual solamente los grandes componentes, tales como recipientes, bombas, filtros, compresores, etc., serían marcados. Los accesorios serían identificados tal como lo requieren las normas, es decir, a través de la documentación. De esta manera, sobre los planos isométricos se agregaría, durante la etapa de ejecución de la obra, una indicación asociada a cada accesorio, mediante la cual se podría identificar el container del cual procedía cada uno de ellos; como cada uno de los containers contenía una chapa de identificación en su exterior, una lista de materiales en su interior y se disponía de una copia en manos del contratista y de otra en las del cliente, la tarea resultó más sencilla y económica.

Por otra parte, deberá cuidarse la elección del medio de marcación a utilizar. Se debe tener en cuenta no sólo el tipo de artículo que se ha de marcar, sino también el uso que se le habrá de dar, el proceso en el que intervendrá, el medio ambiente en el que permanecerá, el trato al que será sometido durante las tareas de montaje, uso, mantenimiento, etcétera.

Por ejemplo, en la industria nuclear se utilizan elementos de acero inoxidable en procesos sumamente corrosivos. Las paradas de planta para efectuar reparaciones resultan complicadas, y en ciertas ocasiones, imposibles, de manera que deberán preverse todas las situaciones para evitarlas. El lector se preguntará en qué puede influir una marcación en una instalación nuclear: en un ambiente altamente corrosivo, la impronta con cantos vivos que produce un cuño facilita la acción de los agentes corrosivos, lo mismo que el uso de

CAP. 9 — IDENTIFICACION DE PRODUCTOS Y RASTREABILIDAD   179

pinturas conteniendo halógenos, de manera que la elección del medio deberá recaer en aquel o en aquellos que eviten las condiciones que posibiliten el progreso de la corrosión.

En los talleres de calderería puede verificarse cómo una inscripción con tiza sobre una chapa de acero al carbono produce una corrosión de la superficie cubierta por la tiza, más rápida y profunda que en el resto de la superficie.

En una plataforma *off-shore*, por ejemplo, se deberá tener en cuenta la salinidad del aire, ya que estas plataformas se instalan en mar abierto.

En último término, mencionaremos lo simple que resulta el uso de tarjetas o etiquetas; pero en ciertas oportunidades resulta poco práctico, debido a la poca resistencia de los elementos a la intemperie, al manipuleo y a la suciedad. No obstante, en los casos en que esas condiciones no se presentan, está muy difundido el uso de tarjetas colgadas, pegadas o introducidas en sobres.

En cuanto al tipo de identificación, podrá ser única o colectiva y variará de acuerdo con el producto, la documentación y el proceso de fabricación. En algunos casos la identificación coincidirá con el número de plano, con el número de *batch* o lote, con la fecha de elaboración, etcétera.

En determinados productos de vida perecedera (alimentos, productos químicos y medicamentos), la fecha de fabricación o de vencimiento, asociada a la marca o al fabricante, resultan una efectiva marcación.

La identificación deberá mantenerse durante todas las etapas de fabricación, entrega o instalación. Para ello, el método asumido deberá aplicarse de forma permanente y consistente, estableciendo una cadena que permita la identificación en todas y en cada una de las etapas mencionadas.

Por ejemplo, volviendo al caso de la calderería, en el supuesto de que una chapa cortada para su procesamiento, contuviera una marcación identificatoria, se debería repetir la marcación en cada una de las partes, además de anotar el código identificatorio en la documentación relacionada.

RASTREABILIDAD

La rastreabilidad es la posibilidad de efectuar el seguimiento a través de la cadena documental e identificatoria; se trata de un camino de reconocimiento retrospectivo.

La generación de evidencias identificatorias relacionadas con un producto, en el sentido de avance en su fabricación, producción, construcción o montaje, es conocida con el nombre inglés de *tracking*; la investigación en sentido inverso o "camino de reconocimiento retrospectivo", como dijéramos más arriba, es la rastreabilidad.

Debemos advertir aquí que, aunque en inglés se utilice la palabra *traceability* —cuyo equivalente en castellano sería "traceabilidad" y el concepto implícito en ella sería "el seguimiento de un rastro"—, la reservaremos para el tema de calibración de instrumentos y equipos de medición y ensayos.

Con el objeto de facilitar la rastreabilidad de conjuntos armados con piezas provenientes de distintos orígenes, lotes de fabricación, fechas de fabricación, etc., suele confeccionarse un registro de conjunto (figura 9,1) en el cual se consigna, asociada a cada conjunto, la identificación y/o marcación de cada componente.

Todo elemento deberá ser rastreado desde las instalaciones del cliente o usuario, hasta determinar qué proveedor suministró la materia prima, incluyendo el lote recibido, la fecha de recepción y los certificados de calidad o informes internos de recepción.

En ocasiones contribuyen en gran medida las marcaciones de origen, pero en algunos casos éstas son destruidas con el uso o con el simple acto de desembalar un artículo. De esta manera, deberán ser los documentos los que permitan efectuar la rastreabilidad, en función de las identificaciones que se hayan generado.

Es fundamental establecer los límites (tanto el límite inicial como el final) dentro de los cuales es factible efectuar la rastreabilidad.

En una fundición de acero, que trabaja con chatarra como principal materia prima, será difícil identificar al proveedor de una partida, aun cuando se trate de chatarra clasificada, una vez que se haya mezclado con otras partidas recibidas anteriormente. Un caso similar es el de una fábrica de cemento que recibe sus materias primas de distintas canteras y las almacena en un mismo *box*, haciendo discriminación por materia, pero no por lote.

Un caso típico resulta ser el de las materias primas líquidas recibidas a granel; éstas son descargadas en tanques de, por ejemplo, 1.500 m^3, donde se mezclan con varias partidas anteriores, perdiéndose así toda identificación del proveedor, que sólo podrá encontrarse en los registros.

Por otro lado, en una industria de alimentos que no requieren indicación de fecha de fabricación o vencimiento sobre sus envases, será difícil efectuar la rastreabilidad, una vez que el producto llegó a manos del consumidor.

Desde el punto de vista del proveedor, en el ejemplo de los líquidos a granel, se podrá efectuar la rastreabilidad del producto —aun cuando haya sido descargado en el tanque de 1.500 m^3— para determinar si la documentación evidencia el cumplimiento de las características establecidas; esto estará acotado por las fechas en que el cliente haya recibido la partida y por las que declare haber detectado problemas asociados a la velocidad de consumo, y provocará un cierto grado de incertidumbre, aun en el caso de proveedor único pues, como ya vimos, en el tanque se descargan varias partidas que podrían tener —o no— las mismas características. La rastreabilidad, generalmente, es complementada por el análisis de contramuestras que las empresas químicas suelen conservar por cierto tiempo.

Un ejemplo de gestión de rastreabilidad lo constituye el *diagrama estructura documental* que muestra la figura 9,2, el cual fue desarrollado para una empresa que fabrica aeroventiladores, electrogeneradores eólicos y que mecaniza piezas para terceros.

CAP. 9 — IDENTIFICACION DE PRODUCTOS Y RASTREABILIDAD

Registro de Conjuntos

Pág. de

Elaboró

Denominación

Orden de trabajo	Nro. Identific.	Plano de conjunto	Planos de piezas	Remito	Fecha	Cliente

Figura 9,1.

ASEGURAMIENTO DE CALIDAD. ISO 9000

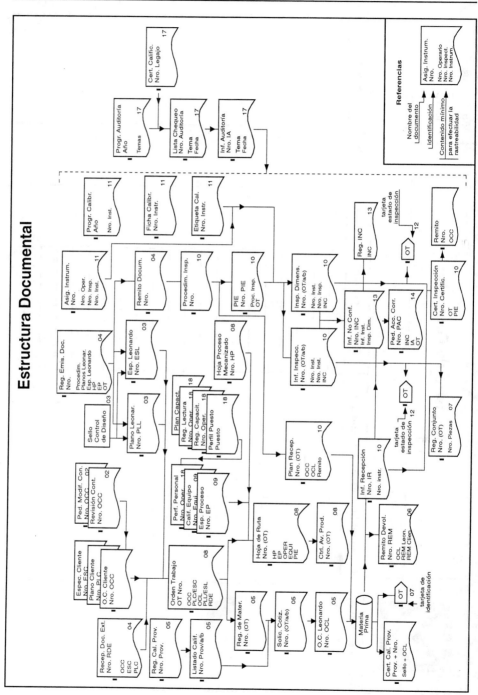

Figura 9,2.

Capítulo 10

Control de Procesos

TEXTO DE LA NORMA ISO 9001

El proveedor debe identificar y planificar los procesos de producción, instalación y servicio que afecten directamente la calidad, y debe asegurar que estos procesos se efectúen bajo condiciones controladas. Las condiciones controladas deben incluir lo siguiente:

a) procedimientos documentados que definan la forma de producción, instalación y servicio, cuando la ausencia de dichos procedimientos pueda afectar adversamente la calidad;

b) uso de equipo adecuado de producción, instalación y servicio, y un ambiente de trabajo apropiado;

c) cumplimiento con normas/códigos de referencia, planes de calidad y/o procedimientos documentados;

d) monitoreo y control de parámetros apropiados del proceso y características apropiadas del producto;

e) aprobación del proceso y del equipo, según corresponda;

f) criterios para la mano de obra, los cuales deben ser estipulados en forma práctica y lo más clara posible (por ejemplo, normas escritas, muestras representativas o ilustraciones);

g) mantención apropiada del equipo para asegurar la continuidad de la capacidad del proceso.

Cuando los resultados del proceso no puedan ser verificados completamente mediante inspección y ensayo del producto, y cuando, por ejemplo, las deficiencias del proceso puedan llegar a ser visibles sólo después de que el producto esté en uso, el proceso debe ser efectuado por operadores calificados y/o debe requerir monitoreo y control continuos de los parámetros del proceso para asegurar que se cumplan los requisitos especificados.

Para cualquier calificación de las operaciones del proceso, deben especificarse los requisitos incluyendo el equipo y personal asociados.

Deben mantenerse registros para procesos, equipo y personal calificados, según corresponda.

Comentario

Existen varias formas de tipificar los procesos. La tipificación que dictaminan las normas, a la que nos referiremos, queda establecida, con ciertas excepciones y a modo de ejemplo, en el siguiente cuadro:

Procesos de fabricación	Comunes	Corte Molienda Torneado Cribado Cepillado Calcinación Armado Mezclado Envasado
	Especiales	Soldadura Tratamientos térmicos Tratamientos superficiales Forjado
Procesos de control	Comunes	Inspección visual Inspección dimensional Pruebas
	Especiales	Radiografiado Ultrasonido Tintas penetrantes Ensayos físicos Análisis químicos

Estos son sólo algunos ejemplos de los procesos abarcados. Con la definición que la norma ISO 8402, suministra sobre los procesos especiales, se aclarará el concepto aplicado para la tipificación. Los procesos comunes serán todos aquellos no abarcados por la definición, que establece:

"Procesos especiales son todos aquellos cuyos resultados son fuertemente dependientes del control del proceso o de la habilidad de los operarios, o de ambos, y en los cuales la calidad especificada no puede ser directamente determinada por inspección o ensayo del producto. Tales procesos incluyen, por ejemplo, soldadura, fundición, forjado, tratamiento térmico, galvanización, protección anticorrosiva, examen radiográfico o ultrasónico, detección de fisuras superficiales, análisis químicos, ensayos de corrosión, ensayos mecánicos, etcétera."

Primeramente tomaremos, como ejemplo de un proceso especial, el caso de la soldadura.

La figura 10,1 nos muestra el esquema del corte de una soldadura. Efectuado el corte sobre un espécimen, se podrán inspeccionar y ensayar algunas características, tales como la toma de dimensiones de las sobremontas, la toma de durezas en distintos puntos, el análisis de viruta, la detección de fisuras por tintas penetrantes, el radiografiado, la determinación de estructura metalográfica, el ensayo de tracción y/o plegado, etc. Pero todo esto, insistimos, se puede efectuar sobre un espécimen elaborado con el propósito de analizarlo y ensayarlo hasta su destrucción; sin embargo, la mayoría de estas inspecciones, análisis y ensayos no se pueden efectuar sobre productos en elaboración o terminados. Tomemos el ejemplo de una esfera para almacenamiento de gas licuado, con espesores de pared de alrededor de 38 mm; aunque parezca innecesario acotarlo, se debe tener presente que no se puede cortar cada cordón de soldadura para verificar si se han satisfecho todos los requerimientos, de manera tal que habrá que calificar el método de soldadura, la habilidad del soldador, y la aptitud del equipo a utilizar, antes de efectuar el proceso sobre el producto.

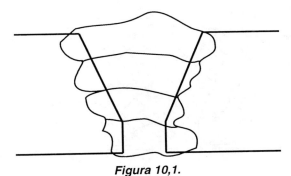

Figura 10,1.

Una vez efectuada una soldadura eléctrica y si no se la ha planificado con anterioridad no podrán conocerse:

— la tensión y corriente aplicados;

— la forma del bisel;

— el diámetro del electrodo y la composición del alambre y del revestimiento;

— la cantidad de pasadas;

— la temperatura de precalentamiento.

Salvo que se destruya la pieza y se someta a análisis y ensayos, tampoco se podrán conocer:

— la composición química, la dureza en el núcleo, la estructura metalográfica "del cordón";

— la composición química, la dureza en el núcleo, la estructura metalográfica "de la zona afectada por el calor".

Es cierto que las soldaduras pueden ser sometidas a ensayos no destructivos para determinar la presencia, o ausencia, de inclusiones, porosidades y fisuras que excedan los límites admisibles, y que las sobremontas pueden ser observadas y medidas; esto no resulta suficiente para valorar el cumplimiento de las características requeridas. En la figura 10,2 pueden observarse los puntos a los que no se puede acceder y las determinaciones que se pueden realizar.

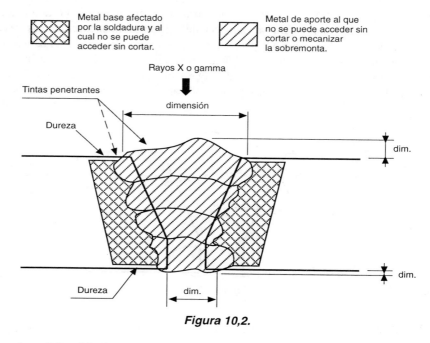

Figura 10,2.

La calificación de un proceso requiere:

a) la elaboración de un procedimiento escrito en el que se establezcan con precisión y exhaustividad todas las características, las condiciones y los parámetros a los que debe responder el proceso, de ser posible, basados en una norma;

b) el establecimiento y el diseño de las inspecciones, los análisis y los ensayos a los que se habrán de someter las probetas, las variables a obtener y sus tolerancias, así como también la provisión de las condiciones y del equipo adecuado para efectuarlos o la decisión de derivarlos a laboratorios externos;

c) la nominación del personal idóneo que monitoreará la ejecución de la calificación;

d) la confección de las probetas;

e) una verificación previa del funcionamiento del equipo a utilizar en la calificación;

f) una verificación preliminar del grado de instrucción, de la experiencia previa y de las condiciones físicas del operario a emplear;

g) la preparación de los documentos en los que se registrarán los resultados.

CAP. 10 — CONTROL DE PROCESOS

187

Antes de decidir calificar un proceso debe establecerse si verdaderamente se trata de un proceso especial. El hecho de que se trate de una soldadura, no en todos los casos resulta ser un proceso especial; los requerimientos de cada caso harán que se la clasifique en una categoría o en otra; por ejemplo, cuando existen requerimientos que establecen la ausencia de fisuras, inclusiones, determinada configuración de las superficies a soldar, un estado metalográfico determinado, etc., se tratará sin duda de un proceso especial, pero en el caso de las soldaduras en sillas de caño de hierro los requerimientos ya enumerados excederían las necesidades, puesto que con una simple inspección visual se podría verificar si la soldadura fue bien realizada o no, lo que hace que este caso no sea considerado como un proceso especial.

Otro ejemplo de proceso especial lo constituyen los tratamientos térmicos. En este caso se deberá establecer el lugar del horno en que cada pieza será ubicada, en función del gradiente de temperatura para cada zona, la posición en que se colocará, una temperatura y un tiempo promedio, etc. Esto es así porque en la mayoría de los casos lo único que se puede hacer, luego de un tratamiento térmico, es una toma de dureza superficial, ignorándose, si no se han efectuado pruebas de calificación previas, los resultados en el núcleo del material, tanto de dureza como de estructura o, inclusive, la dureza superficial en zonas de difícil acceso para los durómetros.

También aquí contamos con ejemplos de tratamientos que resultan ser procesos comunes y no especiales; tal el caso al que es sometido el llamado "lodo" en las fábricas de cemento: el lodo es procesado utilizando un horno rotativo y continuo llamado "de clinkerización" y el producto de salida de este horno consta de unas pequeñas esferas que permiten tomar muestras cada vez que se considere necesario, analizarlas y proceder a la corrección de los parámetros del proceso —esto nos lleva al control estadístico de procesos, tema que desarrollaremos en el capítulo Técnicas Estadísticas—, lo que hace que, en este caso, el tratamiento térmico no sea considerado como un proceso especial. En idéntico concepto se incluye al proceso de cocción de galletitas en una industria alimentaria, ya que a la salida del horno se pueden tomar muestras unitarias del producto y someterlas a inspección.

Por último, tomaremos como ejemplo un tratamiento como la pintura de superficies con requerimientos específicos de adherencia, espesor de capa, resistencia a la corrosión, etc. En este caso, se deberán establecer previamente y probar:

a) los componentes (en caso de pinturas epóxicas), forma de preparación y proporción de la mezcla;

b) el tiempo máximo de vida útil de la mezcla *(pot-life)*;

c) los límites superior e inferior de la temperatura y la humedad ambiente;

d) los límites superior e inferior de la temperatura del sustrato en el momento de aplicar la pintura;

e) la preparación de la superficie a pintar;

f) el espesor de pintura, capa húmeda (en vista de la obtención del espesor indicado para la capa seca, considerando la contracción por secado);

188 ASEGURAMIENTO DE CALIDAD. ISO 9000

g) la cantidad de manos;

h) el método de aplicación, etcétera.

En una superficie pintada se podrá medir el espesor de la pintura seca sin destruirla, pero si no se planificó ni se ensayó previamente no se podrá conocer la adherencia, la resistencia a la niebla salina, el estado de la superficie al momento de ser pintada, las condiciones ambientales de aplicación y secado, la cantidad de manos, el estado de la pintura antes de aplicarla, etcétera.

Como dijéramos más arriba, deben ser calificados tanto el procedimiento como el operario u operador y el equipo. Sin embargo, si ninguno de ellos se encuentra calificado, ¿con cuál empezar? En cuanto al operario u operador, si los antecedentes de capacitación y experiencia requeridos están satisfechos, quedará automáticamente calificado, en caso de que los resultados de calificación del procedimiento fueran satisfactorios. Con respecto al equipo, si la revisación previa de su estado, incluyendo su correcto funcionamiento y la calibración de los instrumentos propios, resultó satisfactoria, también quedará automáticamente calificado, si los resultados de calificación del procedimiento fueron satisfactorios. Esto en cuanto al primer operador y al primer equipo a calificar; luego, para la calificación de un nuevo operador se emplearán un procedimiento y un equipo previamente calificados y, para la calificación de un nuevo equipo se emplearán un procedimiento y un operador ya calificados. También se puede recurrir a entes externos a la empresa que posean operadores y equipos calificados.

Todos los registros elaborados con el objeto de generar las evidencias de las calificaciones, así como los especímenes utilizados, deberán ser archivados por períodos que varían en cada caso.

Lo antedicho para los procesos especiales de fabricación es aplicable en un cien por ciento a los procesos especiales de control, como radiografiado, partículas magnetizables, tintas penetrantes, etcétera.

A continuación, en las figuras 10,3 (a) hasta 10,3 (g), se muestra un ejemplo de procedimiento de soldadura que sirve como base para la calificación.

CAP. 10 — CONTROL DE PROCESOS

Procedimiento de Calificación de Soldadura de Campo

Este procedimiento cubre los requerimientos establecidos en la especificación API 1104 (última edición).

A) Procedimiento: S.M.A.W.

B) Especificación de metal base
   Tipo: API 5L
   Grado: X 42 - X 46 - X 52 - X 56
   Diámetro exterior: > 12 3/4"
   Rango de espesores: Desde 3/16" hasta 1/2"

C) Diseño de la junta

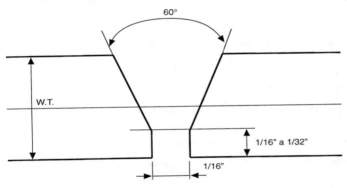

D) Secuencia de soldado (vertical)

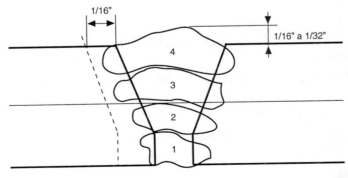

PS 015 - Rev.: 2 - Pág. 1

Figura 10,3 (a).

E) Tipo de electrodo y parámetros

Pasada	Electrodo	Diám.	AMP.	VOLT.	Corr.	Polar
1	AWS-E 6010	1/18	90/110	20/25	DC	+ o -
2	AWS-E 7010-A1	5/32	110/150	20/25	DC	+
3	AWS-E 7010-A1	3/16	140/180	25/32	DC	+
4	AWS-E-7010-A1	3/16	140/180	25/32	DC	+

F) Secuencia de soldadura

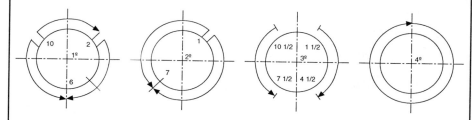

Pasada de raíz   Segunda pasada   Tercera pasada   Ultima pasada

G) Tipo de alineamiento

Se deberán utilizar grapas internas o externas para alinear el diámetro del tubo.

H) Remoción de las grapas de alineación

Las grapas deberán ser removidas después de que el 100 % de la primera pasada haya sido efectuado, si es utilizada una grapa interna, o, después del 50 %, si es usada una grapa externa, bajo la condición de que la pasada número dos sea estrictamente vigilada.

I) Limpieza

I,1. La superficie a ser soldada deberá estar libre de escamas, porosidad, golpes, etcétera.

I,2. Para limpiar la primer pasada deberá emplearse una amoladora.

I,3. Las siguientes pasadas deberán ser limpiadas usando un cepillo giratorio o un cepillo manual.

I,4. Las pasadas internas deberán ser limpiadas con un cepillo giratorio o uno manual.

PS 015 - Rev.: 2 - Pág. 2

Figura 10,3 (b).

CAP. 10 — CONTROL DE PROCESOS

191

J) Tiempo entre pasadas

J,1. La segunda pasada deberá efectuarse antes de transcurridos cinco minutos de realizada la pasada de raíz.

J,2. La tercera pasada y las posteriores deberán ser aplicadas tan pronto como sea posible, pero no deberán superarse las veinticuatro horas de completada la segunda pasada.

K) Procedimiento de reparación de defectos de soldadura

Para remover todo defecto de la pasada de raíz deberá ser utilizado un disco de espesor adecuado. Serán aplicados nuevamente los mismos parámetros de soldadura.

Si la misma soldadura es encontrada nuevamente con defectos, deberá cortarse por oxicorte.

L) Procedimiento de calificación

L,1. Esta calificación deberá satisfacer los requerimientos de la API 1104, última edición.

L,2. El procedimiento deberá ser calificado por ensayos destructivos y no destructivos.

M) Precalentamiento

M,1. El precalentamiento sólo deberá ser realizado a los efectos de secar el agua condensada en la superficie a soldar.

M,2. El precalentamiento deberá efectuarse cuando la temperatura ambiente sea igual o menor a cinco grados celsius.

PS 015 - Rev.: 2 - Pág. 3

Figura 10,3 (c).

192   ASEGURAMIENTO DE CALIDAD. ISO 9000

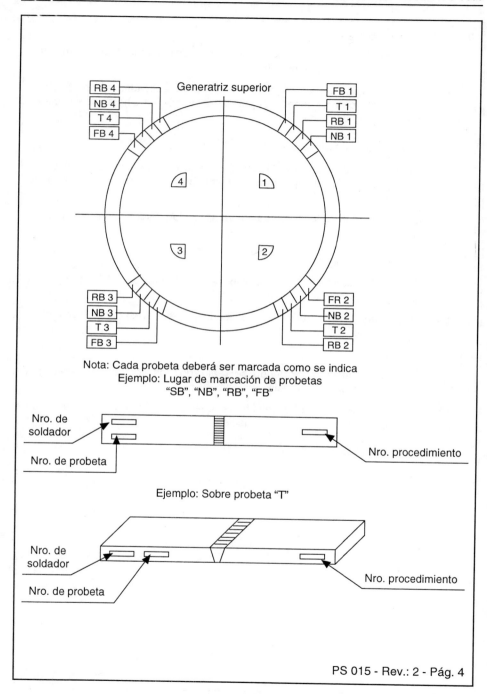

Figura 10,3 (d).

Probeta para tracción

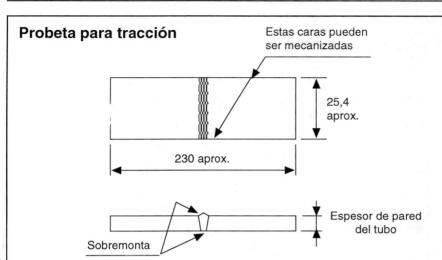

Ninguna de las dos sobremontas debe ser removida.
Los cantos vivos deben ser eliminados luego de cortar las probetas.
Los cantos de las probetas deben ser lisos y paralelos.

Probetas NB

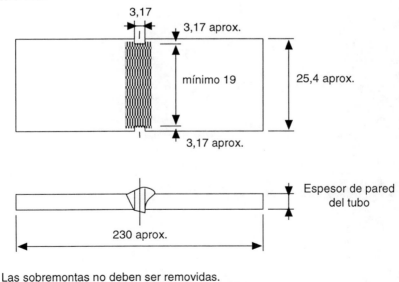

Las sobremontas no deben ser removidas.
La entalladura debe ser efectuada con sierra para metales.

PS 015 - Rev.: 2 - Pág. 5

Figura 10,3 (e).

Probetas RB y FB

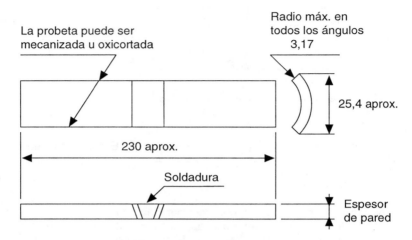

Las sobremontas de ambas caras pueden ser removidas y emparejadas con las caras de la probeta.
Las probetas no deben ser aplanadas antes del ensayo.

PS 015 - Rev.: 2 - Pág. 6

Figura 10,3 (f).

CAP. 10 — CONTROL DE PROCESOS

195

Ensayo Nro.:

Ubicación: Fecha: /   /
Inspector: Posición fija de soldado:
Soldador: Nro.:
Tiempo de soldado:
Condiciones ambientales: Temperatura:
Tipo de máquina de soldar:
Metal de aporte:
Tubo: Pared: Diámetro:

Procedimiento [_____]   Ensayo de calific. [___]   Calificado [___]

Soldador [___]   Ensayo de línea [___]   Descalificado [___]

Costura Nro.	1	2	3	4	5	6	7	8	9	10	11	12	13	14	15	16
Diámetro del electrodo																
Nro. de electrodo																
Duración																
Voltaje																
Amperaje																

Ensayos destructivos

Nro. de probeta	1	2	3	4	5
Dimensión original					
Superifice original					
Carga máxima					
Ensayo de tracción					
Ubicación de la fractura					

Tensión máx.   Tensión mín.   Tensión promedio
Observaciones sobre las probetas
T-1
T-2
T-3
T-4
Observaciones sobre plegados de cara y de raíz
FB-1
FB-2
FB-3
FB-4
RB-1
RB-2
RB-3
RB-4
Observaciones sobre las probetas entalladas
NB-1
NB-2
NB-3
NB-4

Efectuado por   Revisado por   Aprobado por   Fecha
                                                                / /

PS 015 - Rev.: 2 - Pág. 7

Figura 10,3 (g).

196   *ASEGURAMIENTO DE CALIDAD. ISO 9000*

Para los procesos comunes de fabricación será suficiente contar con los Programas de Fabricación, las Ordenes de Trabajo (figura 10,4), las Hojas de Proceso (figuras 10,5 y 10,6), las Hojas de Ruta (figura 10,7) y los programas para control numérico que habitualmente confeccionan los departamentos de Programación y Control de la Producción, para aquellos casos en que el tipo de fabricación o montaje no suministra datos suficientes como para efectuar cálculos estadísticos; en el caso de que de los procesos se puedan obtener datos en cantidad, concomitancia y continuidad suficiente como para que los resultados de las muestras puedan aplicarse al total de la "población", se deberán elaborar los gráficos de Control Estadístico de Procesos (CEP); también volveremos sobre este tema cuando tratemos el capítulo Técnicas Estadísticas.

Cuando resulte conveniente suministrar instrucciones escritas a los operadores, para producir los ajustes de los procesos, se podría adoptar un documento como el que se muestra en la figura 10,8, efectuándole las modificaciones que para cada industria o proceso resulten apropiadas. Este documento reforzará la confianza en que el proceso será llevado a cabo como está especificado y que las correcciones se podrán efectuar en el momento oportuno.

Las tareas de puesta a punto *(set up)* de maquinarias y equipos forman parte de lo que consideramos control de procesos.

En cuanto a los procesos comunes de control bastará con contar con los procedimientos pertinentes y con los formularios de registro, tema que desarrollaremos en el siguiente capítulo.

En ambos casos, podría requerirse la habilitación de los operadores e inspectores, por medio de un examen médico que determine las capacidades visuales, auditivas, o para efectuar trabajos en alturas; a todo esto se pueden adicionar requerimientos específicos de capacitación y entrenamiento que califiquen tanto a los operadores como a los inspectores.

Por último, y en cuanto a registros, diremos que los registros automáticos, como los de temperatura (figura 10,9), tiempo, velocidad, etc., deberán ser identificados de manera tal de poder relacionarlos con los productos con los cuales se corresponden y ser conservados como evidencia.

CAP. 10 — CONTROL DE PROCESOS

197

		Orden de Trabajo	OT Nro.:
	Cliente:		Fecha / /
Código:	Serie:		Entrega / /
Denominación:		Orden de compra Nro.:	
Cantidad:	Nro. de Palas:	Cuerda:	Cubo:	Diámetro:

Planos:

Item	Cantidad	Fecha de entrega	Observaciones

P y CP	Vo. Bo.	Producción

Figura 10,4.

	Hoja de Proceso

Pieza:	Proceso número:

Conjunto:	Denominación:
Tiempo estándar:	Máquina o equipo a utilizar:

Lubricante:

Nro.	Portaherramienta	Inserto	Velocidad	Avance	Observaciones

Croquis

Rev.	Elaboró	Controló	Aprobó	Fecha	Observaciones

Figura 10,5.

CAP. 10 — CONTROL DE PROCESOS

EURO LUBE

Hoja de Fabricación

Número

Producto

Especificación
Código   Rev.

Fecha de emisión	Equipo/s		Operador	
/ /				

Materia prima	Lote	Código	Rev.	%	Cantidades (kg)		
					Prevista	Ajustes	Total utiliz.
Totales							

Ensayo	Método	Valor obtenido	Resultado	No Conf. Nro.	Observaciones

Firma   Fecha

Resultado: Aprobado ☐   Rechazado ☐   Inf. No Conformidad Nro.: _____

Envase	Código	Rev.	Cantidades		Aprobación Inspección Final	
			Prevista	Envasada	Firma	Fecha

Figura 10,6.

		Hoja de Ruta				Pág. de

Denominación: | **Prioridad:** | **O T Nro.:**

Planos:

Dept.: | **Divis.:** | **Sección:** | **Sector:**

Nro.	Operación	Hoja de Proceso	Operario	Fecha	C. costos	Observaciones

Rev.	Elaboró	Controló	Aprobó	Fecha	Observaciones

Figura 10,7.

CAP. 10 — CONTROL DE PROCESOS 201

		Nro.:
Werke AG	**Hoja de Control de Proceso**	

Proceso	Planta	Equipo

Actividad a controlar	**Variables a controlar**
Razones para controlarla	

Mediciones Herramental/equipo	**Frecuencia**

Registros
Formularios/Reg. automáticos/Graf. de control

Correcciones a efectuar	**Prácticas operativas** **Procedimientos de control**

Efectos sobre el producto Antes de la corrección	**Con corrección en exceso**

Observaciones

Aprobaciones

Fecha   Firma   Fecha   Firma

Figura 10,8.

202 ASEGURAMIENTO DE CALIDAD. ISO 9000

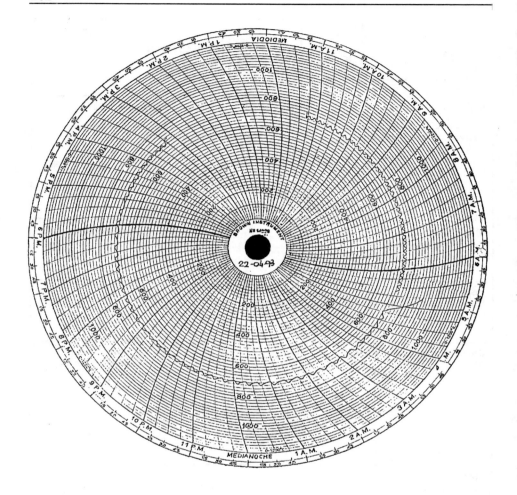

Figura 10,9.

CAP. 10 — CONTROL DE PROCESOS

La norma ISO 9001 no establece en forma clara un requerimiento al que se le debería prestar la mayor atención; es el "mantenimiento de los equipos y herramientas de producción", de la misma forma en que se le dedican una sección exclusiva y una norma particular, como la ISO 10012-1, a los instrumentos y equipos de inspección, medición y ensayo.

Resulta obvio que de nada serviría operar equipos de medición cuidadosamente seleccionados, confirmados y calibrados, si los equipos que se utilizan para fabricar aquello que se ha de medir se encuentran en pésimas condiciones de operabilidad.

Es cierto que la norma expresa:

"...el control de las condiciones deberá incluir lo siguiente: [...]

g) mantenimiento apropiado del equipo para asegurar la continuidad de la capacidad del proceso."

Un tema tan importante como éste debería ocupar un lugar más destacado en las normas.

No es suficiente con "calificar" el equipo antes de comenzar a utilizarlo, lo que incluiría, tal vez, tareas de mantenimiento, sino que, en aquellos casos en que no es posible aplicar gráficos de control de proceso —muy útiles para detectar la necesidad de intervención del personal de mantenimiento—, se deberían aplicar técnicas de mantenimiento preventivo y mantenimiento predictivo, con el objeto de evitar que un deterioro repentino influya en la calidad del producto que está siendo elaborado o, inclusive, en su total inutilización por una detención no programada del proceso al que está siendo sometido.

En el Seminario ISO-DIN-DGQ - "Gerenciamiento de Calidad e ISO 9000" para la región latinoamericana, llevado a cabo en Buenos Aires en abril de 1993, esta carencia de las normas ISO fue planteada a los expositores —pertenecientes a ISO y a DIN—; la respuesta fue que el tema del mantenimiento estaba implícito en la sección de Control de Procesos, exactamente en el texto transcripto más arriba (en realidad, tratándose de 1993, debieran haber dicho que *estaría* incluido en la futura revisión 1994 de la norma) y que, además, formaba parte del ejemplo parcial del Manual de Calidad de SaarGummi, que formaba parte de los apuntes del seminario. Aceptamos la evidencia suministrada por el ejemplo, pero insistimos en la necesidad de un tratamiento específico del tema, tal como se hace con los instrumentos de medición.

Capítulo 11

Inspección y Ensayos

TEXTO DE LA NORMA ISO 9001

GENERALIDADES

El proveedor debe establecer y mantener procedimientos documentados para las actividades de inspección y ensayo, para verificar que se cumplan los requisitos especificados para el producto. La inspección y los ensayos requeridos, y los registros que se deben establecer deben ser detallados en el plan de calidad o en procedimientos documentados.

INSPECCION Y ENSAYO DE RECEPCION

El proveedor debe asegurar que el producto que ingresa no se use o procese (excepto en las circunstancias descritas más abajo) hasta que haya sido inspeccionado o verificado de otra forma, de acuerdo con los requisitos especificados. La verificación de la conformidad con los requisitos especificados debe estar de acuerdo con el plan de calidad y/o los procedimientos documentados.

Para determinar el alcance y la naturaleza de la inspección de recepción, deben considerarse el alcance del control ejercido en las instalaciones del subcontratista y la evidencia de conformidad registrada que se entrega.

Cuando el producto que ingresa es liberado para propósitos urgentes de producción antes de la verificación, debe ser identificado absolutamente y registrado para permitir su retiro y reemplazo, en el caso de no conformidad con los requisitos especificados.

INSPECCION Y ENSAYO EN PROCESO

El proveedor debe:

a) inspeccionar y ensayar el producto según lo requerido por el plan de calidad y/o los procedimientos documentados;

206 *ASEGURAMIENTO DE CALIDAD. ISO 9000*

b) mantener el producto hasta que se hayan completado la inspección y los ensayos requeridos o se hayan recibido y verificado los informes necesarios, excepto cuando el producto se libera bajo procedimientos de retiro certero. La liberación bajo procedimientos de retiro certero no debe impedir las actividades indicadas en el punto anterior.

INSPECCION Y ENSAYOS FINALES

El proveedor debe efectuar todas las inspecciones y los ensayos finales de acuerdo con el plan de calidad y/o los procedimientos documentados, para completar la evidencia de conformidad del producto terminado con los requisitos especificados.

El plan de calidad y/o los procedimientos documentados para la inspección y ensayos finales requieren que todas las inspecciones y ensayos especificados —incluyendo aquellos especificados en la recepción del producto o en proceso— hayan sido efectuados y que los resultados cumplan los requisitos especificados.

Ningún producto debe ser despachado hasta que todas las actividades especificadas en el plan de calidad y/o en los procedimientos documentados hayan sido completadas satisfactoriamente, y los datos y documentación asociados estén disponibles y autorizados.

REGISTROS DE INSPECCION Y ENSAYO

El proveedor debe establecer y mantener registros que entreguen evidencia de que el producto ha sido inspeccionado y/o ensayado. Estos registros deben mostrar claramente si el producto ha pasado o ha fallado las inspecciones y/o ensayos de acuerdo con los criterios de aceptación definidos. Cuando el producto falla al pasar cualquier inspección y/o ensayo, deben aplicarse los procedimientos para control de producto no conforme.

Los registros deben identificar a la autoridad responsable de la inspección para la liberación del producto.

Comentario

Previamente al desarrollo del tema de las inspecciones y los ensayos debemos establecer algunos conceptos respecto de quiénes son responsables por la administración de los almacenes, lo que nos llevará a comprender el concepto de "puesta a disposición de producción" y el de "puesta a disposición de ventas" de una materia prima, insumo o producto terminado.

En la actualidad y cada vez con mayor frecuencia, las empresas modernas están utilizando la herramienta que le brinda la auditoría interna u operativa. Uno de los

CAP. 11 — INSPECCION Y ENSAYOS

207

principios más difundido y aplicado en esta doctrina es el conocido como "oposición de intereses" según el cual en toda gestión debe existir un mecanismo por el que cada gestión debe proveer los controles necesarios en vista de evitar la prosecución inadvertida de acciones erradas o inconvenientes.

Consideraremos el caso de una empresa con tres tipos de almacenes: los de materias primas, los intermedios o de productos en elaboración y los de productos terminados.

En primer lugar, tomaremos como dos intereses opuestos los de Compras y Producción con respecto a los almacenes de materia prima. Aquí, Producción es el mayor interesado en que este tipo de materia se encuentre verdaderamente en la planta y a su disposición. Dado que Producción es el último departamento que debe fabricar los productos con las materias primas y que debe cumplir con los programas de fabricación, evitando la ociosidad de los equipos y obteniendo su mayor rendimiento, resulta lógico que sea el personal dependiente del Jefe de Producción quien administre:

— la emisión de los Requerimientos de Compras o de los Programas de Fabricación;

— el ingreso de las materias primas aprobadas, tanto físicamente como en los registros;

— el control del consumo, las mermas y los deterioros;

— el egreso de las materias primas y su registro;

— la provisión de lugar adecuado para recepción de las materias primas;

— la descarga y, en caso de devoluciones, la carga de los transportes;

De esta manera, la gestión de compras se simplifica, y se especializa en:

— la selección y la calificación de los proveedores;

— la gestión de compras, específicamente;

— el trato, la activación y el reclamo a los proveedores;

— la administración de las devoluciones;

— la solicitud a Control de Calidad para que proceda a inspeccionar los materiales recibidos (antes de que Producción proceda a su ingreso formal).

Quedaría un punto para aclarar, que puede resumirse en la pregunta: ¿quién es responsable por la gestión de reclamos y/o devoluciones una vez que los materiales han ingresado a los almacenes administrados por Producción? El auxiliar del Jefe de Producción debe informar a su superior respecto de las novedades, y éste comunicárselas al Jefe de Compras, quien llevará a cabo toda la gestión administrativa, incluyendo la contratación del flete. Como se dijo más arriba, la carga de los transportes estará a cargo del personal del almacén. De tener que tratarse temas técnicos, el proveedor podrá tomar contacto con personal de Producción o Control de Calidad; en el resto de los casos, toda la tramitación será desarrollada por Compras.

208   *ASEGURAMIENTO DE CALIDAD. ISO 9000*

En cuanto a la activación de las compras, la recepción de las materias primas en fecha es responsabilidad exclusiva de Compras; Producción puede auxiliar a este sector en el control de su cumplimiento, pero no asumir responsabilidad por los atrasos. Esta gestión depende en gran medida de la programación de producción, la que lo hace a su vez de los pronósticos de ventas. Si Producción efectuó su requerimiento de compras en el momento oportuno, el cumplimiento de los plazos será como ya consignáramos, es decir, responsabilidad de Compras; en caso contrario, será responsabilidad de Producción.

El personal de almacenes podrá insistir —y debería hacerlo cada vez que lo considere necesario— para recepcionar las materias primas en el momento oportuno, pero teniendo presente lo antedicho.

En segundo lugar, tomaremos como dos intereses opuestos los de Producción y Ventas con respecto a los almacenes de productos terminados. Aquí, es Ventas el mayor interesado en que estos productos se encuentren verdaderamente en la planta y a su disposición. Puesto que este último departamento es el que contrae los compromisos con los clientes, respecto de la provisión de los productos en cantidad y fecha (aparte de calidad), resulta lógico que sea el personal dependiente del Jefe de Ventas quien administre:

— la emisión del pronóstico de ventas;

— el ingreso de los productos terminados (y aprobados), tanto físicamente como en los registros;

— el control de las mermas y los deterioros;

— el egreso de los productos y su registro;

— la provisión del lugar adecuado para recepcionar los envíos de producción;

— la carga y, en caso de devoluciones, la descarga de los transportes.

Producción, en cambio, se ocupará de:

— la fabricación de los productos en las fechas programadas;

— el traslado de los productos terminados hasta la entrada a los almacenes.

En tercer lugar, quedan los almacenes intermedios o de productos en elaboración, los cuales, obviamente, deben ser administrados en forma exclusiva por Producción.

Desde el punto de vista de la auditoría operativa, estas gestiones deben estar distribuidas, según expusimos, con el objeto de evitar los ingresos y egresos nominales de tales almacenes, es decir, aquellos que sólo se producen en los registros y no físicamente. Esta situación podría presentarse si los almacenes de materia prima los administrara Compras y Producción hiciera lo mismo con los de productos terminados.

Aclarado este tema pasaremos a discriminar las instancias en que —por lo menos conceptualmente y para la comprensión de este texto— se divide la actividad de inspección.

CAP. 11 — INSPECCION Y ENSAYOS **209**

Estas instancias son tres:

— Inspección de Recepción.

— Inspección en Proceso.

— Inspección Final.

Trataremos de establecer los límites que nos permiten interpretar si se trata de una u otra instancia y cómo actuar en cada una.

INSPECCION DE RECEPCION

El caso más común de Inspección de Recepción es aquel en que esta tarea se lleva a cabo cuando los artículos son recibidos en las instalaciones del comprador, previamente a su incorporación al stock de la empresa y a la consecuente puesta a disposición de producción.

En otros casos, que podríamos llamar "prematuros", la inspección se efectúa en las instalaciones del proveedor, antes de su despacho, por parte de personal del cliente, o en los puntos de embarque o de arribo.

También existen casos que podríamos llamar "tardíos"; son aquellos en los que la inspección debe ser postergada más allá de la incorporación del artículo al stock, tal como sucede con aquellos productos que no deben ser desembalados hasta el momento preciso de su uso, con el objeto de no deteriorar las protecciones y producir la caducidad de las garantías comerciales. El caso más extremo de inspección de recepción tardía es aquel en el que las características del artículo sólo pueden ser verificadas durante el uso o procesamiento por parte de Producción. Aquí, el artículo ya se encuentra a disposición de Producción, puesto que de no ser así no lo hubiera podido utilizar, pero la aceptación de recepción debió ser postergada. En este caso se deberá efectuar un seguimiento muy estrecho de los artículos, con el objeto de discontinuar su uso y segregar los productos en que fueron utilizados, en caso de obtenerse resultados negativos durante la fabricación.

INSPECCION EN PROCESO

La Inspección en Proceso se inicia en el momento en que un artículo es puesto a disposición de Producción, de manera que las inspecciones durante su almacenamiento, con el objeto de verificar la ausencia de deterioros, mermas, degradaciones, etc., corresponderán a la inspección en proceso, aun cuando su uso o procesamiento no haya comenzado.

210   *ASEGURAMIENTO DE CALIDAD. ISO 9000*

El límite final de esta inspección lo establece el hecho de considerar al producto como "terminado", incluso cuando no se encuentre clasificado, envasado, embalado, etc. Por ejemplo, un champú para el cabello se encontrará terminado —insistimos, conceptualmente— cuando un operario pueda extraer un poco del reactor para llevarlo a las duchas de la empresa y lavarse el cabello, o, cuando un alimento o un medicamento se encuentren en condiciones de ser ingeridos, aun no habiendo sido fraccionados ni envasados. Un ejemplo de caso tardío lo constituye el de las unidades de bombeo para pozos petrolíferos; estas unidades son transportadas desarmadas hasta la boca del pozo, donde el personal del fabricante, o el del cliente bajo su supervisión, procede al armado e instalación del equipo; con la comprobación del funcionamiento de acuerdo con los requisitos preestablecidos se da por finalizada la inspección en proceso, puesto que recién en ese momento el artículo puede ser utilizado.

Resulta importante resaltar que estamos hablando de inspección **en** proceso y no **de** proceso, concepto este último que difiere en gran medida del que estamos exponiendo.

INSPECCION FINAL

La Inspección Final es la que verifica el cumplimiento de los requisitos de:

— la elaboración de toda la documentación establecida por el Sistema de Calidad, verificando la ausencia de No Conformidades o de Acciones Correctivas abiertas;

— la identificación y la marcación final;

— el envasado;

— el etiquetado;

— el embalaje y el embalado;

— el estibado;

— las condiciones de almacenamiento y de manipuleo;

— el transporte en el que será despachada la mercadería;

— la carga del transporte y, en su caso, la descarga;

— toda acción posterior a la aplicación del concepto de "producto terminado" establecido para la Inspección en Proceso.

Cuando los productos se encuentren a disposición de Ventas en sus almacenes, corresponderá a este último sector solicitar a Control de Calidad que efectúe las inspecciones de almacenamiento, estibado, carga y transporte.

PLAN DE INSPECCION Y ENSAYO

Para lograr que la Inspección de Recepción sea efectuada en forma completa y ordenada, se debería llevar a cabo siguiendo los requerimientos que, para cada materia prima, insumo, etc., se establecieran en un Plan de Recepción, tal como el ya mencionado en el capítulo 8 y mostrado en la figura 8,2.

Del mismo modo, las actividades de Inspección en Proceso e Inspección Final deben estar planificadas, de manera de que no quede a criterio del inspector qué, cómo y cuándo inspeccionar.

Si para cada producto o servicio se dispone de un documento que establezca, no solamente en qué etapa de la fabricación, construcción, montaje o prestación de servicio se debe efectuar una inspección o ensayo determinado, sino también qué procedimientos utilizar en cada caso y qué porcentaje o plan de muestreo se debe usar, la aplicación consecuente del mismo asegurará que se efectúen todas las inspecciones y ensayos previstos. Este documento es el que ya mencionamos cuando hablamos del edificio documental: se trata del Plan de Inspección y Ensayos (PIE).

Para confeccionar el PIE se debe conocer profundamente todo el proceso de fabricación, los equipos de fabricación, de inspección y ensayos, las características del producto o del servicio y los requerimientos de calidad.

Usualmente se comienza graficando las etapas de proceso entre las cuales se intercalan las inspecciones, controles y ensayos. Llamaremos a este gráfico "diagrama de proceso". En la figura 11,1 se muestra un diagrama para la fabricación, inspección y ensayos de trépanos para la perforación de suelos.

La confección del diagrama de proceso resulta ser una actividad ordenadora de actividades conocidas y desarrolladas en la empresa, pero no estructuradas conceptualmente; en muchas empresas, cuando se desarrolla el diagrama de proceso se descubre que la gestión de fabricación y la de inspección pueden perfeccionarse, ordenarse de manera tal de ahorrar recursos y obtener resultados más convenientes para la empresa y los clientes.

Luego, tomando como guía al diagrama de proceso, se confeccionará el PIE, del cual se muestran modelos en las figuras 11,2, 11,3 y 11,4.

Según cómo se lo diseñe, el PIE puede ser un documento de requisitos o de requisitos y registro, característica que podrá observarse en los ejemplos siguientes.

ASEGURAMIENTO DE CALIDAD. ISO 9000

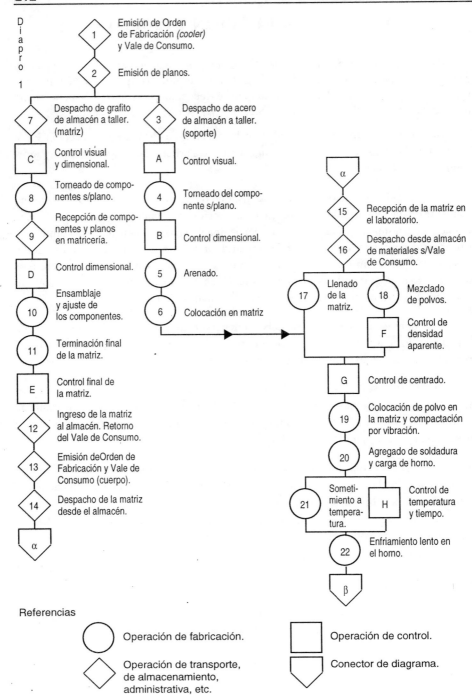

Figura 11,1.

CAP. 11 — INSPECCION Y ENSAYOS   **213**

D
i
a
p
r
o

2

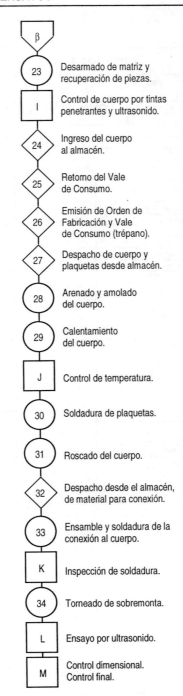

Figura 11,1. (continuación)

214 ASEGURAMIENTO DE CALIDAD. ISO 9000

Trépanos *Cooler*

Plan de Inspección y Ensayos Nº:
Número de herramienta

	Plano	Orden de fabricación	Vale de consumo
Matriz			
Soporte			
Cuerpo			
Trépano			

Etapa (*)	Descripción	Procedimiento	Resultado	Informe
3	Despacho de acero			
A	Control visual	07-02		
4	Torneado de componente			
B	Control dimensional	07-03		
7	Despacho de grafito			
C	Control visual y dimens.	07-04		
9	Recep. comp. en matricer.			
D	Control dimensional	07-05		
1 1	Terminación de la matriz			
E	Control final matriz	07-06		
1 8	Mezclado de polvos			
F	Control densidad aparente	07-07		
6	Llenado de matriz			
G	Control de centrado	07-08		
2 1	Sometimiento a temperat.			
H	Control temper. y tiempo	07-09		
2 3	Desarm. matriz y recuper.			
I	Ctrl. cuerpo tin. penetr.	07-10		
	Ctrl. cuerpo ultrasonido	07-11		
2 9	Calentamiento del cuerpo			
J	Control de temperatura	07-12		
3 3	Soldadura conexión-cuerpo			
K	Inspección de soldadura	07-13		
3 4	Torneado de sobremonta			
L	Ensayo por ultrasonido	07-11		
M	Control dimensional Control final	07-14		

Observaciones: (*) ver diagramas de proceso Diapro 1 y Diapro 2.

Ejecutó: Fecha / /

Aprobó: Fecha / /

Figura 11,2.

CAP. 11 — INSPECCION Y ENSAYOS

	Plan de Fabricación **Inspección y Ensayos**	Hoja .... de .... Plano No.: .... Croquis No.: .... Rev. .... Pos.	

No. de pedido: .... Cant. Tot.: .... Cliente: ....

OT. No.: ....

RM. No.: ....

Ident. Mat.	Material	Dimensiones	Cant.	Stock	Observaciones

Nro.	Etapa o proceso	Procedimiento	Frec. %	Observaciones

Otros procedimientos de aplicación obligatoria: 0100 - 0200 - 0500 - 0700 - 0800 - 0900 - 1000 - 1100 - 1300 - 1400 - 1500

Rev.	Preparó	Revisó	Aprobó	Fecha	Cliente	Fecha	
							Sustituye a: ....
							Sustituido por: ....

Figura 11,3.

Plan de Inspección y Ensayo

TECHINT

PIE Nro.: — Rev.: — Pág.: /

Instalación: — Sistema: — Componente: — Especific.: — Plano:

Ubicación: Taller □ Campo □

Insp/ ens. Nro.	Plano/ especif.	Descripción	Partici-pantes	Presencia (firma)	Form. Identif. Registr.	Observaciones

Rev.	Descripción	Fecha	Ejecutó	Controló	Aprobó

Figura 11,4.

CAP. 11 — INSPECCION Y ENSAYOS   **217**

Generalmente, un PIE se transforma en documento de registro cuando se lo utiliza como documento "llave" para efectuar la rastreabilidad, incorporando en él los datos que conducirán el rastreo de información al resto de la documentación relacionada con un producto, o cuando se requiere el establecimiento de puntos de detención obligatoria (PDO), también conocidos por la frase inglesa *hold point*. La aplicación de los PDO se impone cuando la ejecución de una etapa de fabricación, construcción o montaje imposibilita la realización de inspecciones y ensayos de las etapas anteriores.

Los PDO son recursos que los clientes utilizan cuando desean presenciar una etapa de inspección o ensayos, sin cuya presencia no se debería efectuar la inspección ni continuar con la fabricación o prestación. En estos casos se reserva espacio sobre el PIE, con el objeto de que el representante del cliente o su inspector dé la conformidad por la etapa alcanzada o incorpore alguna observación. Habitualmente se establece un tiempo límite de espera para la concurrencia del cliente al lugar donde se efectuará la inspección o el ensayo, superado el cual, y sin la concurrencia del cliente, el proveedor podrá efectuar la inspección o el ensayo y continuar con la fabricación. Esto obliga a informar al cliente la proximidad del arribo a un PDO con suficiente antelación y precisión para no producir demoras innecesarias y costosas.

PROCEDIMIENTOS

Las normas establecen la aplicación de procedimientos escritos, no sólo para la ejecución de inspecciones y ensayos, sino para todas las actividades reguladas por ellas. En el caso específico de las inspecciones y ensayos, esto es así porque se deberá evitar que los inspectores improvisen en cada caso o que cada uno aplique un método o criterio diferente.

Para el desarrollo detallado de este tema se recomienda consultar la obra *Los procedimientos, cursogramas y formularios*, de OSCAR F. FOLGAR, Ediciones Macchi, Buenos Aires, 1988.

Los procedimientos de inspección y ensayo deberían establecer qué instrumentos y/o equipos habrá que utilizar para cada caso; para ello, el redactor analizará los criterios de aceptación —por ejemplo, las tolerancias—, los costos y las posibilidades de ejecución de las inspecciones y, en consecuencia, establecerá cuáles son los instrumentos y equipos que se deben emplear con preferencia; para el caso de que en determinado momento no se dispusiera de los instrumentos —por ejemplo por encontrarse fuera de calibración, en reparación, etc.—, corresponderían los de uso alternativo.

Cuando las especificaciones de los productos —planos, formulaciones, etc.— no establezcan los criterios bajo los cuales una materia prima, insumo, producto o servicio deba ser aprobado o rechazado, los procedimientos de inspección y ensayo deberán instituir estos "criterios de aceptación". En ocasiones, los criterios de aceptación se establecen en las normas o especificaciones de producto editadas por entes reguladores y, en estos casos, si los documentos se encuentran a disposición de los inspectores y en un idioma que asegure su correcta interpretación, podrá hacerse referencia a ellos sin transferirlos a los procedimientos.

Los mismos procedimientos pueden ser aplicados a la inspección de recepción y a la inspección en proceso (de acuerdo con nuestra categorización de las instancias de inspección); así, procedimientos de inspección visual, dimensional, de características particulares, de radiografiado, partículas magnetizables, etc., podrán ser confeccionados con el propósito de ser aplicados en ambas circunstancias, si esto no lesiona la claridad o precisión del documento; en caso contrario, se deberán elaborar procedimientos particulares para cada caso.

INDEPENDENCIA

Es fundamental que el personal de inspección y ensayo posea independencia de criterio y decisión respecto de aquellos que tienen la responsabilidad de elaborar los productos o prestar los servicios.

Aquí cabe la primera pregunta: ¿es admisible que un operario que efectúa una etapa del proceso en la fabricación de un producto establezca la aceptación del producto resultante de esa misma operación, llevada a cabo por otro operario? Este interrogante encontrará multitud de respuestas positivas provenientes de algunas gerencias, en especial de la de Producción. Estas respuestas se fundamentan en el criterio de "autocontrol", pero mal interpretado.

El personal que determine la aceptabilidad de los productos y procesos —departamento de Control de Calidad, Laboratorio, o como se lo denomine— deberá tener autoridad y libertad suficiente como para detener un proceso, rechazar y segregar una materia prima, insumo o producto en elaboración o terminado, iniciar la gestión de No Conformidades y Acciones Correctivas. Si se plantea si toda esta tarea puede efectuarla un operario involucrado con la producción, que por la mañana inspecciona la producción de un par suyo, y por la tarde es inspeccionado por él, las consecuencias son obvias.

El estado ideal es el de total independencia, supervisando Control de Calidad un gerente distinto del de Producción. Esto no impide que tanto Fabricación, por ejemplo, como Control de Calidad dependan del gerente de Producción, pero los inspectores no deberán estar involucrados con la producción, con los estándares de producción ni con los incentivos por producción.

De hecho, en muchas empresas los inspectores responden al gerente de Producción con la mediación, se entiende, de supervisores y/o jefes; pero esta situación impone aplicar

CAP. 11 — INSPECCION Y ENSAYOS

219

un recurso conocido como "Verificación de Calidad", especie de Auditoría de Calidad atenuada y rutinaria. Este tema será expuesto en el capítulo 18, Auditorías de Calidad.

PERSONAL

El personal que realice inspecciones y ensayos o que interprete sus resultados deberá estar capacitado para ello y demostrar su idoneidad, adquirida por educación teórica y/o entrenamiento práctico. Este tema será desarrollado en el capítulo 19, Entrenamiento.

REGISTROS

La Inspección de Recepción se encuentra en estrecha relación con el Control de Compras; en consecuencia, en esta instancia se deberá verificar que los requisitos establecidos en la orden de compra hayan sido satisfechos; para esto se dispone, además del ya mencionado Plan de Recepción, de formularios (figura 11,5) que cubren casi todas las posibilidades. Este mismo formulario también podría ser utilizado para la recepción de artículos suministrados por el cliente.

De acuerdo con el tipo de producto se tendrán distintos formularios para registrar los resultados, pero en todos los casos habrá de tenerse en cuenta que estos formularios no solamente deben servir de registro sino también como guía para el inspector, de manera que lo alerten acerca de todos los aspectos que debe considerar.

Aun tratándose de actividades conceptualmente distintas, suelen utilizarse los mismos documentos para registrar las consecuencias de ambas.

Como resultado final, y para aquellos clientes que lo soliciten, suele emitirse un certificado de calidad, en el cual debe identificarse con toda claridad el producto a proveer e incluirse una cláusula por la cual se certifica que el nivel de calidad requerido ha sido obtenido. En algunos casos se puede, siempre a pedido de los clientes, incorporar datos referidos, por ejemplo, a los valores obtenidos al medir alguna variable, que luego serán utilizados por los clientes en sus propios procesos.

A continuación, se muestran algunos ejemplos de informes de inspección en las figuras 11,6, 11,7 y 11,8, y de certificados de calidad en las figuras 11,9 y 11,10.

220 — ASEGURAMIENTO DE CALIDAD. ISO 9000

| TECHINT | Plan de Inspección de Recepción | | PIR Nro.: |

| Obra: | Plano/especificación Nro.: | Pág. | de |
| Proveedor: | Orden de compra Nro.: | | |

No.	Características a inspeccionar	Registro Nro.	EP (*)	PT (*)	ET (*)	Observaciones

(*) EP: ejecuta el proveedor sin la presencia de los inspectores de Techint.
PT: ejecuta el proveedor con la presencia de los inspectores de Techint.
ET: ejecutan los inspectores de Techint.

Rev.	Descripción	Ejecutó	Controló	Aprobó

Inspector	Recepción final en obra	Observaciones:
	Informe Nro. / / Fecha Firma	

Figura 11,5.

CAP. 11 — INSPECCION Y ENSAYOS

Informe de Inspección de Recepción

O.C.

Fecha __ / / __

Proveedor

Descripción del material ingresado

Certificado Nro.

Cantidad	Remito	Procedencia	Inspección visual	Aprobado Sí No

Dimensiones			Insp. dimensional	Aprobado Sí No

Observaciones

Ensayos requeridos

Descripción — Resultado/Certificado

- Análisis químico
- Granulometría
- Mecánico
- Dureza
- Tracción
- Magnaflux
- Tintas penetrantes
- Ultrasonido

Embalaje

Aprobado ☐ Rechazado ☐

Identificación

Aprobado ☐ Rechazado ☐

Protecciones

Aprobado ☐ Rechazado ☐

Estibado

Aprobado ☐ Rechazado ☐

Informes de No Conformidad

Intervino

Firma _____ Fecha __ / / __

Figura 11,6.

222 ASEGURAMIENTO DE CALIDAD. ISO 9000

Planilla de Inspección — **telemeter**

Cliente _____ OF Nro. _____

F N Nro. _____ Plano | No | Sí | Nro. _____ Rev. ____

T.C. ☐ T.R. ☐ Mantel ☐ Cable ☐ Vaina ☐ Cabezal ☐ Sonda ☐

Cant.	Descripción

Croquis

Operación	Corte	Tornería	Mecanizado	Soldadura	Pulido	Armado
	C	C	C	C	C	C

Tiempo (Hs) _____ _____ _____ _____ _____ _____

Observaciones _____

Emisión | | | | | Prometido | | | | | Nueva fecha | | | | | Comienzo | | | | |

Terminado Mecánica | | | | | Terminado Armado | | | | | Control Calidad | | | | | Depósito | | | | |

C.C. Cliente | Sí | No |

Prot. ensayo | Sí | No | Firmas C.C. _____ D. _____

Figura 11,7.

CAP. 11 — INSPECCION Y ENSAYOS

223

Instalar S.A. — Planilla de Inspecciones

O.T. _____ Fecha __/__/_____ PFIE Nro. _____

Cliente _____ N.P. _____/_____ Item _____
Denominación _____
Cant. _____ Pl. _____ Pos. _____ Rev. _____

Inspección de recepción

Descripción del material ingresado	Certificado Nro.

Cantidad	Remito	Procedencia	Inspección visual	Aprobado Sí No

Dimensiones			Insp. dimensional	Aprobado Sí No

Observaciones

Ensayos requeridos	Descripción	Resultado/Certificado
Análisis químico		
Tintas penetrantes		
Dureza		
Tracción		
Magnaflux		
Ultrasonido		
Gammagrafía		

Observaciones

Preservación/Protección de la materia prima

Inspección en proceso

Operación de maquinado	Aprob. Sí |No	INC Nro.	Operación de maquinado	Aprob. Sí |No	INC Nro.	Operación de maquinado	Aprob. Sí |No	INC Nro.
01			07			13		
02			08			14		
03			09			15		
04			10			16		
05			11			17		
06			12			18		

Ensayos requeridos	Descripción	Resultado/Certificado

Figura 11,8.

Dimensión según plano	Tolerancia	Piezas marcadas Nro.				Observaciones

Inspección final

Documentación	Identificación	Preservación	Embalaje	Acondicionam.
Aprobado ☐	Aprobado ☐	Aprobado ☐	Aprobado ☐	Aprobado ☐

Observaciones:	Intervino
	Firma / / Fecha

Figura 11,8 (continuación).

CAP. 11 — INSPECCION Y ENSAYOS

Agüero 3470 (Ex. 986)
-1678- Caseros
Buenos Aires/R. Argentina

PANTOQUIMICA s.a.i.c.

Tel.: 750-7379/4293/4294
FAX: 54-1-750-7379
Tlx.: 23854 TLTEL AR/PAN

Protocolo de análisis Nro.:

Producto:

Cliente:

Fecha: /   /

O.F. Nro.:

Detalle:

Especificaciones	Valores de la partida	Valores obtenidos por el cliente

Observaciones:

Firmas:

Lab. Control de Calidad

Director Técnico

Figura 11,9.

226 ASEGURAMIENTO DE CALIDAD. ISO 9000

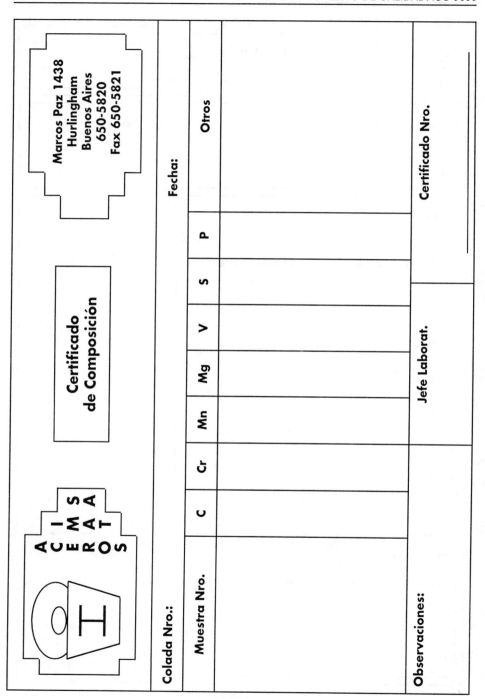

Figura 11,10.

CAP. 11 — INSPECCION Y ENSAYOS

ENSAYOS NO DESTRUCTIVOS

Nos parece oportuno reproducir aquí una tabla comparativa de ensayos no destructivos publicada en mayo de 1972 por la revista Quality Management and Engineering, página 20.

CORRIENTES PARASITAS

Aplicaciones

Comprueban la variación del espesor de las paredes, conductividad, propiedades metalúrgicas, espesor del revestimiento, detección de material defectuoso, grietas, picaduras, porosidad, acabado de las superficies, irregularidades.

Ventajas

Adaptables a pruebas a gran velocidad sin contacto de sonda. Excelente sensibilidad a defectos tales como filtraciones por picaduras, puntos y rasguños. Operan en medios de visibilidad deficiente y en presencia de contaminantes no conductivos.

Limitaciones

Sólo se utilizan en conjunción con materiales conductivos. Dependen de la aleación y la dureza, y son afectadas por la temperatura y los campos magnéticos. No pueden dar medidas absolutas, sólo comparaciones cualitativas. La sensibilidad a los defectos de diámetro interior depende del espesor total de la pared y de la magnitud del defecto, expresada en porcentaje del espesor de la pared.

RAYOS X

Aplicaciones

Detectan los defectos internos en soldaduras, inclusión de escoria, penetración, falta de adherencia, variaciones de espesor, cavidades, inclusiones metálicas, grietas, cuerpos extraños.

Ventajas

Indican el tamaño y la naturaleza de los defectos o irregularidades de diferentes espesores de metal. Facilitan un registro gráfico permanente de los defectos. La fuente de radiación puede desconectarse cuando no se está utilizando. Exposición breve. No les afectan los cambios de temperatura ni los contaminantes.

Limitaciones

Tienen un costo inicial superior al de los rayos gamma, precisan de una fuente de energía e implican un riesgo de radiación. Los resultados no se conocen inmediatamente; requieren técnicos especializados. No son sensibles a los defectos menores del 2 % del espesor total del metal. El tamaño y el peso suelen ser superiores a los de los rayos gamma. Dependen de la uniformidad de la aleación.

RAYOS GAMMA

Aplicaciones

Detectan defectos interiores, grietas, fisuras, porosidad, agujeros, inclusiones, defectos de soldadura. Comprueban las variaciones de espesor y la corrección de los montajes.

Ventajas

Indican el tamaño y la naturaleza de los defectos ocultos o las irregularidades en diferentes espesores del metal. No requieren fuente de energía eléctrica ni refrigeración por aceite o agua. Facilitan el registro permanente. Coste inicial inferior al de los rayos X.

Limitaciones

No es posible ajustar la energía. Es necesario seleccionar el isótopo según las necesidades de sensibilidad y espesor del material. La sensibilidad no es tan grande como la de los rayos X. Se necesitan técnicos especializados. Los resultados no se obtienen inmediatamente.

PARTICULAS MAGNETIZABLES

Aplicaciones

Detectan fallas tanto superficiales como internas, causadas por fatiga, termoesfuerzos, oclusiones gaseosas, corrosión y amolados en los materiales ferromagnéticos. Detectan asimismo grietas, fisuras, porosidad, agujeros e inclusiones.

Ventajas

Constituyen un método positivo y sencillo para la detección de defectos consistentes en grietas y similares, tanto en la superficie como cerca de ésta. El método es flexible y económico. Existe equipo portátil. Resultados inmediatos.

Limitaciones

Están limitadas al material ferromagnético. No indican las grietas paralelas al campo magnético, por lo que se requiere utilizar el magnetismo en dos direcciones para detectar todas las irregularidades. Las superficies han de estar limpias y secas.

LIQUIDOS PENETRANTES

Aplicaciones

Detectan todos los defectos que se abren en la superficie, como grietas, fisuras, porosidad, pliegues, poros, defectos de soldadura, grietas producidas por la fatiga o el proceso. Se utilizan en tanques de inmersión en producción o mediante unidades portátiles.

Ventajas

Detectan poros y grietas diminutas. El líquido penetrante muestra como un tinte rojo profundo sobre fondo blanco. El penetrante fluorescente se hace visible bajo radiaciones ultravioleta. Fácil de aplicar, exacto, rápido, de bajo costo tanto inicial como por prueba.

Limitaciones

Acotado a los defectos superficiales. La superficie ha de estar libre de aceite o grasa. La inspección bajo radiación ultravioleta requiere un área en semipenumbra.

RESONANCIA ULTRASONICA

Aplicaciones

Calibra el espesor de materiales de superficies relativamente lisas y paralelas o concéntricas, así como de ciertas superficies moderadamente desiguales y corroídas.

Localiza inclusiones en fundición, rupturas internas, fisuras, grietas, etc. Calibra espesores.

Ventajas

Visualiza instantáneamente el tamaño, situación, orientación y magnitud del defecto. La exactitud no se ve afectada por la temperatura o la presión. Hay unidades portátiles que permiten realizar pruebas sobre el terreno.

Limitaciones

Precisa un acoplante (aceite, grasa, agua, glicerina) o presión para introducir la sonda en el material que se prueba. Las superficies ásperas y las configuraciones complejas dificultan los ensayos. Se precisan técnicos especializados.

CAPACITIVO

Aplicaciones

Calibración de espesores metálicos y no metálicos, así como de desplazamientos. Vibración dinámica e inspección de alta velocidad.

Ventajas

Adecuado para piezas metálicas y no metálicas; estabilidad térmica. Calibración relativamente fácil y corto intervalo de respuesta. Fácilmente adaptable a diversas configuraciones.

Limitaciones

No funciona en medios líquidos y las partes metálicas han de conectarse a la tierra del sistema.

FIBRAS OPTICAS

Aplicaciones

Desplazamiento, detección de defectos y dimensiones en general.

Ventajas

Elevada velocidad, no son afectadas por el tipo de material ni por los campos magnéticos.

Limitaciones

Dependen de las propiedades ópticas de la superficie y les afecta la luz ambiental. Sujetas a contaminación.

Para el registro de los resultados de los ensayos no destructivos se deberá disponer de formularios apropiados, tales como los que se muestran en las figuras 11,12 y 11,13.

232 ASEGURAMIENTO DE CALIDAD. ISO 9000

	Ensayo Radiográfico *Radiographic Testing*	Informe Nº Reporte Nº _____ Página: de: Page: of:

Cliente: *Customer:*	Contrato Nº: *Contract Nº:*	Inspección: *Inspection:*
Planta/Proyecto: *Plant/Project:*	Componente: *Component:*	Subconjunto: *Subassembly:*
Fabricante Orden Nº: *Manufacturer Order Nº:*	Plan de Inspección: *Inspection Plan:*	Paso de Inspección: *Inspection Step:*
Especificación de Componente: *Component Specification:*	Especificación de Proceso: *Process Spec.:*	Examen de Instrucción: *Exam. Instruction:*
Plano Nº: *Drawing Nº:*	Material: *Material:* Espesor: *Thickness:*	Cantidad: *Quantity:* Long. Soldada: *Welding Lenght:*
Condiciones de superficie: *Surface Conditions:*	Proceso de Soldadura: *Welding Process:*	Identificación del soldador: *Welder's Ident.:*

Cuños de soldadores *Welder's stamps*	Penetram. *Penetram.*	Aguj./ Hilo esencial *Hole/ Wire essential*	Densidad *Density*	Intervalo Nº *Interval Nº*	Localización y tamaño del defecto *Defect size and location* — Cada división 25 (mm) *Each division* (25 50 75 100 125 150 175 200 225 250 275 300 325 350)	Defecto *Defect*	Longitud de defecto *Defect lenght*	Repación *Repairs* Nº	Resultado *Result*

Operador: *Operator:* Firma: *Signature:* Fecha: *Date:*	Verificado por: *Checked by:* Firma: *Signature:* Lugar, Fecha: *Place, Date:*	Inspección del Cliente *Customer Inspection* Firma: *Signature:* Lugar, Fecha: *Place, Date:*

Figura 11,12.

CAP. 11 — INSPECCION Y ENSAYOS

Ensayo de Ultrasonido
Ultrasonic Testing

Informe Nº US
Reporte Nº UT _____

Página: de:
Page: of:

Cliente:
Customer:

Contrato Nº:
Contract Nº:

Inspección:
Inspection:

Planta/Proyecto:
Plant/Project:

Componente:
Component:

Subconjunto:
Subassembly:

Fabricante Orden Nº:
Manufacturer Order Nº:

Plan de Inspección:
Inspection Plan:

Paso de Inspección:
Inspection Step:

Especificación de Componente:
Component Specification:

Especificación de Proceso:
Process Spec.:

Examen de Instrucción:
Exam. Instruction:

Plano Nº:
Drawing Nº:

Material:
Material:

Cantidad:
Quantity:

Espesor:
Thickness:

Long. Soldada:
Welding Lenght:

Condiciones de superficie:
Surface Conditions:

Proceso de Soldadura:
Welding Process:

Identificación del soldador:
Welder's Ident.:

Tipo de Equipo/Fabricante:
Type of equipment/Manufacturer:

Agente acoplante:
Couplent Agent:

Palpador:
Search Unit:

Localización de la indicación
Location of indication (mm)

Tipo de indicación
Type of indic.

Evaluación
Evaluation

Croquis método de ensayo:
Sketch examination methode:

			Calib. Distancia *Calib. Distance* (mm)	Calibración de Sensibilidad *Calibration of Sensibility* (db)												X	Y	Z						

- Posición de examen / *Scanning Position*
- Tipo de Palpador / *Type of search Unit*
- Método de evaluación / *Valuation Methode*
- Recorrido ultrasónico / *Beam Path*
- Bloque de calibración / *Calibration Block*
- Reflector de calibración / *Calibration Reflector*
- Nivel de curva registro / *Recording Level*
- Amplificación Adicional / *Aditional Amplification*
- Valor de Corrección / *Correction Value*
- Corrección de Transferencia / *Transfer. Correction*
- Atenuación / *Atenuation*
- Total de Adiciones / *Total of Addition*
- Indicación Nº / *Indication Nº*
- Posición de examen / *Scanning Position*
- Angulo de Incidencia (grados) / *Angle of Scanning (degrees)*
- Recorrido ultrasónico / *Beam Path*
- Longitudinal / *Longitudinal*
- Transversal / *Transverse*
- Superficie plana / *Plan surface*
- Sobrepeso del nivel de registro / *Exceeding of Recording Level (dB)*
- Registro longitud/superficie / *Recording Lenght/Area (mm) (mm²)*
- Resultado / *Result*

Evaluación:
Evaluation:

☐ Aceptable/sin indicaciones
Acceptable/no indications

☐ Aceptable/con indicaciones
Acceptable/with indications

☐ No Aceptable
Not acceptable

☐ NC Nº _____

Inspección del Cliente
Customer Inspection

Operador:
Operator:
Firma:
Signature:
Fecha:
Date:

Verificado por:
Checked by:
Firma:
Signature:
Lugar, Fecha:
Place, Date:

Firma:
Signature:
Lugar, Fecha:
Place, Date:

Figura 11,13.

Capítulo 12

Control de Equipo de Inspección, Medición y Ensayo

TEXTO DE LA NORMA ISO 9001

GENERALIDADES

El proveedor debe establecer y mantener procedimientos documentados para controlar, calibrar y mantener el equipo de inspección, medición y ensayo (incluyendo el software de ensayo) usado por el proveedor para demostrar la conformidad del producto con los requisitos especificados. El equipo de inspección, medición y ensayo debe ser usado de modo que asegure que se conoce la incerteza de la medición y que es consistente con la capacidad de medición requerida.

Cuando se usa software de ensayo o referencias comparativas, por ejemplo, hardware de ensayo, como formas apropiadas de inspección, éstos deben ser comprobados para demostrar que son capaces de verificar la aceptabilidad del producto, antes de liberarlos para uso en la producción, instalación o servicio, y deben volver a comprobarse a intervalos determinados. El proveedor debe establecer la extensión y frecuencia de dichas comprobaciones, y debe mantener registros como evidencia de control.

Cuando los datos técnicos pertinentes al equipo de inspección, medición y ensayo sean un requisito especificado, dichos datos deben estar disponibles, cuando sean requeridos por el cliente o su representante, para verificar que el equipo de inspección, medición y ensayo es funcionalmente adecuado.

PROCEDIMIENTO DE CONTROL

El proveedor debe:

a) determinar las mediciones que debe hacer y la exactitud requerida, y seleccionar el equipo de inspección, medición y ensayo apropiado que sea capaz de la exactitud y precisión necesarias;

b) identificar todo el equipo de inspección, medición y ensayo que pueda afectar la calidad del producto, y calibrarlo y ajustarlo a intervalos determinados, o antes del uso, contra equipo certificado que tenga una relación conocida válida con los patrones reconocidos internacional o nacionalmente. Cuando no existan dichos patrones, la base usada para la calibración debe ser documentada;

c) definir el proceso empleado para la calibración del equipo de inspección, medición y ensayo, incluyendo detalles como tipo de equipo, identificación única, localización, frecuencia de las comprobaciones, método de comprobación, criterios de aceptación y la acción que se debe tomar cuando los resultados sean insatisfactorios;

d) identificar el equipo de inspección, medición y ensayo con un indicador adecuado o un registro de identificación aprobado para mostrar la condición de calibración;

e) mantener los registros de calibración para el equipo de inspección, medición y ensayo;

f) evaluar y documentar la validez de los resultados de inspección y ensayo previos cuando se encuentre que el equipo de inspección, medición o ensayo está fuera de calibración;

g) asegurar que las condiciones ambientales sean apropiadas para las calibraciones, inspecciones, mediciones y ensayos que se estén efectuando;

h) asegurar que la manipulación, preservación y almacenamiento del equipo de inspección, medición y ensayo sea tal que se mantengan la exactitud y aptitud para el uso;

i) resguardar las instalaciones de inspección, medición y ensayo, incluyendo el hardware de ensayo y el software de ensayo, de ajustes que podrían invalidar la calibración.

La norma ISO 9001 está requiriendo a las empresas que mantengan bajo control la incertidumbre inherente a cada medición y ensayo (en adelante sólo "mediciones").

Para complementar estos requerimientos, ISO ha editado su norma 10012-1 en 1992, cuyo contenido, limitándonos exclusivamente a los requerimientos, se expone a continuación.

TEXTO DE LA NORMA ISO 10012-1

GENERAL

El proveedor deberá documentar los métodos utilizados para implementar las condiciones de esta parte de la norma ISO 10012. Esta documentación

CAP. 12 — CONTROL DE EQUIPO DE INSPECCION, MEDICION Y ENSAYO

deberá formar parte integral del Sistema de Calidad del proveedor. Deberá ser especificado qué elementos o equipos están sujetos a lo establecido por esta parte de la norma ISO 10012, la asignación de las responsabilidades y las acciones a ser tomadas. El proveedor deberá poseer evidencias objetivas que permitan al comprador la evaluación de que la exactitud requerida es lograda.

EQUIPO DE MEDICION

El equipo de medición deberá tener las características metrológicas requeridas para el uso que se le habrá de dar (por ejemplo, exactitud, estabilidad, rango y resolución).

Los equipos y documentos que son necesarios para un uso estipulado deberán ser mantenidos, así como deberá ser tenida en cuenta cualquier corrección, condición de uso (incluyendo las condiciones ambientales), etcétera.

El uso previsto deberá ser documentado.

SISTEMA DE CONFIRMACION

El proveedor deberá establecer y mantener un sistema documentado, efectivo, para la administración, confirmación y uso de equipos de medición, incluyendo los patrones, para demostrar el cumplimiento de los requerimientos especificados. Este sistema deberá ser diseñado para asegurar que todos los equipos de medición son usados tal como fue previsto. El sistema establecerá la prevención de errores fuera de los límites especificados o del error permisible, por una pronta detección de deficiencias y la acción oportuna para su corrección.

El sistema de confirmación deberá tomar en cuenta todos los datos relevantes, incluyendo los datos obtenibles de cualquier sistema de control estadístico de procesos operado por o para el proveedor.

Para cada elemento del equipo de medición, el proveedor designará un miembro competente de su organización como funcionario autorizado para asegurar que las confirmaciones son llevadas a cabo de acuerdo con el sistema y que el equipo se encuentra en condiciones satisfactorias.

En el caso de que alguna o todas las confirmaciones del proveedor (incluyendo calibración) sean reemplazadas o suplementadas por un servicio externo, el proveedor deberá asegurar que este servicio externo también cumple con los requerimientos de esta parte de la norma ISO 10012, en la extensión necesaria, para asegurar el cumplimiento del proveedor con los requerimientos.

AUDITORIA PERIODICA Y REVISION DEL SISTEMA DE CONFIRMACION

El proveedor deberá llevar a cabo, o hacer arreglos para llevar a cabo, auditorías de calidad del sistema de confirmación, periódica y sistemáticamente, con el objeto de asegurar la continuidad de su efectiva implementación y cumplimiento de los requerimientos de esta parte de la norma ISO 10012.

Basado en los resultados de la Auditoría de Calidad y en otros factores relevantes, tales como la retroalimentación desde el comprador, el proveedor revisará y modificará el sistema en la medida en que resulte necesario.

Serán documentados los planes y procedimientos para la Auditoría de Calidad. Serán registradas la ejecución de la Auditoría de Calidad y la revisión, así como también cualquier Acción Correctiva subsecuente.

PLANEAMIENTO

El proveedor revisionará cualquier requerimiento relevante, del comprador u otros, antes de comenzar los trabajos sobre los productos o el servicio y asegurará que el equipo de medición (incluyendo los patrones) necesario para la ejecución de los trabajos se encuentra disponible y es de una exactitud, estabilidad, rango y resolución apropiados para la aplicación prevista.

INCERTIDUMBRE DE LAS MEDICIONES

Al efectuar las mediciones y al establecer y hacer uso de los resultados, el proveedor deberá tener en cuenta toda incertidumbre significante identificada en el proceso de medición, incluyendo aquellas que son atribuidas al equipamiento de medición (incluyendo los patrones) y aquellas atribuidas al proceder del personal y las condiciones ambientales.

Al estimar la incertidumbre, el proveedor tendrá en cuenta todos los datos relevantes, incluyendo aquellos obtenibles de cualquier sistema de control estadístico de proceso, operado por o para el proveedor.

PROCEDIMIENTOS ESCRITOS
DE CONFIRMACION

El proveedor establecerá y utilizará procedimientos escritos para la realización de todas las confirmaciones.

El proveedor asegurará que todos los procedimientos son adecuados para su propósito. En particular, los procedimientos contendrán suficiente información como para asegurar su apropiada implementación, para asegurar consistencia de una a otra aplicación y para asegurar la validez de los resultados de medición.

Los procedimientos estarán a disposición, cuando sea necesario, del personal involucrado en la realización de las confirmaciones.

CAP. 12 — CONTROL DE EQUIPO DE INSPECCION, MEDICION Y ENSAYO 239

REGISTROS

El proveedor deberá mantener registros de la manufactura, tipo y número de serie (u otra identificación) de todos los equipos de medición relevantes (incluyendo los patrones). Estos registros deberán demostrar la capacidad de medición de cada elemento del equipamiento. Cualquier certificado de calibración u otra información relevante, concerniente al funcionamiento, deberá estar a disposición.

Los resultados de calibración deberán ser registrados suficientemente detallados de manera que la *traceabilidad* de todas las mediciones puedan ser demostradas y cualquier medición pueda ser reproducida bajo las mismas condiciones que las condiciones originales facilitando de esta manera la resolución de cualquier anomalía.

La información registrada deberá incluir:

a) la descripción e identificación única del equipo;

b) la fecha en que cada confirmación fue completada;

c) los resultados de calibración obtenidos después y, cuando sea relevante, antes de cada ajuste o reparación;

d) el intervalo de confirmación asignado;

e) identificación del procedimiento de confirmación;

f) los límites de error permitido;

g) la fuente de la calibración utilizada para obtener la *traceabilidad*;

h) las condiciones ambientales relevantes y un informe acerca de las correcciones necesarias en este caso;

i) un informe de las incertidumbres inherentes a las calibraciones de un equipo y su efecto acumulativo;

j) detalles del mantenimiento, tales como servicios, ajustes, reparaciones o modificaciones llevadas a cabo;

k) cualquier limitación en el uso;

l) la identificación de la/s persona/s que efectuaron la confirmación;

m) la identificación de la/s persona/s responsables por la correcta incorporación de la información en los registros;

n) la identificación única (tal como el número de serie) de cualquier certificado de calibración y otros documentos relevantes involucrados.

El proveedor mantendrá procedimientos claros respecto de la retención (incluyendo la duración) y la salvaguarda de los registros. Los registros deberán ser mantenidos tanto tiempo como sea necesario recurrir a ellos.

EQUIPO DE MEDICION NO CONFORME

Cualquier elemento del equipo de medición

— que haya sufrido daños,

— que haya sido sobrecargado o maltratado,

— que muestre algún mal funcionamiento,

— cuyo funcionamiento apropiado está sujeto a dudas,

— del que haya sido excedido el intervalo de calibración, o

— cuyo sistema de impresión haya sido violado,

deberá ser removido de servicio por segregación, rotulado o marcado en forma evidente.

Los equipos no deberán ser puestos nuevamente en servicio hasta que las razones de su no conformidad hayan sido eliminadas y sean nuevamente confirmados.

Si los resultados de la calibración previa a cualquier ajuste o reparación fueron tales que indicaron un riesgo o error significativo en cualquiera de las mediciones efectuadas con el equipo antes de la calibración, el proveedor deberá tomar las acciones correctivas necesarias.

ROTULADO DE CONFIRMACION

El proveedor deberá asegurar que todo equipamiento de medición es seguro y durablemente rotulado, codificado o de alguna manera identificado para indicar su estado de confirmación; cualquier restricción para el uso también deberá ser indicada sobre el equipo. Cuando el rotulado o la codificación resulte impracticable o inapropiada, deberán ser establecidos y documentados los procedimientos alternativos.

Los rótulos de confirmación indicarán claramente el próximo vencimiento de la confirmación de acuerdo con el sistema del proveedor. El rotulado también permitirá una rápida identificación del funcionario autorizado (ver Sistema de confirmación) responsable por la confirmación en cuestión y la fecha de la más reciente confirmación.

Se deberán tomar medidas razonables para prevenir el mal uso, intencional o accidental, de los rótulos.

Los equipos de medición para los cuales se considere que no se requiere confirmación deberán ser claramente identificados, de manera que puedan ser distinguidos de los equipos que sí requieren confirmación pero cuyos rótulos son convenientemente eliminados.

Cuando una parte significativa del total de la capacidad de un elemento del equipamiento de medición no sea cubierta por la confirmación, esto deberá ser indicado en el rótulo de confirmación.

CAP. 12 — CONTROL DE EQUIPO DE INSPECCION, MEDICION Y ENSAYO

INTERVALOS DE CONFIRMACION

Los equipos de medición (incluyendo los patrones) deberán ser confirmados a intervalos apropiados (usualmente "períodos"), establecidos sobre la base de su estabilidad, propósito y empleo. Los intervalos deberán ser tales que la confirmación sea llevada a cabo nuevamente antes de cualquier cambio en la exactitud que es de significación en el uso del equipo. Dependiendo de los resultados de las calibraciones procedentes de confirmaciones, los intervalos de confirmación deberán ser acortados, si es necesario, para asegurar la continuidad de la exactitud.

Los intervalos de confirmación no deberán ser prolongados a menos que los resultados de calibración procedentes de confirmaciones provean indicaciones definitivas de que tales acciones no afectarán adversamente la confianza en la exactitud del equipo de medición.

El proveedor deberá tener criterios objetivos específicos sobre los que basar las decisiones que afecten la elección de los intervalos de confirmación.

Para determinar si los cambios de los intervalos de confirmación son apropiados, el proveedor deberá tener en cuenta todos los datos relevantes incluyendo aquellos obtenibles por cualquier sistema de control estadístico de procesos, operado por o para el proveedor.

PRECINTADO DE AJUSTES

El acceso a los elementos de ajuste en los equipos de medición, cuya modificación afecte el desempeño del equipo, deberá ser precintado o, de alguna manera, salvaguardado en el estado de confirmación adecuado, con el objeto de prevenir su modificación por parte de personal no autorizado. El precintado deberá ser tal que evidencie claramente su modificación.

El sistema de confirmación del proveedor deberá proveer instrucciones para el uso de cada precinto y la disposición del equipo con los precintos dañados o rotos.

USO DE PRODUCTOS Y SERVICIOS EXTERNOS

El proveedor deberá asegurar que los productos y servicios de origen externo tienen el nivel de calidad requerido, cuando estos productos y servicios (incluyendo las calibraciones) afectan significativamente la confianza en las mediciones efectuadas por el proveedor.

ALMACENAMIENTO Y MANIPULEO

El proveedor deberá establecer y mantener un sistema para la recepción, manipuleo, transporte, almacenamiento y despacho de sus equipos de medición, con el objeto de prevenir el abuso, mal uso, daños o cambios de las características dimensionales y funcionales.

Se deberán establecer acciones para prevenir la confusión entre elementos similares. Estas acciones deberán estar documentadas.

TRACEABILIDAD

Todo equipamiento de medición deberá ser calibrado utilizando patrones que sean *traceables* respecto de patrones internacionales o patrones nacionales consistentes con las recomendaciones de la Conferencia General sobre Pesos y Medidas (CGPM). En el caso de que no existan patrones internacionales o nacionales (por ejemplo, de dureza), la *traceabilidad* deberá ser establecida respecto de otros patrones (por ejemplo, materiales de referencia aceptable, patrones consensuados o patrones industriales) que sean internacionalmente aceptados en el terreno concerniente.

Todo patrón utilizado en el sistema de confirmación deberá estar respaldado por certificados, informes u hojas de datos del equipo, atestiguando la procedencia, fecha, incertidumbre y las condiciones bajo las que los resultados fueron obtenidos. Cada documento deberá estar firmado por una persona avalando la corrección de los resultados.

El proveedor deberá mantener evidencia documentada de que cada cablibración ha sido efectuada dentro de la cadena de *traceabilidad*.

EFECTO ACUMULATIVO DE LAS INCERTIDUMBRES

El efecto acumulativo de las incertidumbres en cada estadio sucesivo de la cadena de calibraciones deberá ser tenido en cuenta para cada patrón y elemento del equipo que es confirmado. Deberán tomarse acciones cuando el total de la incertidumbre es tal que compromete significativamente la aptitud para efectuar mediciones dentro de los límites permisibles de error.

Deberán ser registrados los detalles de los componentes significativos del total de la incertidumbre. El método de combinación de estos componentes también deberá ser registrado.

CONDICIONES AMBIENTALES

Los patrones y los equipos de medición deberán estar calibrados, ajustados y ser usados en un ambiente controlado en la medida necesaria para asegurar la validez de los resultados de las mediciones. Deberá ser convenientemente considerada la temperatura, el rango de cambios de temperatura, humedad, iluminación, vibraciones, control de polvo, limpieza, interferencias electromagnéticas y otros factores que afecten el resultado de las mediciones. Cuando resulte aplicable, estos factores deberán ser conti-

CAP. 12 — CONTROL DE EQUIPO DE INSPECCION, MEDICION Y ENSAYO **243**

nuamente monitoreados y registrados y, cuando resulte necesario, se deberán aplicar correcciones para compensar los resultados de las mediciones. Los registros deberán contener los datos originales y los corregidos. Las correcciones, cuando sean aplicables, deberán estar sólidamente basadas.

PERSONAL

El proveedor asegurará que todas las confirmaciones son llevadas a cabo por un equipo de personas que tienen la calificación, entrenamiento, experiencia, aptitud y supervisión apropiados.

ANEXO A
(INFORMATIVO)

Guía para la determinación de los intervalos de confirmación de los equipos de medición.

NOTA 28. Este anexo está basado en la OIML International, documento Nro. 10.

A,1. Introducción

Un aspecto importante en la operación eficiente de un sistema de confirmación es la determinación del máximo período entre confirmaciones sucesivas de patrones y equipos de medida. Un gran número de factores influyen la frecuencia de confirmación. Los más importantes de esos factores son los siguientes:

a) el tipo de equipo;

b) las recomendaciones del fabricante;

c) las tendencias obtenidas de los registros de calibraciones previas;

d) los registros históricos de mantenimiento y services;

e) duración y severidad del uso;

f) la tendencia del deterioro y la desviación;

g) la frecuencia de los chequeos cruzados contra otros equipos de medida, particularmente contra patrones;

h) la frecuencia y la formalidad de los chequeos de calibración efectuados en la planta;

i) las condiciones ambientales (temperatura, humedad, vibración, etc.);

j) la exactitud pretendida de la medición;

k) las consecuencias de haber aceptado un valor incorrecto como correcto cuando el equipo de medición no se encontraba en condiciones.

El costo de las confirmaciones no debe ser ignorado en la determinación de los intervalos de confirmación, puesto que éste puede ser un factor limitante. Debido a todos estos factores, resulta obvio que no puede ser confeccionada una lista de intervalos que pueda ser aplicada universalmente. Es muy usual que se presenten guías indicando cómo pueden ser establecidos los intervalos de confirmación, los que son revisionados una vez que, sobre una base rutinaria, están siendo aplicados.

Existen dos criterios básicos y opuestos que son requeridos para producir el balance cuando se decide el intervalo de confirmación de cada elemento del equipamiento de medición. Ellos son los siguientes:

a) que el riesgo de no conformar las especificaciones del equipo que está en uso debiera ser el más pequeño posible;

b) que el costo de las confirmaciones debiera mantenerse en el mínimo.

Por este motivo, los métodos son presentados en este anexo para una selección inicial de los períodos de confirmación y para el reajuste de estos intervalos en base a la experiencia.

A,2. Elección inicial del intervalo de confirmación

La base en la decisión inicial en la determinación de los intervalos de confirmación es, invariablemente, la así llamada "intuición ingenieril". Alguien con experiencia en mediciones en general o en los equipos de medición a ser confirmados, en particular, y preferiblemente con conocimiento de los intervalos utilizados por otros laboratorios, efectúa una estimación para cada elemento del equipamiento o para un grupo de elementos como una extensión de tiempo dentro del cual es probable que permanezca dentro de tolerancia luego de la confirmación.

Los factores a tener en cuenta son:

a) las recomendaciones del fabricante del equipo;

b) la extensión y la severidad del uso;

c) la influencia del ambiente;

d) la exactitud pretendida de la medición.

A,3. Métodos de revisión de los intervalos de confirmación

Un sistema que mantiene los intervalos de confirmación sin revisionar, determinados solamente por la así llamada "intuición ingenieril", no es considerado suficientemente confiable.

Una vez que las confirmaciones han sido establecidas sobre la base de una rutina, sería posible ajustar los intervalos de confirmación con el objeto de optimizar el balance de riesgo y costo como se establece en la introducción.

CAP. 12 — CONTROL DE EQUIPO DE INSPECCION, MEDICION Y ENSAYO 245

Será probable encontrar que los intervalos seleccionados inicialmente no están dando los resultados óptimos deseados; los elementos de un equipo pueden ser menos confiables que lo esperado; su uso puede no ser el esperado; esto puede ser suficiente para llevar a cabo una confirmación limitada a ciertos elementos, en lugar de una confirmación completa; la desviación determinada por la calibración regular de un equipo puede mostrar que es posible aplicar intervalos de confirmación más largos sin incrementar el riesgo y seguir aplicando esto a través del tiempo.

Si por la escasez de presupuesto o de medios fuera necesario extender los intervalos de confirmación, no se debería olvidar que el costo de utilizar equipos de medición inadecuados puede ser significativo. Si es efectuada una estimación de estos costos, bien podría encontrarse que resulta más económico gastar más dinero en confirmaciones y reducir los intervalos de confirmación.

Se dispone de una serie de métodos para la revisión de los intervalos de revisión. Difieren entre ellos de acuerdo a si:

— los elementos del equipamiento son tratados individulamente o como un grupo (por ejemplo, por marca o por tipo);

— los elementos fallan en cumplir con sus especificaciones transcurrido un lapso de tiempo, o por el uso;

— los datos obtenibles e importantes son incluidos en la historia de calibración del equipo.

Ningún método es idealmente adecuado para una serie completa de equipos.

A,3,1. Método 1: Automático o ajuste "escalera"

Cada tanto, un elemento de un equipamiento es confirmado de acuerdo con una rutina básica, subsecuentemente el intervalo es extendido si se encuentra dentro de tolerancia o reducido si es encontrado fuera de tolerancia. Esta respuesta en "escalera" puede producir un rápido ajuste de los intervalos y es fácil llevarla a cabo sin gran esfuerzo. Cuando los registros son mantenidos y usados para un grupo de elementos, los posibles problemas, indicando la necesidad de una modificación técnica o a mantenimiento preventivo pueden ser sólo aparentes.

Una desventaja de los sistemas que tratan a los elementos individualmente puede ser la dificultad para mantener la carga de trabajo uniforme y balanceada, y que es requerido un planeamiento detallado.

A,3,2. Método 2: Gráfico de control

Los mismos puntos de calibración son seleccionados para cada confirmación y los resultados son graficados en función del tiempo. A través de

246   *ASEGURAMIENTO DE CALIDAD. ISO 9000*

estos gráficos son calculados la dispersión y la desviación; la desviación existente, con respecto al desvío medio, una vez superado el intervalo de confirmación o, en el caso de un equipo muy estable, el desvío más allá de varios intervalos.

El método es dificultoso de aplicar, en realidad muy complicado en el caso de equipos complejos y, virtualmente, sólo puede ser utilizado mediante el procesamiento automático de datos. Antes de comenzar los cálculos es necesario el conocimiento de la ley de variabilidad del equipo o de equipos similares. Además es dificultoso lograr el balance de la carga de trabajo. Aunque, una considerable variación de los intervalos de calibración, basados en esas prescripciones, es permisible sin invalidar los cálculos; la confiabilidad puede ser calculada y, en teoría como mínimo, esto brinda un eficiente intervalo de confirmación. Además, el cálculo de la dispersión indicará si los límites especificados por el fabricante son razonables y el análisis del desvío hallado puede ayudar a determinar las causas del desvío.

A,3,3. Método 3: Tiempo calendario

Los elementos de un equipamiento de medición son ordenados, inicialmente, en grupos, en base a la similitud de su construcción y de su esperada similitud en la confiabilidad y estabilidad. Inicialmente, en base a la "intuición ingenieril", es asignado un intervalo de calibración a cada grupo.

En cada grupo, la cantidad de elementos que retornan a su intervalo de confirmación asignado, es encontrado que tienen un error excesivo, o de alguna manera están no conformes, son determinados y expresados como una proporción del total de la cantidad de elementos en ese grupo, que son confirmados durante un período dado. En la determinación de los elementos no conformes, aquellos que obviamente están dañados o que son devueltos por el usuario bajo sospecha o falla, no son incluidos como posible causa de error de medición.

Si la proporción de elementos no conformes es excesivamente alta, se debería reducir el período de confirmación. Si se manifiesta que un subgrupo particular de elementos (tal como una marca particular o un tipo) no se comporta como otros miembros de ese grupo, este subgrupo debería ser transferido a uno diferente, con un intervalo de confirmación distinto.

El período durante el cual el desempeño es evaluado debería ser tan corto como sea posible, compatible con una cantidad estadísticamente significativa de elementos confirmados para un grupo dado.

Si la proporción de elementos no conformes de un grupo dado, prueba ser muy bajo, puede ser económicamente justificable incrementar el período de confirmación.

A,3,4. Método 4: Tiempo en uso

Esta es una variación de los métodos precedentes. El método básico se mantiene invariable pero el intervalo de confirmación es expresado en horas

CAP. 12 — CONTROL DE EQUIPO DE INSPECCION, MEDICION Y ENSAYO

de uso en lugar de meses calendario de tiempo transcurrido. Un elemento de un equipamiento puede ser provisto de un indicador de tiempo transcurrido, y devuelto para confirmación cuando el indicador alcance el valor indicado. La ventaja teórica importante de este método es que el número de confirmaciones efectuadas, y por tanto, el costo de confirmación, varían directamente con la extensión de tiempo en el que el equipo es utilizado. Además, hay un chequeo automático de la utilización del equipo.

Aunque, las desventajas prácticas son muchas e incluyen las siguientes:

a) el método no puede ser utilizado con instrumentos de medición pasivos (por ejemplo, atenuadores) o con patrones de medida pasivos (resistores, capacitores, etc.);

b) el método no debería ser utilizado cuando es conocido el desvío o el deterioro, cuando se encuentra en la "estantería", es manipulado o cuando está sometido a un ciclo corto de encendido-apagado, en todo caso se debería efectuar un seguimiento por "tiempo calendario";

c) el costo inicial de la provisión e instalación de medidores de tiempo confiables es alto y, puesto que los usuarios pueden interferir con ellos, puede requerirse una supervisión que incrementará los costos;

d) es, no obstante, más dificultoso lograr un flujo uniforme de trabajo que con los otros métodos mencionados, dado que el laboratorio de calibración no tiene conocimiento de la fecha en que finaliza el intervalo de calibración.

A,3,5. Método 5: En servicio o prueba de "caja negra"

Este método es complementario para una completa confirmación. Puede proveer una información útil respecto de las características de un equipamiento de medición, en el ínterin entre dos períodos completos de confirmación y puede brindar una guía respecto de lo apropiado del programa de confirmaciones.

Este método es una variación de los métodos 1 y 2 y es particularmente conveniente para equipos complejos y consolas de ensayo. Los parámetros críticos son chequeados con frecuencia (una vez por día y aún más frecuentemente) por dispositivos de calibración portátiles o, preferiblemente, por "cajas negras" fabricadas especialmente para chequear los parámetros seleccionados. Si el equipo es encontrado no conforme utilizando una "caja negra", es devuelto para una confirmación completa.

La gran ventaja de este método es que provee un máximo de disponibilidad para el usuario del equipo. Es muy conveniente para equipos que se encuentran geográficamente distantes del laboratorio de calibración, puesto que una confirmación completa es solamente efectuada cuando es conocida la necesidad de realizarla o para extender el intervalo de confirmación. La mayor dificultad está en decidir respecto de los parámetros críticos y en el diseño de la "caja negra".

Aunque teóricamente el método brinda una muy alta confiabilidad, es ligeramente ambiguo dado que el equipo puede estar fallando en algunos parámetros que no son medidos por la "caja negra". Adicionalmente, las características propias de la "caja negra" pueden no ser constantes y también necesitan ser confirmadas regularmente.

Comentario

Para cumplir este requerimiento, lo primero que debería hacerse es un análisis de todas las mediciones que se deben efectuar, basándose en los planos y en las especificaciones de los productos que fabrica la empresa o en los servicios que presta. De este análisis deberán surgir:

— la máxima exactitud a lograr;
— la mínima precisión a lograr;
— el tipo de instrumento a utilizar en cada caso.

Esto permitirá establecer el parque de instrumentos adecuados para la empresa.

Debemos hacer aquí una aclaración respecto de la diferencia entre exactitud y precisión. Tomemos, por ejemplo, el valor M±5 como base para el desarrollo. M sería el valor nominal y ±5 sería la tolerancia, es decir, aquellos valores que sumados o restados al nominal M hacen que una dimensión sea aceptada si se encuentra dentro o sobre estos límites. A continuación se muestra gráficamente esta condición.

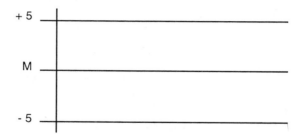

Figura 12,1.

Estadísticamente, la aceptabilidad estará representada por una **campana de Gauss**, centrada en el valor M y contenida dentro de la franja M±5, como por ejemplo:

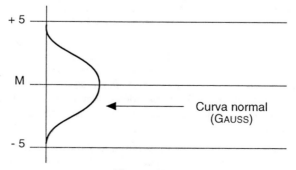

Figura 12,2.

La exactitud de un instrumento estará dada por su capacidad para ubicarse repetidamente sobre el valor M, y la precisión estará dada por su capacidad para ubicarse dentro de los límites de ±5. Por ejemplo, la curva B representa un instrumento exacto y con una precisión igual a los requerimientos de producto.

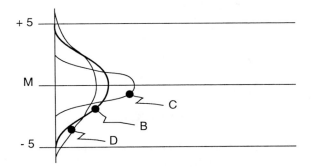

Figura 12,3.

La curva C representa un instrumento exacto pero más preciso que los requerimientos del producto y la curva D representa a un instrumento exacto pero menos preciso que lo requerido para el producto.

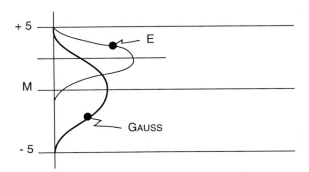

Figura 12,4.

La curva E representa un instrumento preciso pero no exacto y, por último, la curva F representa un instrumento que no es ni exacto ni preciso.

250 ASEGURAMIENTO DE CALIDAD. ISO 9000

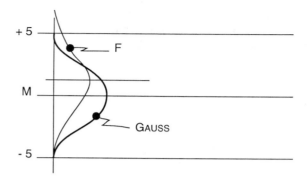

Figura 12,5.

Todo esto debe tenerse presente dado que cada vez que se planifique una medición se deberá aplicar el criterio de *usar el instrumento más económico para la medición requerida*, ya que el costo de adquisición, conservación y calibración del mismo aumentará en la medida en que aumente su precisión y la complejidad de construcción. En consecuencia, la mínima apreciación del instrumento deberá ser compatible con el grado de precisión requerido para la dimensión a medir. Por lo tanto, siempre que se cuente con elementos de medición por atributos (calibres fijos del tipo "pasa" y "no pasa") y cuando no se requiera el valor dimensional de la cota de medida, se deberá privilegiar su uso al de los instrumentos de medición por variables, ya que son más económicos y de uso más sencillo que aquellos.

Una vez establecido el parque de instrumentos y equipos, y fijadas las precisiones, se debería establecer el período de validez de la confianza, plazo de chequeo o, como se lo suele llamar en nuestra disciplina, *el período de confirmación*. En este libro nos basaremos en el método *tiempo calendario*, de manera que se fijará un tiempo máximo entre confirmaciones fundado en la intuición del metrólogo. Así, la empresa debería contar con registros de uso de cada instrumento, como, por ejemplo, el que se muestra en la figura 12,6.

En función de las fechas de entrega y devolución de cada instrumento y de los registros de inspección, se podrá estimar la intesidad de uso y, en consecuencia, establecer el período dentro del cual se consdiera que un instrumento está calibrado o el período máximo dentro del cual se deberá chequear esta condición.

En general, las empresas que comienzan a aplicar un Sistema de Calidad, no han tomado la precaución de registrar estos datos, por lo tanto el análisis anterior no resulta posible, y, como dijimos más arriba, el período inicial de confirmación habrá que fijarlo por intuición y luego, por aproximaciones sucesivas; esto es, establecer un período inicial de, por ejemplo, seis meses, para luego ir ajustándolo de acuerdo con los resultados de cada calibración. Si luego de las primeras calibraciones se detectara que, en todas las oportunidades, el instrumento se encontraba descalibrado, se deberá reducir el período;

CAP. 12 — CONTROL DE EQUIPO DE INSPECCION, MEDICION Y ENSAYO 251

	Registro de Uso de Instrumento		Código
			⌐					⌐

Denominación:

Asignado a		Fechas		Observaciones
Nombre	Legajo	Entrega	Devolución	

Figura 12,6.

en cambio, si se detectara que en todas las revisiones proporcionaba mediciones aceptables, se podrá extender el período.

Establecidos los períodos iniciales, se deberá confeccionar una "tabla de períodos" similar a la que se muestra a continuación.

Tipo de instrumento	Período (en días)
Calibres fijos	180
Calibres móviles	90
Micrómetros	90
Alesómetros	180
Comparadores	180
Patrones secundarios	720
Durómetros	180
Rugosímetros	180
Goniómetros	180
Balanza analítica	365
Espectrómetro	365
Penetrómetros	365
Pehachímetros	180
Viscosímetros	90
Termostatos	180
Termómetros	365
Elementos tarados de vidrio	365

Tabla de períodos de calibración.

La tabla precedente sólo se suministra como ejemplo, no siendo recomendable adoptarla sin un minucioso análisis, pues cada empresa, aun del mismo ramo y fabricando un mismo producto, podría requerir períodos distintos.

En función de la tabla de períodos deberá confeccionarse un programa de calibración como el que se muestra a continuación.

La utilidad de este documento se limita a alertar a los responsables por las confirmaciones, respecto de la proximidad de vencimiento de los períodos, de manera que debería encontrarse expuesto en la sala de calibraciones o, en su defecto, en el pañol de instrumentos.

Accesoriamente, suelen utlizarse tarjetas adheridas a los instrumentos (figura 12,8), conteniendo el código de identificación y la fecha de vencimiento de la confirmación. Cuando la colocación de esta tarjeta sobre el instrumento no resulta práctica, puede colocársela sobre el estuche o el contenedor correspondiente. Habrá que tener presente que si el procedimiento de calibración nomina un responsable por las confirmaciones, distinto de los usuarios (por ejemplo, el metrólogo), incluyendo el retiro de uso o no entrega de instrumentos, esta tarjeta servirá para reforzar el control, haciendo partícipe de

CAP. 12 — CONTROL DE EQUIPO DE INSPECCION, MEDICION Y ENSAYO

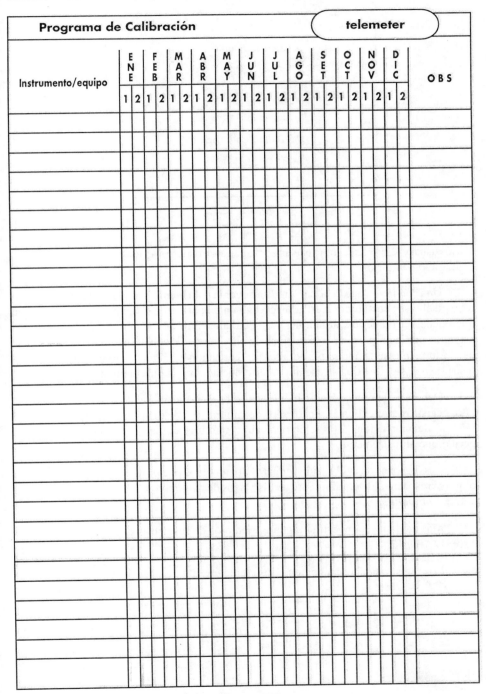

Figura 12,7.

```
┌─────────────────────────────────────┐
│                                     │
│            Instrumento              │
│                                     │
│                                     │
│                                     │
│         Próxima calibración         │
│                                     │
│                                     │
│                                     │
└─────────────────────────────────────┘
```

Figura 12,8.

él a los usuarios. En ese caso, su uso no será obligatorio, pero si el usuario es el responsable, ocurrirá lo contrario.

Una condición que debe ser tenida en cuenta es la identificación de cada instrumento; para ello se acostumbra marcar un código único para cada elemento. Esta marcación, que puede ser numérica, alfanumérica o cualquier otra que resulte práctica, puede ser asignada por la empresa y, si se dispone de ello, coincidir con el inventario de bienes de uso. También resulta admisible adoptar las marcaciones asignadas por el fabricante del instrumento, siempre que se asegure la diferenciación con otro elemento similar.

Deberá existir una relación biunívoca entre el código marcado sobre el instrumento y los registros, protocolos o certificados de calibración. Además, deberá cuidarse que el método de marcación (lápiz eléctrico, cuño, pintura, colocación de tarjeta, etc.) no perjudique al instrumento.

Los registros de calibración serán los documentos que proporcionarán la evidencia objetiva respecto del cumplimiento de los plazos de calibración, los resultados obtenidos y la *trazabilidad.*

Más adelante se muestran algunos ejemplos de resgistros de calibración (figuras 12,9, 12,10 y 12,11).

Los registros deberían contener los siguientes datos:

CAP. 12 — CONTROL DE EQUIPO DE INSPECCION, MEDICION Y ENSAYO — 255

— Código del instrumento.

— Período de calibración.

— Procedimiento de calibración aplicado.

— Patrón secundario utilizado.

— Rango de utilización.

— Resultados obtenidos.

— Fecha en que se efectuó cada calibración.

— Firma del metrólogo.

— Número de certificado o protocolo, cuando la calibración se efectúe en un ente externo a la empresa.

Dentro de la variedad de instrumentos que podemos utilizar, debemos considerar también la variedad de posibilidades de acciones sobre ellos. Por ejemplo, existen instrumentos tales que bastará contar con un certificado del fabricante y nunca serán calibrados, pues solamente son susceptibles de una revisión para verificar su estado de conservación, tal como los elementos de vidrio tarados, utilizados en los laboratorios; a lo sumo, si la empresa dispusiera de ellos al momento de instrumentar el Sistema de Calidad y debiera verificar su tarado y resultaran imprecisos, deberá descartarlos o destruirlos, pues no se los puede ajustar ni reparar; por otro lado, están los instrumentos que son ajustados cada vez que se los usa, como por ejemplo, los testers, a los que se cortocircuita y se corrige la posición de la aguja con respecto a la escala; estos instrumentos deberán ser comparados con patrones externos, calibrados, en períodos regulares; otro caso lo constituyen los instrumentos que son controlados cada vez que se los pone en uso o cambian de escala, tales como los durómetros; los micrómetros permiten ser ajustados, con el objeto de corregir las diferencias, cada vez que son chequeados; en los calibres a coliza, que no permiten ajustes, se puede acotar el error.

En el caso de los instrumentos susceptibles de acotar el error —elementos de vidrio en los laboratorios, calibres a coliza, etc.—, su uso puede ser prolongado degradándo-lo a usos cuyo error no resulte significativo, esto es, cuando la precisión requerida supere el error cometido. Tal es el caso de medición de piezas en bruto, fundición, etc., efectuada con calibres a coliza, o la toma de muestra de líquidos para los laboratorios, cuando lo importante de la muestra son sus características y no la precisión en el volumen extraído.

ASEGURAMIENTO DE CALIDAD. ISO 9000

	TECHINT		**Ficha de Calibración**	Pág. de

Marca: | **Denominación del instrumento:**

Rango: | **Modelo:** | **Número:**

Operación	Inspector	Firma	Fecha	Observaciones
Confirmación en la fecha indicada				
Observación visual				
Ajuste/reparación				
Calibración				
Colocación de etiqueta				

Calibración

Porcentaje	Confirmación		Calibración		Observaciones
	Patrón	Medido	Patrón	Medido	
8					
25					
50					
75					
100					

Rango de calibración (el instrumento deberá ser utilizado exclusivamente en este rango):

Observaciones: _____

Figura 12,9.

CAP. 12 — CONTROL DE EQUIPO DE INSPECCION, MEDICION Y ENSAYO   **257**

EURO LUBE	**Registro de Calibración**	**Instrumento Nro.**

Instrumento _____

Tipo _____

Rango _____   Rango de utiliz. _____

Lectura mínima _____

Período de calibración _____

Observaciones _____

_____

_____

Valor refer.	Valor leído

Leído ▲

Referencia ➤

Fecha	Ejecutó	Aprobó
/ /	_____	_____

Figura 12,10.

258　ASEGURAMIENTO DE CALIDAD. ISO 9000

Ficha de calibración				telemeter

Instrumento/equipo				Período

Fecha calibración		Procedimiento	Protocolo certific.	Firma
Anterior	**Próxima**			
/ /	/ /			
/ /	/ /			
/ /	/ /			
/ /	/ /			
/ /	/ /			
/ /	/ /			
/ /	/ /			
/ /	/ /			
/ /	/ /			
/ /	/ /			
/ /	/ /			
/ /	/ /			
/ /	/ /			
/ /	/ /			
/ /	/ /			

Figura 12,11.

CAP. 12 — CONTROL DE EQUIPO DE INSPECCION, MEDICION Y ENSAYO   259

Hemos mencionado al patrón secundario. Los instrumentos de uso deben calibrarse con patrones de un rango de precisión más elevado que ellos, por lo tanto, estos patrones también deben estar calibrados y cumplir con todos los requisitos establecidos, haciéndose, además, referencia al patrón primario con que fue calibrado. Esta relación documental *instrumentos de uso - patrones secundarios - patrones primarios - etc.*, permitirá establecer una relación válida entre nuestros instrumentos y los patrones de validez internacional, y se conoce como *trazabilidad*.

También hemos mencionado el *rango de utilización*; esto se debe a que, en oportunidades, un instrumento no es utilizado en todo su rango, sino que se usa para medir dimensiones que abarcan tan sólo una parte de su escala; en consecuencia, siempre que se tenga la certeza de que sólo se empleará de esa manera, la calibración se podrá efectuar en un entorno que incluya y supere, en un porcentaje reducido, el tramo de la escala utilizado.

Por último, los certificados externos deberán hacer referencia a los patrones utilizados para la calibración de los instrumentos y el período de validez de la calibración. En ocasiones, podrá requerirse que se establezca en los certificados los resultados de todas las mediciones efectuadas o las curvas resultantes.

Existen casos particulares, como, por ejemplo, los patrones de colores utilizados en las industrias químicas. Es sabido que estos patrones se degradan irremisiblemente con el paso del tiempo, de manera que en los certificados suministrados por el fabricante deberá constar la fecha de elaboración y el período de vida útil, y esto requerirse en la orden de compra del patrón.

Debemos aclarar que no sólo se deben mantener bajo control los instrumentos utilizados por el sector de Inspección y Control o el Laboratorio, sino también aquellos empleados por el personal de Producción. Esto es así, porque de nada serviría usar instrumentos calibrados en la inspección, si los utilizados en la fabricación se encuentran en el campo de la incertidumbre. Esto incluye los instrumentos empleados para el control de los procesos.

Cuando un instrumento sea encontrado defectuoso, deteriorado o fuera de período de calibración, se lo deberá identificar con toda claridad, se lo segregará o se impedirá su utilización y se confeccionará un Informe de No Conformidad sobre el o los productos con él controlados y un Pedido de Acción Correctiva sobre el instrumento afectado (para el tratamiento de estos dos documentos, particularmente aplicados a las situaciones involucradas con las calibraciones, ver los capítulos 14 y 15). Deberán identificarse las materias primas, insumos o productos controlados con los instrumentos defectuosos.

Luego de efectuar un análisis de cada caso por parte del responsable designado, por ejemplo, el Jefe de Control de Calidad, se deberán volver a controlar todos los elementos que hayan sido inspeccionados con instrumentos fuera de calibración, tomando como límite el momento en que se estime, fundamentalmente, que el instrumento adquirió tal condición. Para esto, habrá que llevar un estricto control de la entrega y uso de los instrumentos; en caso contrario, si este control de entrega no es efectuado, se hará sumamente difícil la determinación del límite de recontrol.

260 ASEGURAMIENTO DE CALIDAD. ISO 9000

Cuando la No Conformidad afecte a elementos que han sido controlados utilizando instrumentos con la fecha de confirmación vencida, y se compruebe que el instrumento suministra información confiable, no se deberían volver a controlar los elementos afectados, pues la incertidumbre por su aptitud y los resultados obtenidos estaría resuelta.

Por último, la administración general de los instrumentos y sus calibraciones deberían constar en procedimientos escritos. Aquellos instrumentos cuya rutina de calibración sea la misma, más allá de los valores de los parámetros a controlar —que variarán dentro de un mismo tipo de instrumentos—, podrán ser calibrados utilizando una misma instrucción o procedimiento.

La norma ISO 10012-1 contiene suficiente detalle como para que sigamos extendiéndonos en el tema, por lo que sugerimos su relectura para completar la aprehensión del mismo.

Capítulo 13

Estado de inspección y ensayo

TEXTO DE LA NORMA ISO 9001

La condición de inspección y ensayo del producto debe ser identificada por medios adecuados, que indiquen la conformidad o no conformidad del producto respecto de la inspección y ensayos realizados. Debe mantenerse la identificación de la condición de inspección y ensayos, según se define en el plan de calidad y/o en los procedimientos documentados, a través de la producción, instalación y servicio del producto para asegurar que solamente se despacha, usa o instala el producto que ha pasado las inspecciones y ensayos requeridos (o el liberado bajo una concesión autorizada).

Comentario

Bajo este concepto las normas están requiriendo que, en todo momento, sea posible conocer el estado de aprobado, rechazado o a espera de resultados, en el que puede encontrarse una materia prima, insumo, productos en elaboración o terminados.

Lo mínimo que se debe hacer es registrar los resultados de las inspecciones y ensayos, de manera tal que resulte rápido y fácil reconocer el estado de un artículo; es decir, recurriendo a la documentación en la cual se referencia el artículo, las personas deben encontrar estos datos y tener seguridad de su validez.

Luego, cuando las características de los artículos lo permiten, pueden utilizarse —y de hecho se utilizan— tarjetas o etiquetas de distintos colores —por ejemplo verde para aprobado, rojo para rechazado y cualquier otro color para espera de resultados (figura 13,1)—, que, con una simple observación, alertan a inspectores y a operarios evitando usos indebidos de artículos que no estaban definitivamente aprobados o se encuentran inhibidos para su uso o despacho.

En ocasiones, las etiquetas de estado de inspección cumplen el doble propósito de establecer el estado y de contribuir con las identificación del artículo, cuando los datos contenidos en ellas satisfacen también ese objetivo.

262 ASEGURAMIENTO DE CALIDAD. ISO 9000

En cuanto al uso de cuños y pinturas, deberán tenerse en cuenta los mismos recaudos de los que hablamos cuando tratamos el tema de las marcaciones en el capítulo 9.

En algunos casos no resultan prácticas las etiquetas, por ejemplo, si se debe señalizar una pila de mineral a ser procesado; en estos casos, se suelen utilizar carteles de chapa soldados a una varilla que se clava en la pila y, sobre el cartel, se escriben los datos del mineral y su estado de aceptación.

Además, existen casos en que el estado de aceptación surge por el lugar en que se encuentra depositado el artículo. Por ejemplo, si se tratara de una empresa química que posee un tanque de 1.200 m³ para materias primas que recibe a granel, sería imposible discriminar, entre partidas recibidas en distintos momentos, cuál es el estado de aceptación; además, si se descargaran los vehículos que transportan la materia prima, sin haberlos examinado antes, se mezclarían elementos cuyo estado se desconoce. Aquí contribuye en gran medida la inspección de recepción, pues al llegar el transporte y antes de efectuar la transferencia de la carga, se toma una muestra y se analiza, autorizando la descarga sólo cuando la muestra ha sido aprobada definitivamente. De manera que la última partida se mezcla con las anteriores, pero como todas han sido aprobadas, el solo hecho de encontrarse en el tanque está expresando su condición de aprobada. Otro caso es aquel en el que el simple hecho de que un producto en elaboración se encuentre físicamente en un sector o en una etapa de elaboración, significa que la etapa anterior ha sido formalmente aprobada, aun cuando el desarrollo de la gestión no permita el registro de resultados intermedios.

En algunas empresas suelen destinarse espacios delimitados donde se depositan todos aquellos artículos cuyo estado de aceptación es incierto o que están definitivamente rechazados; pero la existencia de estas áreas de cuarentena no exime de contar también con los registros de estado pertinentes.

Debe tenerse presente que las marcaciones pueden borrarse y las etiquetas perderse, de manera que en todos los casos, la determinación del estado de inspección y ensayos debe efectuarse por medio de la cadena documental relacionada con cada producto o en su defecto, por la ubicación física del elemento. Además, todos los indicadores dañados o extraviados deberán ser repuestos.

Cuando por alguna razón, el estado de inspección de un elemento no resultara evidente por medio de su observación o por la lectura de los documentos con él relacionados, se deberá emitir un Informe de No Conformidad y señalizarlo con una tarjeta de *espera de resultados* o segregarlo, si resultara posible, hasta el momento en que se determine fehacientemente su estado, por medio del análisis del Informe de No Conformidad y el establecimiento de la Disposición Final correspondiente —ver el capítulo 14—.

En el momento de despachar un artículo hacia los lugares de comercialización, instalación o uso, podrán eliminarse todos los indicadores de estado de inspección, pero en ningún caso podrán ser despachados artículos cuyo estado de inspección resulte incierto.

CAP. 13 — ESTADO DE INSPECCION Y ENSAYO   263

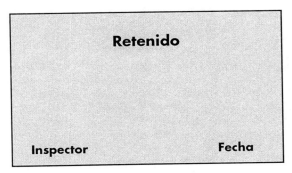

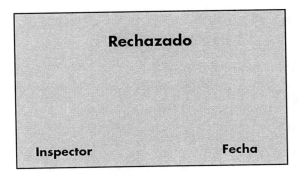

Figura 13,1.

Capítulo 14

Control de No Conformidades

TEXTO DE LA NORMA ISO 9001

GENERALIDADES

El proveedor debe establecer y mantener procedimientos documentados para asegurar que el producto que no está conforme a los requisitos especificados esté impedido del uso o instalación no previstos. Este control debe proveer identificación, documentación, evaluación, segregación (cuando sea práctico), disposición de producto no conforme y la notificación a las funciones concernientes.

REVISION Y DISPOSICION DE PRODUCTO NO CONFORME

Debe definirse la responsabilidad para la revisión y la autoridad para la disposición del producto no conforme.

El producto no conforme debe ser revisado de acuerdo con los procedimientos documentados. El producto puede ser:

a) reprocesado para cumplir con los requisitos especificados;

b) aceptado por concesión, con reparación o sin ella;

c) recalificado para aplicaciones alternativas; o

d) descartado.

Cuando sea requerido por el contrato, el uso o reparación propuestos del producto que no está conforme a los requisitos especificados debe ser informado al cliente o a su representante para obtener la concesión. La descripción de la no conformidad que haya sido aceptada y la de las reparaciones deben ser registradas para indicar la condición actual.

El producto reparado o reprocesado debe ser reinspeccionado de acuerdo con el plan de calidad y/o los procedimientos documentados.

ASEGURAMIENTO DE CALIDAD. ISO 9000

266

Comentario

Los apartamientos de las normas o especificaciones de un producto, conocidos en nuestra disciplina como No Conformidades, deben ser registrados, aun cuando sean transitorios o solucionables.

De la lectura de la norma se concluye que el Control de No Conformidades es una gestión aplicable exclusivamente a "tangibles"; de las disposiciones que establece para solucionarlas, pareciera que se limitara a los productos en elaboración y terminados. En realidad, esta gestión debe ser aplicada a materias primas, insumos, productos en elaboración, terminados y hasta aquellos que en poder del cliente presentan no conformidades. Los apartamientos a las normas, especificaciones o procedimientos aparecidos en el Sistema de Calidad, documentación y otros elementos "intangibles" y en instrumentos y equipos de producción o inspección y ensayo "tangibles" deberán ser administrados por otra vía llamada Acciones Correctivas, la que trataremos en el capítulo siguiente. Sobre este tema volveremos en el capítulo 18, Auditoría de Calidad.

Este es el motivo por el cual en el desarrollo del capítulo 12, dijimos que al detectar un producto que había sido inspeccionado con un instrumento fuera de calibración, se debía confeccionar un Informe de No Conformidad sobre el producto afectado y un Pedido de Acción Correctiva sobre el instrumento.

El medio más seguro para analizar una no conformidad es registrarla y hacer participar en su estudio a todos los involucrados (figura 14,1).

Generalmente quienes primero toman conocimiento de las no conformidades son los operarios o los inspectores y, aun estando capacitados para discriminar entre aquello que satisface o no las especificaciones, no resulta conveniente delegar en ellos el análisis de las posibles soluciones o, como suelen llamárselas, las *Disposiciones Finales*. Para ello, en muchos casos deben intervenir los departamentos de Calidad, Ingeniería, Producción y, en ocasiones, el cliente.

Todas las intervenciones, opiniones fundamentadas, estudios y resoluciones que conduzcan a una Disposición Final deben quedar registradas. De esta manera, si se prosigue con la fabricación del producto y éste llega a manos del cliente, podrá efectuarse, a través de la rastreabilidad, un análisis de falla ante un eventual reclamo o, en el mejor de los casos, una modificación definitiva del diseño, basada en Disposiciones Finales que probaron su efectividad, disminución de costos o simplificación del producto o del proceso mediante el cual se obtiene.

En muchos casos, el tratamiento de las no conformidades adquiere una importancia mucho más relevante que, por ejemplo, el Control de Diseño, no obstante lo cual, la extensión y el grado de detalles que suministra la norma para el desarrollo del Control de Diseño es mucho mayor que el que suministra para las no conformidades.

CAP. 14 — CONTROL DE NO CONFORMIDADES

	Informe de No Conformidad	**Nro.:**

Nota de Pedido del cliente

Plano orig. Cliente Nro. _____ Pos. _____ Rev. ____

Descripción de la No Conformidad

Croquis

Firma   / / Fecha

Contr. de calidad	Producción	Cliente
Fecha Firma	Fecha Firma	Fecha Firma

Disposición final

Usar tal cual ▶	Recuperar ▶	Retrabajar ▶	Reensayar Reinspecc. ▶	Calibrar Instrum. ▶	Rechazar ▶	Fecha estimada: / /

Observaciones: _____

_____

_____   / / Firma   Fecha

Ejecución

Efectuada: Fecha / /   Responsable: Firma

Inspeccionada: Fecha / /   Responsable: Firma

Cumplida satisfactoriamente: ☐   No cumplida INC Nro.:

Figura 14,1.

268   *ASEGURAMIENTO DE CALIDAD. ISO 9000*

Aun cuando la serie ISO 9000 todavía no trate el tema de las no conformidades, como lo hace la API Spec. Q1, parece conveniente adoptar los criterios establecidos por esta última, por lo menos en los casos en los que sus criterios son aplicables, tales los de industrias metalmecánicas, construcciones, montajes e instalaciones de equipos y aquellos en los que el lector considere viable su aplicación.

La API Spec. Q1 hace una discriminación entre lo que llama *criterios de aceptación de manufactura y criterios de aceptación de diseño*, a los que nosotros denominaremos CAM y CAD, respectivamente.

Para referirnos a ejemplos concretos diremos que los CAM, en una industria metalmecánica, podrían ser las medidas y sus tolerancias, asignadas por medio de un plano, a una pieza mecánica. Los CAD, relacionados con esa misma pieza, serían los criterios (condiciones físicas, geométricas, de ensayos, etc.) establecidos por las normas o especificaciones en las que se basó el proyectista para su diseño.

La API Spec. Q1 establece que:

1. Se podrán aceptar materiales o productos que no satisfagan los CAM cuando:

    a) los materiales o productos satisfacen los CAD;

    b) la violación de los CAM es categorizada como innecesaria para satisfacer los CAD;

    c) los materiales o productos son retrabajados para satisfacer los CAD o los CAM.

2. Se podrán aceptar materiales o productos que no satisfagan los CAD cuando:

    a) los CAD originales son modificados, sometiendo los cambios a control de diseño (aquí, por ejemplo, se debería aplicar el documento denominado *pedido de cambio* - figura 5,4); y

    b) los materiales o productos satisfacen los nuevos CAD.

3. No se aceptarán los materiales o productos con no conformidades.

Con todo esto tenemos sobradas razones para registrar toda la gestión de una no conformidad.

Recurriremos a un ejemplo para hacer más fácilmente comprensible lo antedicho. En el caso de una industria mecánica, en la cual se diseñe y fabrique un producto, podría suceder lo siguiente:

La tensión de fluencia de un material seleccionado para fabricar el producto es de 40 Kg/mm^2; el diseñador establece un coeficiente de seguridad igual a 2, por lo que la tensión admisible a aplicar será de 20 Kg/mm^2.

El coeficiente de seguridad resulta ser un criterio de aceptación de diseño (CAD), seleccionado por el diseñador según su experiencia, o impuesto por las especificaciones del cliente.

CAP. 14 — CONTROL DE NO CONFORMIDADES   **269**

Habiendo aplicado estos datos a los cálculos de diseño, resultó que el producto debería ser construido con una chapa de un espesor de 20±0,5 mm (CAM).

Consideremos que el presente es sólo un ejemplo y no el análisis de un caso real, en el que, probablemente, no pasarían desapercibidas algunas situaciones.

Al inspeccionarse el producto ya en proceso de fabricación, se descubre que Producción ha utilizado chapa de 5/8", es decir, de 19,05 mm de espesor, que tenía en existencia.

Aquí se genera un Informe de No Conformidad.

Si en esta instancia interviniera solamente el departamento de Control de Calidad, la Disposición Final sería *rechazar*, pero, con la intervención de Ingeniería, la situación podría tener varias alternativas:

a) la revisión de los cálculos no admite modificación alguna, pues el coeficiente de seguridad (CAD) fue establecido por el cliente, de manera que se deberá rechazar o reclasificar el producto; o

b) el coeficiente de seguridad fue seleccionado libremente por el diseñador y excede las necesidades, por lo que podrá ser disminuido, adoptándose, por ejemplo, 1,8 en lugar del 2 original (modificación del CAD), con lo que, luego de modificar los planos (especificando un espesor de 19,05±0,0 —modificación de un CAM—), el producto conforma el criterio de aceptación de manufactura y, en consecuencia, deberá ser aprobado; o

c) el coeficiente de seguridad fue seleccionado libremente por el diseñador y excede las necesidades, no siendo modificado el CAD, pero sí el CAM (aumentando la tolerancia en los planos de ±0,5 a ±1), con lo que el producto conforma el nuevo CAM y deberá ser aprobado.

En la generalidad de los casos son aplicables Disposiciones Finales tales como las siguientes:

Aprobar (anteriormente se utilizaba "usar tal cual") (1,a, 1,b y 2,b de la API Spec. Q1).

Retrabajar (o, lo que es lo mismo, "seguir elaborando hasta satisfacer los requerimientos") (1,c de la API Spec. Q1).

Reparar (1,c de la API Spec. Q1).

Reclasificar (para otros usos) (3 de la API Spec. Q1, respecto del uso original del artículo).

Rechazar (3 de la API Spec. Q1).

Reinspeccionar

Calibrar instrumentos

En el caso de aprobarse una materia prima o un insumo que no conforma los requerimientos especificados, se impondrá la necesidad de identificar estos artículos para que esta situación sea tenida en cuenta en el momento de su uso o aplicación y de proceder a las correcciones de formulación, procesamiento, etc. que requiera ese uso fuera de norma.

Las operaciones de reparación requieren la emisión de procedimientos que indiquen cómo efectuar la reparación y cómo inspeccionar o ensayar sus resultados. Estos procedimientos deberán estar mencionados en los Informes de No Conformidad y, de no contarse con ellos en el momento de establecer la Disposición Final, se deberán elaborar inmediatamente. Como establece la norma, si fue estipulado en el contrato —y agregamos nosotros, si el proveedor lo considera necesario, en virtud de las relaciones con el cliente, las responsabilidades legales por el producto, etc.—, las reparaciones deberán ser propuestas a los clientes, discutidas y, finalmente, aprobadas por ellos, antes de ser llevadas a cabo.

En cuanto a las disposiciones de reinspeccionar y/o calibrar instrumentos, estarán relacionadas, principalmente, con los casos de no conformidades por utilización de instrumentos descalibrados.

Las Disposiciones Finales involucran actividades que se deberán cumplir en tiempo y forma, de manera que requerirán un seguimiento que concluirá cuando la no conformidad haya sido resuelta satisfactoriamente. El no cumplimiento de una Disposición Final podrá originar una prórroga, la emisión de un nuevo Informe de No Conformidad o de un Pedido de Acción Correctiva. Todas estas instancias deberán ser registradas.

Dado que pueden ser varias las personas que redacten originalmente Informes de No Conformidad, y que resulta necesario numerarlos para diferenciarlos, deberá existir un Registro de No Conformidades (fig. 14,2), mediante el cual pudiera asignarse un número a cada informe e indicar sucintamente el tema u objeto de la no conformidad.

El Registro de No Conformidades tendrá, además, la utilidad de servir para detectar las reiteraciones de un mismo tipo de no conformidades, lo que conducirá a su tratamiento como una posible Acción Correctiva.

Los indicadores de estado y las áreas de cuarentena establecidas en los procedimientos de estado de inspección y ensayo deberán ser aplicados aquí cuidadosamente.

Todos los involucrados en una no conformidad, especialmente Producción, deberán ser notificados de manera fehaciente e inmediatamente de ser detectada, con el objeto de evitar el procesamiento de elementos no conformes. En oportunidades, continuar agregando valor a un producto que finalmente deberá ser rechazado, involucra costos muy altos y difíciles de explicar a los directivos de la empresa.

Deberán establecerse con precisión las atribuciones del personal de Control de Calidad para interrumpir un proceso, principalmente cuando se trata de un proceso continuo, tomando como elementos de juicio todas las variables y alternativas que se pondrían en juego en tales circunstancias.

CAP. 14 — CONTROL DE NO CONFORMIDADES

En algunas empresas, como alternativa a los Informes de No Conformidad, aparecen documentos denominados *Aviso de Desvío* (figura 14,3), los que son aplicados en aquellos casos en que la Disposición Final, si se lleva a cabo toda la gestión de la no conformidad, sería indudablemente *retrabajar*, disposición que, una vez detectada la no conformidad, asume y aplica Producción con la sola intervención del inspector y con la posterior emisión de este documento. Este procedimiento alternativo requiere el análisis y la especificación previa de cuáles habrán de ser los casos en que se podrá aplicar.

	Registro de Informes de No Conformidad			Hoja: de:		
Número	Tipo de no conformidad	Dispos. final	Número	Tipo de no conformidad	Dispos. final

Figura 14,2.

	Aviso de Desvío	Fecha / /
		Hora _____

Producto _____   Línea de produc. _____   Equipo de produc. _____

Descripción del desvío

_____

_____

_____

_____

_____

_____

_____

_____

_____

_____

_____

_____

_____

_____   Firma   / /
                                                    Fecha

Control de Calidad

Se debe generar un INC   Sí ☐

                             No ☐   Firma   / /
                                                     Fecha

Figura 14,3.

Capítulo 15

Acción Correctiva y Preventiva

TEXTO DE LA NORMA ISO 9001

GENERALIDADES

El proveedor debe establecer y mantener procedimientos documentados para implementar acciones correctivas y preventivas.

Cualquier acción correctiva o preventiva tomada para eliminar las causas de las no conformidades reales o potenciales debe ser en un grado apropiado a la magnitud de los problemas y acorde con los riesgos encontrados.

El proveedor debe implementar y registrar cualquier cambio de los procedimientos documentados que resulten de la acción correctiva o preventiva.

ACCION CORRECTIVA

Los procedimientos para la acción correctiva deben incluir:

a) el manejo efectivo de los reclamos del cliente e informes de no conformidades del producto;

b) investigación de las causas de las no conformidades relativas al producto, proceso y sistema de calidad, y registro de los resultados de la investigación;

c) determinación de la acción correctiva necesaria para eliminar la causa de las no conformidades;

d) aplicación de controles para asegurar que se tome la acción correctiva y que ésta sea efectiva.

ACCION PREVENTIVA

Los procedimientos para la acción preventiva deben incluir:

a) el uso de fuentes apropiadas de información tales como procesos y operaciones de trabajo que afecten la calidad del producto, concesiones, resultados de auditoría, registros de calidad, informes de servicio y reclamos del cliente, para detectar, analizar y eliminar las causas potenciales de las no conformidades;

274   *ASEGURAMIENTO DE CALIDAD. ISO 9000*

b) determinación de los pasos necesarios para tratar cualquier problema que requiera acción preventiva;

c) iniciación de acción preventiva y aplicación de controles para asegurar que sea efectiva;

d) asegurar que la información pertinente sobre las acciones tomadas se someta a revisión de la gerencia.

Comentario

El tratamiento de las Acciones Correctivas y Preventivas es la gestión que la empresa desarrolla para analizar las no conformidades repetitivas, detectar su origen y prevenir su aparición en el futuro, o por lo menos minimizar las posibilidades de aparición, o cuando se detecta o prevé la aparición de una no conformidad que se pudiera calificar como *significativa*, por los costos que involucraría y los trastornos o los atrasos que produciría. Así, las acciones correctivas y preventivas pueden actuar sobre las materias primas, los insumos, los procesos, los procedimientos e instrucciones de trabajo (de producción o control) y la capacitación del personal, en suma, sobre los *tangibles* y los *intangibles*.

Por otro lado, los Pedidos de Acción Correctiva y Preventiva también son utilizados para sugerir que se estudie la posibilidad de modificar el Sistema de Calidad, un documento del sistema, una gestión etc., es decir, los *intangibles*, con el objeto de simplificarlos, mejorar los resultados o ponerlos al día. De esta manera, al funcionar como "buzón de sugerencias" para la calidad, el formulario que se utiliza para esta gesión (figura 15,1), deberá estar a disposición de todo el personal, pero en todos los casos ser receptado primeramente por los responsables de la calidad (Gerente o Jefe de Aseguramiento de Calidad o de Control de Calidad), quienes deberán numerarlo, de acuerdo con el orden que le corresponda en el Registro de Pedidos de Acciones Correctivas y Preventivas (figura 15,2), y luego, darles curso a los demás involucrados en el tema. La aprobación final de la Acción Correctiva y Preventiva se reservará al máximo responsable por la calidad.

Al igual que las Disposiciones Finales de las no conformidades, las Acciones Correctivas y Preventivas aprobadas deberán ser objeto de un seguimiento de su cumplimiento en tiempo y forma, pudiendo generar, en su caso, prórrogas en su cumplimiento, Informes de No Conformidad sobre los materiales afectados, si los hubiera, o nuevas Acciones Correctivas si se comprobara que los resultados de su aplicación no concuerdan con los esperados.

APLICACION ESPECIAL

Algunas empresas transfieren, o directamente establecen, las Acciones Correctivas surgidas de los Informes de Auditoría en los formularios *Pedido de Acción Correctiva y Preventiva*. De esta manera, todas las correcciones que se deban efectuar, como consecuencia de los hallazgos de una auditoría, se administran de la misma forma que cualquier otra acción de ese tipo.

CAP. 15 — ACCION CORRECTIVA Y PREVENTIVA

	Pedido de Acción Correctiva y Preventiva	Nro.:
		Pág. de

No conformidades repetitivas Nro. | | | | | | | |

No conformidad significativa observada: _____

_____

_____

_____

_____

Referencia: _____

_____

_____

_____

Acción correctiva recomendada: _____

_____

_____

_____

_____

_____

/ /
Fecha

Firma Jefe Control de Calidad

Acción Correctiva cumplida: _____

_____

_____

_____

_____

Firma inspector   / /
Fecha

Figura 15,1.

	Registro de Pedidos de Acción Correctiva y Preventiva	Pág. de	
Nro.	Descripción	NC repet.	Observaciones

Figura 15,2.

Capítulo 16

Manipuleo, almacenamiento, embalaje y despacho

TEXTO DE LA NORMA ISO 9001

GENERALIDADES

El proveedor debe establecer y mantener procedimientos documentados para manipulación, almacenamiento, envasado, preservación y despacho del producto.

MANIPULACION

El proveedor debe proporcionar métodos de manipulación de productos que prevengan el daño o el deterioro.

ALMACENAMIENTO

El proveedor debe usar áreas o salas de almacenamiento definidas para prevenir daño o deterioro del producto, mientras no se use o despache. Deben estipularse métodos apropiados para la autorización de la recepción y despacho desde dichas áreas.

Para detectar deterioro, debe evaluarse la condición del producto almacenado, a intervalos apropiados.

ENVASADO

El proveedor debe controlar los procesos de envasado, acondicionamiento y marcado (incluyendo los materiales empleados) en la extensión necesaria para asegurar la conformidad a los requisitos especificados.

PRESERVACION

El proveedor debe aplicar métodos apropiados para la preservación y segregación del producto mientras éste esté bajo su control.

DESPACHO

El proveedor debe tomar medidas para la protección de la calidad del producto después de la inspección y el ensayo finales. Cuando se especifique contractualmente, esta protección debe extenderse hasta incluir la entrega en destino.

Comentario

Esta sección de la noma no sólo está indicando que los artículos deberán ser inspeccionados para verificar la ausencia de deterioros por malos tratos debidos al manipuleo, al almacenamiento incorrecto, al embalaje inapropiado o deteriorado y al despacho, sino que está imponiendo varias otras actividades estrechamente relacionadas. Por ejemplo:

a) el manipuleo deberá efectuarse de manera de no dañar los artículos por el uso de equipos inadecuados, ya sean de elevación y transporte o solamente de transporte; los elementos de elevación —eslingas, estribos, cáncamos, ganchos— deben ser los adecuados para cada caso y la forma de colocarlos deberá asegurar que no dañarán al artículo;

b) para el almacenamiento no sólo se deberán cuidar las instalaciones —como los galpones, las cámaras frigoríficas, las de atmósfera controlada—, sino que también se deberá prestar atención a la forma de estibar los elementos, la altura de las pilas —de manera que el peso acumulado no dañe los artículos de los niveles inferiores—, y, además, que los elementos y formas de almacenamiento sean compatibles con los equipos utilizados para el manipuleo;

c) el tema del embalaje constituye toda una disciplina particular llamada, en inglés, *packaging*, la que no solamente dispone de bibliografía específica —mensualmente se editan varias revistas en idioma inglés, dedicadas exclusivamente a este tema, y normas como las ASTM dedican secciones completas al embalaje de algunos productos industriales—, sino de especialistas en la materia. No es objeto de esta obra entrar en detalles en un tema tan vasto, y, por lo tanto, nos limitaremos a decir que, en algunos casos, el diseño del embalaje es tan importante como el del artículo mismo, tanto para preservarlo (alimentos) como para llamar la atención de los consumidores (perfumes), de manera que su importancia no debe ser minimizada ni descuidada. Debe tenerse presente que aquí se trata tanto del *embalaje* o *contenedores* —elementos utilizados para, digamos, envolver o contener el producto—

CAP. 16 — MANIPULEO, ALMACENAMIENTO, EMBALAJE Y DESPACHO   **279**

como del *embalado* o *llenado* —acción de colocar el embalaje o proceder al llenado—;

d) el despacho consiste en la tarea de cargar el artículo en el medio de transporte que lo llevará a destino, y previo a esto, en la elección del medio más apropiado, en la inspección de éste anterior a la carga, en la inspección posterior a la carga y preliminar al despacho y, en oportunidades, en el trazado de la ruta que el transportista deberá seguir para llegar a destino sin inconvenientes. Las especificaciones API dedican varios capítulos a las diferentes formas de transportar los productos utilizados en el área petrolera.

De lo expuesto se deduce fácilmente que Producción debe disponer de prácticas operativas, que no son otra cosa que procedimientos escritos que indican cómo se efectúa una operación de fabricación, almacenamiento, transporte, etc., para efectuar estas tareas; por su parte, Control de Calidad deberá contar con procedimientos para el control de estas actividades.

Generalmente, los resultados de haber inspeccionado el manipuleo y el almacenamiento se detallan en los informes de inspección que se utilizan para las inspecciones en proceso, en tanto que los resultados de haber inspeccionado el estado final de los artículos, el embalaje, la carga y el medio de transporte; se consignan en el Informe de Inspección Final. Ningún artículo deberá ser despachado si no cuenta con la aprobación final por parte de Control de Calidad.

Capítulo 17

Registros de Calidad

TEXTO DE LA NORMA ISO 9001

El proveedor debe establecer y mantener procedimientos documentados para identificación, recolección, indexación, acceso, llenado, almacenamiento, mantención y disposición de los registros de calidad.

Los registros de calidad deben mantenerse para demostrar la conformidad a los requisitos especificados y la operación efectiva del sistema de calidad. Los registros de calidad pertinentes del subcontratista deben ser un elemento de estos datos.

Todos los registros de calidad deben ser legibles y deben almacenarse y retenerse de tal modo que ellos sean fácilmente recuperables, en instalaciones que tengan un ambiente apropiado para prevenir daño o deterioro y pérdidas. Deben establecerse y registrarse los tiempos de retención de los registros de calidad. Cuando se acuerde contractualmente, los registros de calidad deben estar disponibles para evaluación por el cliente o su representante durante el período acordado.

Comentario

Este es un capítulo estrechamente vinculado con el capítulo 6, Control de Documentos, pues allí se establece el control de emisión de algunos documentos utilizando índices, la validez de los documentos mediante la firma registrada de los responsables, los períodos de vigencia, etcétera.

Aquí habrá que considerar, en primer lugar, la categorización de los documentos en *permanentes* y *no permanentes* o *transitorios*.

En la primera categoría se encontrarán todos aquellos documentos que sean útiles para reconstruir la "historia de calidad" de un producto o servicio, tales como:

— Procedimientos de Inspección y Ensayos.

— Procedimientos de Control de Procesos, con las correspondientes calificaciones de procedimientos, operarios y equipos.

— Informes de Inspección y Ensayos.

- Informes de No Conformidad.
- Pedidos de Acción Correctiva aprobados.
- Documentos de diseño y sus cambios (planos, especificaciones).
- Especificaciones de compras.
- Informes de Evaluación de Proveedores y de Auditoría.
- Certificados de Calidad.

En la segunda categoría de documentos, es decir, la de los transitorios, se encontrarán todos aquellos que pierdan utilidad al ser transferida su información a otros documentos permanentes.

La condición de permanente establece sólo un tiempo mínimo de permanencia en archivo y no un tiempo ilimitado. Generalmente, cuando las normas no establecen un tiempo mínimo (API establece cinco años para los documentos de calidad), el mismo fabricante deberá analizar cuánto tiempo deberá retener los registros en su archivo. Existen algunos parámetros a tener en cuenta para realizar este análisis, como por ejemplo:

- La duración de las garantías comerciales.
- El tiempo de permanencia en depósitos de la propia empresa, luego de que el producto fue fabricado.
- El tiempo que demora el transporte, desde las instalaciones del fabricante a las del cliente.
- El tiempo de permanencia del producto en los depósitos de los clientes antes de ser utilizado.
- Las condiciones en que el cliente almacenará el producto.
- Las razones comerciales ("de buen proveedor") que el fabricante pueda tener, para extender en el tiempo la posibilidad de responder consultas, reclamos, análisis de fallas, etcétera.

Cualquiera sea el tiempo de retención asignado a los documentos permanentes, el fabricante deberá contar con fundadas razones para su toma de decisión, puesto que tendrá que hacer frente a las posibles objeciones de los auditores, si éstos no se encontraran satisfechos con el período asignado.

También debemos considerar como *registros de calidad* las contramuestras que suelen retenerse, por ejemplo, en las industrias químicas. Aquí, el archivo se complica, pues no se trata de finas hojas de papel almacenadas sino de envases que, según la empresa, pueden incrementar su número en varias unidades cada día; de tal manera, habrá que disponer de lugar suficiente y proporcional para:

- el volumen de cada envase;
- la cantidad de envases a almacenar en el período mínimo de retención.

Con el objeto de incorporar nuevas contramuestras, deberán ser eliminadas periódicamente las más antiguas, que hayan superado su período de retención.

CAP. 17 — REGISTROS DE CALIDAD
283

En estos casos, las condiciones ambientales pueden resultar de suma importancia para evitar el deterioro o degradación prematura de la contramuestra, que perdería su condición de "testigo", y así, toda su utilidad.

Un segundo tema que debe ser considerado es el archivo.

Diremos, en primer lugar, que los archivos deben asegurar la preservación de los documentos, sean éstos papeles, microfilms, placas radiográficas, disquetes, cintas magnéticas o cualquier método de almacenamiento de información. Aunque parezca obvio, se debe contar con un recinto libre de humedad, goteras, alimañas, con buena iluminación y de acceso restringido, y con un sistema para combatir incendios adecuado al material que conforma los registros.

Estos últimos deben ser legibles y durables, y los métodos de archivo han de asegurar una fácil y rápida recuperación de los registros o consulta de datos. Sin estos últimos requisitos, será inútil la elaboración de los registros y el cumplimiento de las anteriores condiciones, pues, en todo caso, no se trataría de un archivo, sino de un agujero negro, del cual, una vez que algo entra, no vuelve a salir jamás.

La *historia de calidad* de un producto o servicio está compuesta por documentos que en oportunidades son compartidos por varios productos, tales como las órdenes de compras que incluyen varios materiales; aun conteniendo sólo uno, éste es compartido por varios productos distintos, lo mismo que los certificados de calidad suministrados por los proveedores o los certificados de calibración de un instrumento que fue utilizado para medir varias piezas diferentes. En estas circunstancias, para formar un legajo que contuviera todos los documentos relacionados con un producto, se tendrían que duplicar o fotocopiar varios documentos comunes a otros productos, lo que no es necesario, pues bastará con que el método de rastreabilidad haya previsto el encadenamiento de toda la información, aun cuando se encuentre archivada en distintos lugares.

Esto nos lleva a considerar la posibilidad de que los documentos de compras estén archivados en el departamento de Compras, los de inspección y ensayos en Control de Calidad, los de capacitación del personal en la Oficina de Personal, los de control de procesos en Producción, los de despacho en Expedición, etc., lo que resulta perfectamente factible, y hasta conveniente, siempre y cuando, insistimos, el método de rastreabilidad lo haya previsto.

Por último, diremos que la formación de un legajo debe interpretarse como la posibilidad cierta de realizarlo y no como un requisito obligatorio, esto es, no es necesario que toda la documentación que archive (por ejemplo, que la de control de calidad, referida a un producto, se encuentre en una misma carpeta, pues podrían estar, además, todos los informes de ensayo por ultrasonido, archivados secuencialmente o por fecha, y, de la misma manera, los informes de inspección, los de no conformidad, etc.). Lo importante es que se puedan reconocer los informes y rescatarlos para, eventualmente, formar el legajo que permita analizar la historia de un producto.

Cuando las circunstancias lo permiten y resulta conveniente formar una carpeta (por ejemplo, por cada Orden de Trabajo), es recomendable confeccionar una carátula en la que se incorporen los datos necesarios para la individualización de la carpeta, como, por ejemplo, la mostrada en la figura 17,1.

Instalar S.A.

O.T.

Cantidad de copias

Cantidad

Denominación

Hoja de Ruta

PFIE

Rev.

Plano Nro. _____ Pos. _____ └─┴─┴─┘

Otros documentos

Cliente _____

A recibir └──┘   Recibido   Devuelto

Modelo Nro. _____ A construir └──┘ └─┴─┴─┘ └─┴─┴─┘

Material: a recibir del cliente └──┘   a comprar por Italar └──┘

Sustituciones

Descripción _____

_____

_____

_____

Rev.	Fecha	Firma

Fecha
Pedido
Material

Proveedor

Entrega
Prometida

Complementación de trabajos con terceros

Fecha   Entregado a   Devol. Prom.   Cumplido   Recibido

Observaciones _____

_____

F / E   a

O.C.

O.E.

Item

Figura 17,1.

Capítulo 18

Auditoría de Calidad

TEXTO DE LA NORMA ISO 9001

El proveedor debe establecer y mantener procedimientos documentados para planificar e implementar auditorías internas de calidad, para verificar si las actividades de calidad y los resultados relacionados cumplen con las disposiciones planificadas, y para determinar la efectividad del sistema de calidad.

Las auditorías internas de calidad deben ser programadas sobre la base de la condición e importancia de la actividad que debe ser auditada y debe ser realizada por personal independiente de los que tienen la responsabilidad directa de la actividad que está siendo auditada.

Los resultados de las auditorías deben ser registrados y dados a conocer al personal que tiene la responsabilidad en el área auditada. El personal de gestión responsable del área debe tomar oportunamente la acción correctiva sobre las deficiencias encontradas durante la auditoría.

Las actividades de la auditoría de seguimiento deben verificar y registrar la implementación y la efectividad de la acción correctiva tomada.

DEFINICIONES SEGUN ISO 8402

AUDITORIA DE CALIDAD:

Un examen sistemático e independiente para determinar si las actividades de calidad y los resultados relacionados cumplen con los acuerdos planeados, y si estos acuerdos son implementados efectivamente y si son adecuados para el logro de los objetivos.

Para complementar la definición que provee la norma ISO 8402 aprovecharemos la definición de auditoría dada por la American Society for Quality Control (ASQC) en sus publicaciones:

Una actividad realizada de acuerdo con procedimientos escritos o listas de chequeo, para verificar por examen o evaluación de evidencias objetivas,

ASEGURAMIENTO DE CALIDAD. ISO 9000

que los elementos aplicables de un Sistema de Aseguramiento de Calidad han sido desarrollados, documentados y efectivamente instrumentados, de acuerdo con requerimientos específicos.

Comentario

Por supuesto que en alguna medida, limitada por cierto, la definición de auditoría es compratida por la de evaluación de proveedores, pero, como veremos, hay muchos elementos que hacen que se trate de conceptos diferentes.

Uno de los elementos que establece la diferencia es el *tema* que cada una, auditoría y evaluación, abarca.

La auditoría técnica, en su faz interna, se dirige a verificar el grado de concreción de los objetivos de la empresa y el cumplimiento y la adecuación de los sistemas y métodos instrumentados para el logro de los objetivos. En su faz externa, es decir, en su aplicación a proveedores, intenta verificar el cumplimiento y la adecuación de los sistemas y métodos instrumentados, comparándolos con los establecidos en la orden de compra o el contrato; y, en ambos casos, es decir, tanto en la faz interna como en la externa, aun habiendo coincidencia y pleno cumplimiento, la auditoría trata de detectar los puntos susceptibles de ser mejorados.

La evaluación, en cambio, trata mayor cantidad de temas y enfoques distintos. Por ejemplo, el análisis del Sistema de Calidad se efectúa para verificar la adaptación del ya instrumentado por el oferente, a las especificaciones aplicables en cada caso. Además, se evalúa la capacidad operativa, a través de un análisis de *lay-out*, parque de maquinarias, aptitud de máquina, capacidad de proceso, control de procesos, equipos de movimientos, almacenamiento, expedición, etc. También se analiza el estado económico-financiero de la empresa bajo evaluación.

Otro factor que marca la diferencia entre auditoría y evaluación es la *oportunidad* en que cada actividad es llevada a cabo. La evaluación se efectúa *previamente* a la colocación de la orden de compra o firma del contrato; en cambio, la auditoría es realizada *durante* el desarrollo de las actividades establecidas en la orden de compra.

De los puntos anteriores se deduce otra diferencia: la *base* para efectuar cada una de estas investigaciones. Para la evaluación, el fundamento es la especificación, la norma o los requerimientos reguladores aplicables a la provisión o servicio; para la auditoría, la base será la orden de compra o el contrato, o mejor dicho, el sistema particular que en ellos se haya requerido.

Por otro lado, salvo en el caso de reevaluación (aplicable sólo cuando se ha dado de baja a un proveedor previamente evaluado), la evaluación se efectúa *una sola vez*; las auditorías se llevan a cabo *repetidas veces* en el curso de un año.

Por ser el potencial cliente quien evalúa al oferente o potencial proveedor, las evaluaciones son siempre *externas* (ver más adelante Tipos de auditorías) respecto de la empresa evaluada (que como se verá luego, pueden considerarse internas respecto de la evaluadora). En cambio, las auditorías pueden ser internas o externas, se trate de auditorías propias o efectuadas por los clientes o entes reguladores.

CAP. 18 — AUDITORIA DE CALIDAD

Por último, las evaluaciones sólo requieren *seguimientos* posteriores cuando se acuerda el desarrollo del oferente evaluado; por su parte, las auditorías requieren *seguimientos* posteriores, siempre que se establezcan Acciones Correctivas.

En el cuadro siguiente se sintetizan las diferencias entre auditoría y evaluación.

Tópicos	Auditoría	Evaluación
Temas abarcados	Sistema de Calidad Métodos de producción	Sistema de Calidad Capacidad operativa Estado economicofinanc.
Oportunidad	Durante el desarrollo de la orden de compra o vigencia del contrato	Antes de la colocación de la orden de compra o firma del contrato
Bases	Orden de compra o contrato	Especificación, norma, etcétera
Cantidad	Varias veces durante la vigencia de la relación contractual	Una sola vez (salvo reevaluaciones)
Carácter	Interna o externa	Externa
Seguimiento	Siempre que existan Acciones Correctivas	Sólo cuando se desarrolle al oferente

Como complemento al punto Auditoría Interna de Calidad, de la norma ISO 9001, se pueden utilizar las normas ISO 10011, editadas por auditorías de terceras partes.

ISO 10011/1

GUIA PARA LA AUDITORIA DE SISTEMAS DE CALIDAD

PARTE 1: AUDITORIA

ISO 10011/2

GUIA PARA LA AUDITORIA DE SISTEMAS DE CALIDAD

PARTE 2: CRITERIOS DE CALIFICACION PARA AUDITORES

DE SISTEMAS DE CALIDAD

ISO 10011/3

GUIA PARA LA AUDITORIA DE SISTEMAS DE CALIDAD

PARTE 3: ADMINISTRACION DE PROGRAMAS DE AUDITORIA

ASEGURAMIENTO DE CALIDAD. ISO 9000

Estas normas no han sido incluidas en la presente obra debido a su extensión, pero seguramente el lector podrá recurrir al ente normalizador de su país respectivo y obtener una copia de ellas.

¿POR QUE AUDITAR?

Toda alta dirección establece —o debería establecer— los objetivos de la empresa, y en función de ellos delinea los criterios generales o formula las políticas mediante las cuales espera alcanzar los objetivos. En un nivel organizacional inferior, y basándose en las políticas, los gerentes deben establecer los procedimientos, o formas de operar, conducentes a alcanzar los objetivos enunciados por la dirección. En otro nivel, inferior al de la gerencia, se pondrán en funcionamiento los procedimientos. Este *funcionamiento* producirá resultados, y la comparación de los resultados con los objetivos dará una idea de la marcha de la gestión.

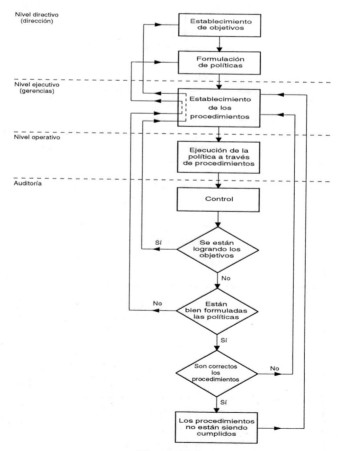

Figura 18,1.

CAP. 18 — AUDITORIA DE CALIDAD
289

En toda empresa existen sistemas de información, instrumentados para conocer el desarrollo de las gestiones y, en caso de necesidad, producir las correcciones necesarias. Como se puede observar en el siguiente cuadro, la auditoría es uno de estos sistemas.

Sistema de información y control			
Control presupestario	Auditoría	Evaluación mediante índices y otros análisis de estados	Análisis de evolución de variables clave

Entonces, se audita para obtener información, que luego del tratamiento correspondiente producirá las mejoras o correcciones conducentes al logro de los objetivos de la empresa.

TIPOS DE AUDITORIAS

La auditoría no es, como algunos textos afirman, una sola; existen diferentes tipos de auditoría, con ámbitos de aplicación, técnicas distintas, requerimientos y consecuencias distintas.

Así, por ejemplo, es común oír hablar de *auditorías de estados contables, operativas* y *técnicas.*

La auditoría de estados contables tiene por objeto certificar que los principios de contabilidad generalmente aceptados han sido uniforme y coherentemente aplicados en el tratamiento de los temas contables y en la preparación del balance general de una empresa; es requerida por la ley y el auditor debe ser contador matriculado y no tener relación de dependencia con la empresa (la auditoría es siempre externa). El informe se rige por tipos previamente establecidos y, si voluntaria o involuntariamente encubre una situación irregular o fraudulenta, tiene consecuencias profesionales y legales para el auditor y la empresa.

La auditoría de estados contables, al igual que el balance general, está dirigida al público, a entes externos a la empresa y a inversionistas.

Por el contrario, tanto la auditoría operativa como la técnica son herramientas del control de gestión y control operativo, es decir, herramientas gerenciales. Su objeto, desde el punto de vista del control de gestión, es la verificación de la adecuación de los sistemas y métodos a las políticas establecidas por la alta dirección; desde el punto de vista del control operacional, es la verificación de la aplicación de los procedimientos administrativos, en el caso de la operativa, y de los procedimientos técnicos o técnico-administrativos, en el caso de la técnica, además de la aplicabilidad y corrección de los procedimien-

290 ASEGURAMIENTO DE CALIDAD. ISO 9000

tos (la mayoría de los autores consideran a la auditoría técnica como una parte de la operativa, pero en esta obra las consideraremos como dos tipos sustancialmente diferentes entre sí). SOLANA y PIENOVI ([1]) coinciden con lo declarado más arriba:

> "El control compara la actuación real con la prevista, y marca los desvíos, para corregir la acción, o bien, rever las decisiones y planes."

Estas auditorías no son impuestas por ley sino por la gerencia o las normas y especificaciones. Como ya se vio, las auditorías técnicas pueden ser requeridas por contrato; el auditor debe demostrar su idoneidad, aunque no existe legislación que establezca una determinada profesión habilitante, generalmente las normas y especificaciones requieren una calificación que desarrolla y otorga la misma empresa. El informe, como se verá más adelante, puede basarse en una estructura establecida en el procedimiento de auditorías ([2]), pero la elección de la estructura queda a consideración de la empresa; las irregularidades no denunciadas en los informes no tienen consecuencias legales para el auditor, salvo en el caso de auditorías operativas, en las que se demuestre el encubrimiento intencional de un fraude. Como ya se dijo, las auditorías operativa y técnica son herramientas gerenciales, y hacia allí están dirigidas, esto es, son de consumo interno.

Las características generales de las auditorías se resumen en el cuadro siguiente, con el objeto de evidenciar con mayor claridad las diferencias entre ellas.

La condición de las auditorías reviste una gran importancia, pues queda determinada por la relación entre el grupo auditor con la empresa auditada y el grupo auditor con la empresa o el sector al que debe informar. De esta manera se podrán presentar tres situaciones:

a)   El grupo auditor reporta al gerente general de la empresa a la que pertenece el sector auditado, con independencia de si el grupo auditor está conformado por personal de la misma empresa o por personal contratado. Esta es la auditoría que se conoce como "de primeras partes" o "auditoría interna".

b)   El grupo auditor está compuesto por personal del cliente. Esta es la auditoría que se conoce como "de segundas partes" o "auditoría externa".

c)   El grupo auditor está compuesto por personal de una tercera empresa contratada por el cliente. Esta es la auditoría que se conoce como "de terceras partes" y, también, "auditoría externa".

Cuando el lector encuentre que en las normas de la serie ISO 10011 se menciona al *cliente*, deberá discriminar en qué caso se encuentra la auditoría que habrá de considerar, teniendo en cuenta que el término "cliente" puede designar al Gerente General de la

---

(1) RICARDO F. SOLANA y AROLDO A. PIENOVI, *Teoría de la administración de organizaciones*, Ediciones Contabilidad Moderna, Buenos Aires, 1980, pág. 255.

(2) OSCAR F. FOLGAR, *Los procedimientos, cursogramas y formularios*, Editores Macchi, Buenos Aires, 1988.

CAP. 18 — AUDITORIA DE CALIDAD

empresa en una auditoría interna o de primeras partes, o al cliente, en una auditoría externa o de segundas o terceras partes.

Auditoría	De estados contables	Operativa	Técnica
Objeto	Certificar los balances generales Informar al público externo	Verificar la aplicación de procedimientos administrativos Informar a la gerencia	Verificar la aplicación de procedimientos técnicos o técnico-administrativos Informar a la gerencia
Requerimiento	Por ley	Por el control de gestión	Por el control de gestión Por normas y/o especificaciones Por contrato
Auditor	Contador	Idóneo	Idóneo
Independencia	No debe tener relación de dependencia respecto de la empresa auditada	Puede, o no, tener relación de dependencia, pero no puede tener responsabilidad sobre el área auditada	Puede, o no, tener relación de dependencia, pero no puede tener responsabilidad sobre el área auditada
Informe	Tipos establecidos	Libre elección de la estructura	Libre elección de la estructura
Responsabilidad	Profesional Civil Penal	Profesional (*) Laboral	Laboral
Condición	Externa	Interna o externa	Interna o externa

(*) Esto sólo en el caso particular de actuación de matriculados en consejos profesionales.

Todo lo antedicho constituye una primera clasificación, pero, dentro de las auditorías técnicas, podemos hacer una segunda clasificación, de acuerdo con su objetivo.

Resulta relativamente fácil asignarle el objeto a una auditoría; así, podemos hablar de una *auditoría del sistema* (nótese que se dice "del sistema" y no "de sistemas", pues se refiere a, por ejemplo, el Sistema de Calidad, y no a los de procesamiento de datos), una auditoría de proceso, una auditoría de producto o de servicio, pero lo que resulta prácticamente imposible es establecer límites precisos entre unas y otras.

La existencia de elementos comunes hace que se encuentren áreas superpuestas, como lo ilustra el diagrama siguiente.

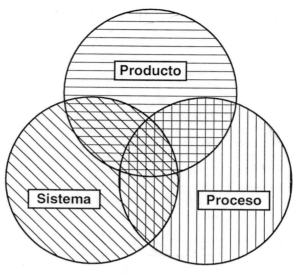

Figura 18,2.

La auditoría del sistema está dirigida a verificar la aplicación de un sistema, o investigar las posibilidades de mejorarlo, en tanto que las auditorías de producto, de servicio y de proceso estarán, en forma accesoria, verificando los resultados de la aplicación de un sistema. Por su parte, una auditoría de producto o servicio centrará su atención en verificar que el diseño satisfaga las especificaciones y el mercado, y que el producto o servicio cumpla con las primeras. Por último, una auditoría de proceso estará verificando que el proceso esté especificado, que se apliquen las prácticas operativas, y que se encuentre bajo control.

Si bien, en lo antedicho, parece que los límites son claros, resta decir que, en la práctica, para efectuar una auditoría, se recurrirá al sistema, al producto, al servicio, al proceso, y a la documentación impuesta por el sistema y elaborada respecto del producto, del servicio o del proceso y durante éste.

Resumiendo, podemos decir que:

— Una auditoría del sistema utiliza, para la verificación, distintos documentos correspondientes a varios productos, a los que se les aplicaron una serie de procesos.

— Una auditoría de producto generalmente se centra en un solo tipo de producto, que fue sometido a varios procesos y controles que surgen de un sistema.

— Una auditoría de proceso abarca un proceso completo, al cual se aplican varios procedimientos y registros emergentes de un sistema; las verificaciones se efectúan sobre varios productos.

ORGANIZACION Y UBICACION EN EL ORGANIGRAMA

La organización a la que nos referiremos es aquella establecida para efectuar auditorías internas y a proveedores, dado que las externas no requieren una organización específica dentro de la empresa auditada.

En principio resulta conveniente aclarar que, de acuerdo con el tamaño y la política de la empresa, el grupo auditor puede tener carácter temporario o permanente.

Este carácter deriva de la posibilidad de integrar el grupo con personal seleccionado de distintos departamentos, quien una vez finalizada la auditoría, vuelve a sus tareas habituales; o de la posibilidad de integrar el grupo con personal, tal vez seleccionado originariamente de otros departamentos, y cuya tarea habitual sea la de efectuar auditorías.

También se puede mencionar un punto intermedio, en el cual al auditor líder se le asigna la función en forma permanente, y el grupo de auditores es temporario.

Cualquiera sea el carácter temporal del grupo auditor, funcionará como un departamento *staff*.

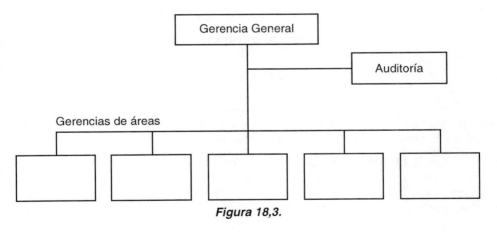

Figura 18,3.

Dijimos que los auditores no debían pertenecer ni tener responsabilidad sobre el sector auditado; esto debe ser así para evitar conflictos de intereses, pues no pueden ser juez y parte a la vez.

Lo antedicho es válido para cada integrante del grupo, pero para el grupo como una unidad, el grado de independencia debe ser aún mayor. El sector Auditoría —y esto lo imponen algunas normas técnicas— debe encontrarse fuera de la línea de autoridad, reportar directamente al Gerente General, y no tener, sobre los sectores auditados, el ascendiente que da el poder, sino sólo la autoridad que confieren el profesionalismo, el conocimiento y el buen desempeño.

ASEGURAMIENTO DE CALIDAD. ISO 9000

Dado que la auditoría es una herramienta de control de gestión, y ésta es una de las responsabilidades de la gerencia, es lógico que Auditoría sea un sector *staff* de la gerencia y reporte sólo a ella. Cuando tratemos el Informe de Auditoría ampliaremos este concepto.

En lo dicho más arriba se encuentra implícita la casi totalidad de la organización de auditoría.

Como todo departamento, ya sea permanente o temporario, debe contar con un jefe, habrá una persona designada para convocar y organizar al personal, quien deberá estar calificada como auditor líder (ver más adelante el parágrafo Personal) y se encargará de la administración del departamento; esto no es impedimento para que existan junto con él, otros auditores líderes, que tendrán a su cargo, simultánea pero independientemente, distintas auditorías. Cada auditor líder tendrá autoridad y libertad para elevar sus informes directamente al Gerente General, sin necesidad de autorización o supervisión por parte del jefe del departamento.

A su vez, cada auditor líder tendrá a su cargo auditores y auditores en entrenamiento, y en oportunidades necesitará de la asistencia de especialistas en temas muy específicos, debiendo, en este caso, recurrir al jefe para la obtención de mayores recursos, tanto de personal como físicos.

PERSONAL

SELECCION

Al igual que para cualquier función en una empresa, el éxito de la gestión depende en primer término de ubicar en el lugar requerido a la persona adecuada. Ello impone una cuidadosa selección del personal, al que se encargará el desarrollo de una gestión.

Para la selección de un auditor se deben tener en cuenta, además del dominio de las técnicas de auditoría —las cuales son adquiribles por capacitación teórica y entrenamiento práctico—, otras aptitudes personales tales como la capacidad para las relaciones humanas, la cultura, la posesión de una mente inquisitiva y la capacidad de comunicación oral y escrita. El auditor debe reunir condiciones particulares que lo hagan apto para su tarea; ellas son:

Integridad personal

Además de las dotes morales, necesarias para desarrollar cualquier actividad laboral, debe contar con una gran cuota de imparcialidad y si, por alguna cuestión personal, no pudiera ser imparcial, deberá tener la honestidad de declararse incompetente en ese asunto particular. No deberá evitar consultar a especialistas cuando el tema tratado supere sus conocimientos.

Responsabilidad

Deberá decidir con responsabilidad qué cosas son, o no, razonables. De la justicia de sus veredictos puede depender el prestigio propio y ajeno.

Capacidad de cooperación y construcción

La auditoría no sólo pretende controlar, sino también optimizar, y esto se logra cooperando con los auditados, tratando de ayudarlos a solucionar los problemas y mejorar los sistemas y métodos de trabajo. El hallazgo de una irregularidad debe ser motivo de análisis y actitud constructiva, y nunca un elemento de presión o de descrédito.

Adaptabilidad

El auditor debe adaptarse rápidamente a los requerimientos de los distintos sistemas que debe auditar, midiendo la efectividad y adecuación de sistemas distintos de aquellos con los que esté trabajando o haya trabajado en el pasado. Las estructuras mentales rígidas producirán un rápido desmoronamiento que puede arrastrar a los auditados.

Curiosidad

No deberá conformarse cuando sus sentidos le digan que "hay algo que no es como debiera ser", sino investigar hasta aclarar aquello que lo inquiete o no lo satisfaga.

Persistencia

Más allá de la legítima preocupación por el cumplimiento de los plazos establecidos en la agenda de auditoría, deberá preocuparse porque el tiempo o las personas, recurriendo a la agenda como elemento de presión, no desvirtúen el propósito de la auditoría o impidan una investigación minuciosa.

Sentido común

Se dice que el sentido común es el menos común de los sentidos. Su carencia puede terminar por "destruir" a un auditor.

Audición

Todas las características precedentes quedan reducidas a la nulidad si el auditor no sabe escuchar. Un juicio acertado sólo será posible escuchando con la mente abierta,

296   ASEGURAMIENTO DE CALIDAD. ISO 9000

dejando que los auditados se explayen, haciendo las preguntas necesarias pero escuchando atentamente las respuestas.

Según el diccionario de la Real Academia Española de la Lengua, la palabra "auditor" se utilizaba en épocas pasadas como sinónimo de escuchar.

No cualquier persona puede ser auditor. La evaluación de la personalidad es fundamental en la selección. Un excelente vendedor, de carácter extrovertido, difícilmente pueda llegar a ser un buen auditor, pues está entrenado para lograr, en algún grado, el control sobre las decisiones de sus clientes, imponerles sus puntos de vista. Por otro lado, el científico introvertido tampoco puede ser un auditor eficiente, pues no podrá relacionarse apropiadamente con los auditados; esto no quiere decir que sus mentes naturalmente curiosas no puedan ser de utilidad en una auditoría, por el contrario, lo serán en el tema específico de su manejo, como especialista asesor, pero no como auditor.

En la elección de los futuros auditores se deberá evitar seleccionar personalidades como las mencionadas; debe tenerse en cuenta una personalidad equilibrada, que permita relacionarse con las personas sin la rigidez del científico o la casi imposición del vendedor profesional, y sin antagonismos.

El auditor debe ser capaz de provocar, desde un principio, una actitud favorable hacia su persona y su actividad; de inquirir e interpretar los hechos que puedan ser causa de errores y requieran una acción correctiva, pero sin abusar de los "¿por qué?", pues cuando los utilice, debe quedar implícitamente claro que desea determinar las causas de las deficiencias y contribuir a corregirlas. Abusando de los "¿por qué?", atraerá sobre sí y sobre su actividad actitudes de rechazo, y perderá la posibilidad de efectuar su tarea con eficacia y eficiencia ([3]).

Quien sea capaz de comprender los hechos y necesidades, a través del análisis de las evidencias objetivas y las conversaciones desapasionadas, podrá ser un buen auditor.

Los postulantes a auditores deben ser competentes en el desarrollo de comunicaciones escritas y orales. La capacidad de escribir correctamente resulta tan importante como la de comunicarse verbalmente en forma efectiva. El auditor debe ser capaz de poner por escrito, con precisión, aquello que ha descubierto, escuchado o deducido. Esta aptitud debería ser evaluada durante las entrevistas de selección y los cursos de entrenamiento.

Como ya dijimos, en oportunidades es necesaria la asistencia de especialistas en determinadas disciplinas, que, por ser justamente especialidades, escapan a un conocimiento exhaustivo por parte del grupo auditor. Dada su actuación limitada, no es necesario que los especialistas reúnan las características requeridas para los auditores, pero deben contar con el tacto mínimo necesario para tratar con las personas en forma cordial.

---

(3) Peter F. Drucker, *La Gerencia. Tareas, responsabilidades y prácticas*, El Ateneo, 6ta. edición, pág. 33:

"La efectividad es el fundamento del éxito: la eficiencia es una condición mínima de supervivencia después de alcanzado el éxito. La eficiencia se preocupa de hacer bien las cosas. La efectividad de hacer las cosas que corresponden."

CAPACITACION Y ENTRENAMIENTO

Una vez seleccionado el personal que se ocupará de las auditorías y evaluaciones, se lo deberá someter a capacitación teórica y entrenamiento práctico. Durante las clases teóricas se deberán desarrollar temas tales como:

— Tipos de auditorías.

— Planeamiento, programación y desarrollo de auditorías.

— Normas y especificaciones aplicables, además de otros temas afines que formen la base para un buen desempeño.

Cada componente del personal seleccionado será sometido al entrenamiento práctico con posterioridad a la capacitación teórica, formando parte activa de un grupo auditor, en calidad de "auditor en entrenamiento".

La capacitación teórica podrá ser interna o externa respecto de la empresa, dependiendo de los siguientes factores:

— Que sea condición *sine qua non* que quien tuviera a su cargo esta tarea fuera un auditor líder, ya calificado y con amplia experiencia.

— Que se cuente con el material y las comodidades necesarias para el dictado de las clases.

— Que el entrenamiento práctico cuente con un grupo auditor en funcionamiento, al cual pudiera ser incorporado el educando.

La consideración de estos factores facilita la decisión de dónde efectuar la capacitación y el entrenamiento.

En casos particulares resulta conveniente el dictado de cursos sobre redacción de informes y procedimientos (ver nota 2 en este mismo capítulo).

Al finalizar la capacitación teórica, resulta necesario someter a los cursantes a un examen escrito, el cual debe aprobarse para pasar a la etapa de entrenamiento práctico. El examen, con su calificación incluida, debe archivarse en el legajo de cada cursante como evidencia objetiva del nivel logrado.

Como dijimos más arriba, una vez concluida la capacitación teórica, y comenzada la práctica, el postulante pasará a ser auditor en entrenamiento. Para llegar a ser "auditor" deberá desempeñarse en forma satisfactoria, a juicio del auditor líder, durante una serie de auditorías y posteriormente ser calificado.

Resulta conveniente, para una justa evaluación, que el auditor en entrenamiento se encuentre siempre bajo la conducción y monitoreo del mismo auditor líder, para asegurarse que su desempeño sea medido con los mismos criterios en cada ocasión.

La extensión del entrenamiento deberá ser fijada por cada empresa, de acuerdo con el tipo de auditorías, su duración, profundidad y frecuencia; pero, como guía, su cantidad no deberá ser inferior a cinco en el término de un año.

CALIFICACION Y CERTIFICACION

Una vez cumplimentada la cantidad mínima de auditorías requeridas, y habiendo tenido un desempeño satisfactorio, el auditor en entrenamiento podrá ser *calificado*, lo que establecerá su cambio de condición de *auditor en entrenamiento* a *auditor*.

La calificación es un *status* requerido por la mayoría de las normas y especificaciones aplicadas a la industria, principalmente si se trata de Sistemas de Calidad.

La evidencia objetiva de la calificación es la *certificación*.

En el certificado de calificación debe constar toda la información que acredite la suficiente capacitación teórica y entrenamiento práctico para ser calificado, así como también el resultado del examen y la opinión del auditor líder que tuvo a su cargo el entrenamiento.

Para ser calificado como auditor líder, además de cumplir con todos los requisitos para la calificación como auditor, se debe cumplir con la mayor cantidad posible de auditorías acumuladas; como guía se podría establecer un mínimo de quince en un período no mayor a tres años. En este caso, deberá constar la opinión gerencial respecto del desempeño del auditor.

La condición de *calificado*, ya sea como auditor o como auditor líder, es revocable. Para mantenerla debe haber continuidad en la participación en auditorías, las cuales no deberían ser inferiores a tres anuales o, por lo menos, desempeñarse permanentemente en Aseguramiento de Calidad.

Perdida la condición de calificado se reevaluará a la persona para verificar su actualización en los temas técnicos y conocimiento de normas y especificaciones, además de participar en una serie de auditorías en calidad de auditor en entrenamiento o auditor, es decir, en el nivel inmediato inferior al de la calificación perdida.

Las recalificaciones deberán ser asentadas en los certificados de calificación (figura 18,4).

PLANEAMIENTO Y PROGRAMACION DE LAS AUDITORIAS

Algunas normas establecen que los procedimientos que conforman un sistema deben ser auditados anualmente en su totalidad; esto obliga, en la generalidad de los

CAP. 18 — AUDITORIA DE CALIDAD **299**

	Certificado de Calificación de Auditor	
Apellido y nombres		

Requerimiento para la calificación		Puntaje
Educación	Máx. 3 puntos	
1. Educación secundaria técnica completa (13 años)	(1)	____
2. Educación técnica más nivel terciario (16 años)	(2)	____
3. Educación técnica completa más universitaria completa (18 años)	(3)	____ ____
Especialización	Máx. 3 puntos	
4. Cursos de menos de 100 horas	(1)	____
5. Cursos de 100 a 200 horas	(2)	____
6. Cursos de más de 200 horas	(3)	____ ____
Experiencia	Máx. 8 puntos	
7. En el ramo	(5) más	____
8. En procesos productivos	(1) o	____
9. En evaluación de empresas	(2) o	____
10. En auditoría técnica	(3)	____ ____
Opinión gerencial	Máx. 2 puntos	____
Puntaje total		

Habilidad para comunicación   oral   60 % ☐   80 % ☐   100 % ☐   escrita ☐ ☐ ☐   **Examen** (Mín. 80 %) ____

Se certifica la calificación como

Auditor ☐   Auditor líder ☐   Fecha _____   Firma evaluad. _____   Firma gerente _____

Recalificaciones Fechas y Firmas		

Figura 18,4.

300 — ASEGURAMIENTO DE CALIDAD. ISO 9000

casos, a efectuar una auditoría cada 20 ó 30 días, salvo en el caso en que se sinteticen temas afines.

Entonces, es necesario *planificar* y *programar* las auditorías.

Al hablar de planificación, nos estamos refiriendo a la selección y ordenamiento secuencial de temas afines, al establecimiento del alcance de cada auditoría y a la asignación de los recursos necesarios. Cuando hablamos de programación, nos estamos refiriendo a la asignación de fechas y horarios a un plan preestablecido. Generalmente se tendrán planes y programas que se podrán considerar *macros* o *micros*.

Los planes y programas macro son aquellos en los que se establecen las auditorías a ser efectuadas en el término de un año (figuras 18,5 y 18,6). En cambio, los planes y programas micro serán aquellos que hagan referencia a una auditoría particular (figura 18,7). Los programas micro son también llamados *agenda de la auditoría* o *plan de auditoría*.

	Programa de Auditoría												**Año:**	
													Pág.	**/**
Gestión	Ene	Feb	Mar	Abr	May	Jun	Jul	Ago	Set	Oct	Nov	Dic		
Compras	■													
Control de procesos		▼												
Expedición				⧅										
Control de diseño			◣											
Inspección					⧅									
Control de documentos						⧅								
Almacén de materia prima														
Reclamos de clientes														

Referencias

☐	⧅	⧅	⧅	▼	■
Gestión no programada	Auditoría programada	Auditoría realizada informe emitido	Informe aceptado	Acciones correctivas bajo seguimiento	Auditoría cerrada

Figura 18,5.

CAP. 18 — AUDITORIA DE CALIDAD

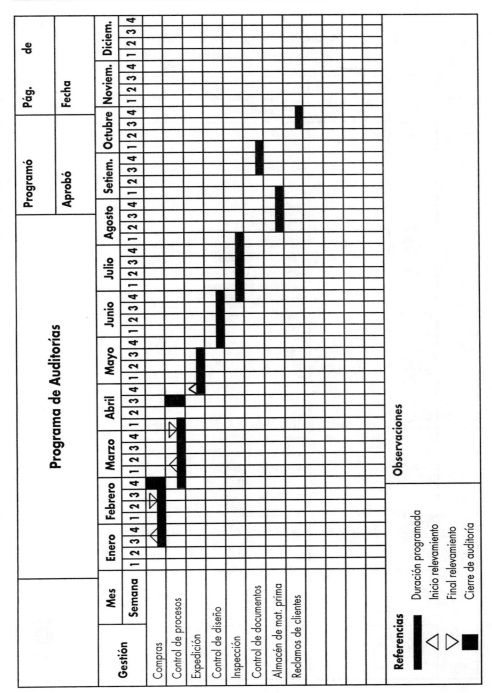

Figura 18,6.

302 ASEGURAMIENTO DE CALIDAD. ISO 9000

		Auditoría de: gestión de compras **Sector: Compras - Almacén de Recepción**			**Pág. 1** **de 1**
Mes Día	**Hora**	**Actividad**	**Documentación necesaria**	**Personal presente**	**Lugar**
Enero 15	9.00	Reunión inicial		Gerente de Compras Jefes de sección Compradores Encargado de Almacén	A designar por el Gerente de Compras
	9.30	Relevamiento	Pedidos de Compras Pedidos de Cotización Ordenes de Compras Legajos de proveedores Partes de Recepción	Jefe de sección Compradores	La sección afectada al relevamiento
	13.00	Receso			
	14.00	Relevamiento	Idem 9.30 hs.	Idem 9.30 hs.	Idem 9.30 hs.
	16.00	Relevamiento en almacén	Ordenes de Compras Partes de Recepción Informes de Inspección Remitos de proveedores Vales de Entrega Inventario	Encargado de almacén	Almacén
	17.30	Reunión final		Idem reunión inicial	Idem reunión inicial

Figura 18,7.

CAP. 18 — AUDITORIA DE CALIDAD

El plan macro deberá ser confeccionado por el Jefe de Auditoría y aprobado por el Gerente General. El programa micro podrá ser confeccionado por cualquier auditor líder y no requerirá la aprobación por parte del Gerente General; sin embargo, la gerencia debe contar con un ejemplar del programa con el fin de mantenerse informada.

La asignación de fechas, que convierte el plan en programa, debe efectuarse considerando:

a) la cantidad de auditorías a llevar a cabo;

b) la frecuencia resultante del punto a);

c) la condición de interna o externa de cada auditoría;

d) las necesidades emergentes de irregularidades detectadas por otros medios;

e) la cantidad de personal necesario y personal disponible;

f) la complejidad de los temas a auditar;

g) el tiempo necesario para preparar cada auditoría;

h) el tiempo necesario para desarrollar cada auditoría;

i) el tiempo necesario para la elaboración y emisión del Informe de Auditoría;

j) el tiempo necesario para verificar la ejecución de las Acciones Correctivas;

k) consideraciones de otro tipo, como ser vacaciones, feriados, etc.;

l) las normas y políticas de la empresa.

La *cantidad* de auditorías a realizar y la *frecuencia* de realización se encuentran íntimamente ligadas.

Se debe tener en cuenta que, por lo general, el tiempo total insumido por una auditoría no es menor a las tres semanas; de manera que, considerando los feriados, vacaciones, etc., sólo se dispondrá de tiempo para efectuar aproximadamente, unas quince auditorías en un año.

Si fuera necesario superar este número, se incrementará la cantidad de grupos auditores, tal vez subdividiendo grupos o contratando servicios de terceros; cualquiera sea la decisión, no se improvisará sino que se habrá programado lo necesario con suficiente antelación.

No obstante, en ocasiones es dable auditar dos o más temas simultáneamente, aun cuando no sean afines; esta posibilidad también debe ser tenida en cuenta.

Los entes auditores establecen el momento en que pretenden efectuar los relevamientos de información, y a veces se puede acordar la fecha para interferir en el menor grado posible en las tareas normales del sector auditado. Pero no siempre se dispone de esta posibilidad, principalmente cuando la auditoría es de segundas o terceras partes o efectuada a proveedores. De esta manera, la condición de *interna* o *externa* debe ser considerada para la programación.

Cuando el desarrollo de una gestión evidencie irregularidades o mal funcionamiento, puede resultar *necesario* adelantar auditorías programadas para otras oportunidades, situación que obliga a reasignar las fechas. Así, debe tenerse en cuenta una relativa elasticidad en los planes y programas.

Ninguna auditoría debería ser desarrollada por menos de dos personas, dado que pueden presentarse situaciones que requieran ser discutidas entre quienes las observan o su confirmación por medio de dos opiniones.

Al programar, se debe considerar *la cantidad de personal necesario* y la disponibilidad con que cuenta la empresa, principalmente si se estuvieran programando dos o más auditorías simultáneas.

Dentro de las gestiones empresarias podemos encontrar algunas muy *sencillas*, cuya interpretación requiere poco tiempo y son escasos los documentos que se utilizan; pero también encontraremos gestiones extensas, *complicadas* y con gran cantidad de documentos utilizados; en este caso, la preparación de la auditoría requiere largos estudios, desarrollos de cursogramas ([4]), búsqueda de documentos y entrevistas previas. Ignorar estas condiciones conduciría al incumplimiento reiterado de los programas, con la consiguiente pérdida de prestigio para el grupo auditor, al evidenciar desconocimiento de la extensión de su tarea.

Por otro lado, considerar el *grado de complejidad* facilita el agrupamiento de los temas.

Aun cuando algunas gestiones resultan sencillas, en la *preparación* de las listas de chequeo debe considerarse el tiempo necesario para la confección de los borradores, el tipiado, la revisión y la corrección de posibles errores, así como también la preparación y envío de la agenda (programa micro) y las negociaciones con los responsables de las actividades que se auditarán.

Podría decirse que, en algunas oportunidades, el tiempo necesario para *desarrollar* el relevamiento de información está en relación directa con la extensión de la lista de chequeo, pero en otras, el relevamiento presenta situaciones que hacen que los auditores se deban apartar de las listas de chequeo, investigar temas que no se habían considerado, analizar documentos nuevos que no se habían incorporado en los procedimientos en el momento de preparación de las listas y, en general, extender el tiempo considerado *a priori*.

Como se verá más adelante, la auditoría no concluye cuando el grupo auditor se retira del lugar donde se llevaron a cabo las entrevistas y el relevamiento, sino que aún queda mucho por hacer: analizar las respuestas a la lista de chequeo, considerar los documentos cuyo análisis se haya postergado y *elaborar el Informe de Auditoría*, con su discusión, borrador, tipiado, correcciones y envío.

---

(4) Idem (2).

CAP. 18 — AUDITORIA DE CALIDAD

Las Acciones Correctivas requeridas en los informes deben ser *verificadas*; las verificaciones suelen hacerse al estilo de auditorías no programadas, que insumen un tiempo que no siempre es considerado durante la programación.

Aunque parezca obvio, conviene recordar aquí que las personas tienen derecho a vacaciones, se enferman y en un año hay varios días no laborables.

Si las *normas* de la empresa establecen el constante desarrollo del personal de auditoría, y si las políticas consideran el mantenimiento del nivel tecnológico (cuando no, el mejoramiento permanente), tendrá sentido programar auditorías; en caso contrario resultará una pérdida de tiempo, apenas justificada por la necesidad de cumplir con los requerimientos de entes licenciantes o clientes.

No debe considerarse al programa macro como un elemento rígido, ni tiene que resultar un cepo; las fechas, si bien deben ser respetadas, deben contar también con una cierta tolerancia que posibilite una adecuación a las necesidades cambiantes de la empresa o del sector particular a ser auditado.

El plan y el programa micro se diferencian del macro porque en los primeros se particulariza una sola auditoría. Así, el grado de detalle llega a establecer qué personas deben estar presentes durante las reuniones y el relevamiento, qué documentos deberán ponerse a disposición de los auditores (para que, de ser posible, sean recopilados antes de la llegada de los auditores), qué temas particulares deberán ser tratados y qué horarios deberán cumplirse.

En oportunidades resulta conveniente establecer el programa micro o agenda, de acuerdo con los responsables de la gestión a auditar; de esta manera, se podrá evitar, en el mayor grado posible, interferir las tareas habituales del sector.

Debe recordarse que una auditoría es una actividad que altera el normal funcionamiento de un sector, y que las personas no solamente deben atender a los auditores, sino también sus tareas habituales, las que no deben ser descuidadas.

No obstante una cuidadosa programación, pueden darse situaciones imprevistas que hagan que algunas fechas deban ser modificadas más allá de las tolerancias; en tanto sea posible, deben evitarse estas alteraciones, pues su reiteración desarticulará totalmente al programa y, como ya dijimos, evidenciará un desconocimiento de la situación y necesidades de la empresa.

Todo lo antedicho es de aplicación tanto a las auditorías internas como a las externas.

Las agendas deben ser puestas a disposición del sector a auditar con suficiente antelación, de modo que puedan hacer los preparativos necesarios para facilitar el relevamiento; lo usual es que sean entregadas cinco días hábiles antes del mismo.

ANALISIS DE LA DOCUMENTACION Y PREPARACION DE LISTAS DE CHEQUEO

Aquí debemos formular una nueva clasificación de las auditorías técnicas.

Ya se trate de Seguridad Industrial, de Control de Calidad, de operación de plantas o equipos, etc., encontraremos que hay normas o especificaciones que regulan la actividad. Estas normas dan origen a manuales que contienen, o hacen referencia a procedimientos mediante los cuales se pretende satisfacer aquellas normas.

Aquí tenemos dos instancias muy distintas entre sí para realizar una auditoría; esto habrá de determinar el *objeto* de la misma.

Tomando el manual de procedimientos como límite común de las dos instancias, podemos decir que es factible efectuar una auditoría "aguas arriba" o "aguas abajo" del manual. Esto es, si lo que la auditoría busca verificar es el grado de adecuación del manual a las normas que le dan origen, se trata de una auditoría "aguas arriba", la que llamaremos "de concordancia"; si lo que se pretende verificar, en cambio, es el grado de cumplimiento de los procedimientos contenidos o mencionados en el manual, se trata de una auditoría "aguas abajo", la que llamaremos "de cumplimiento".

En ambos casos será necesario utilizar listas de chequeo, que tendrán las mismas características, pero que se basarán en documentos distintos.

En la preparación de la lista de chequeo de una auditoría de concordancia, los documentos básicos serán las normas o especificaciones que regulan la actividad (para las auditorías a proveedores se deberá considerar, además, el perfil de calidad, mencionado en el desarrollo del tema Evaluación del Sistema de Calidad, pág. 109. En consecuencia, cada pregunta de la lista estará dirigida a establecer qué requerimientos de las normas han sido considerados en el Manual de Procedimientos, y en qué grado será satisfecho cada uno de ellos con la aplicación de las normas.

En esta instancia, el auditor deberá valerse de una de las características de las que ya hemos hablado, el *sentido común*, característica muy necesaria para discriminar cuáles puntos de las normas son obligatorios (requerimientos) y cuáles son discrecionales o no obligatorios.

Es muy importante hacer esta discriminación, pues el ente normalizador ya ha estudiado en profundidad cada tema y ha concluido que, si bien es conveniente que una actividad se efectúe de una determinada manera, también son aceptables los resultados aplicando otros métodos, de manera que sólo sugiere una forma de actuar, y no la impone como un requerimiento.

La empresa estudiará el tema y adoptará total o parcialmente, o desechará, la sugerencia de la norma.

Con esto no se está indicando al lector que deje de indagar la aplicación de aquellos puntos que resultan discrecionales, pues los métodos alternativos discrecionales adoptados deben producir los resultados establecidos en la norma.

Para las auditorías de cumplimiento, los documentos básicos serán el mismo manual, los procedimientos que de él deriven, las prácticas operativas y las instrucciones de trabajo; para auditorías a proveedores habrá que agregar el perfil de calidad.

CAP. 18 — AUDITORIA DE CALIDAD

En principio, se considerará que los requerimientos de las normas obtienen satisfacción en la aplicación de los procedimientos, lo que no es un obstáculo para que, si el auditor descubre o sospecha que un requerimiento de la norma está siendo violado, no recurra a la norma (como en el caso de una auditoría de concordancia) para efectuar una verificación puntual.

Aquí debe tenerse en cuenta que aquellos puntos que la norma establecía en forma discrecional se transforman en obligatorios una vez incorporados a un procedimiento y deben ser cumplidos como cualquier requerimiento. Además, debe considerarse que también los procedimientos pueden contener puntos discrecionales, que a su vez serán objeto de investigación.

En cuanto a la lista de chequeo, es una herramienta de la auditoría, y como tal debe reunir ciertas características:

a) al igual que cualquier herramienta, debe ser la adecuada para el uso que se le pretende dar;

b) debe estar al servicio del auditor, y no al revés.

Generalmente, las normas no son elementos estáticos, sino que evolucionan acompañando los cambios que se producen en la ciencia y en la tecnología; si bien no con la rapidez que los mercados esperan, tampoco lo hacen con la lentitud que los industriales desean. Estos cambios hacen que una lista de chequeo preparada un tiempo atrás resulte desactualizada o totalmente inútil, y que deba ser ajustada o elaborada nuevamente. Del mismo modo, los procedimientos sufren cambios (revisiones), que a su vez desactualizan las listas de chequeo. He aquí la necesidad de que estos documentos sean herramientas adecuadas al uso que se les pretende dar.

Por otro lado, estas listas deben ser una guía para la investigación, un elemento ordenador, un auxiliar de la memoria, pero no un elemento que limite al auditor a su contenido exclusivamente. Durante el relevamiento se presentarán temas no considerados en la lista de chequeo que necesitarán ser investigados; de manera que, aunque no hayan sido considerados con anterioridad, deberán indagarse y anotarse el motivo de la investigación adicional, sus resultados y todo dato útil para el análisis de la gestión.

El Dr. KAURO ISHIKAWA ([5]) advierte lo que sucede en algunas oportunidades, cuando se utilizan listas de chequeo rígidas y personal inexperto.

"En cambio, la Dirección de Defensa y los Ferrocarriles Nacionales no son fabricantes ni tienen experiencia en control de calidad, por lo cual aquí sí se presentan problemas con frecuencia. Lo mismo ocurre en Occidente. La Secretaría de Defensa de los EE.UU. tiene un manual impresionante, *General Quality Control Requirements, MIL. Q.9858A*, pero su interventoría de control no funciona bien. A menudo su auditoría de CC se convierte en un papeleo ineficaz. La auditoría pregunta: «¿existen especificaciones y normas que se deben seguir?, ¿se ajusta el informe a la fórmula establecida?, ¿son adecuados los datos que se presentan?». Estas preguntas piden respuestas proforma. La revisión así efectuada acaba por juzgar únicamente los resultados, lo cual es una inspección y no una auditoría. Una auditoría de CC debe estudiar el proceso que ha llevado a determinado resultado, pero la auditoría

---

(5) KAURO ISHIKAWA, *¿Qué es el control total de calidad?*, Editorial Norma, 1986, pág. 184.

ASEGURAMIENTO DE CALIDAD. ISO 9000

pro-forma pasa por alto ese proceso. El auditor puede tener toda una batería de fórmulas y listas de verificación, pero faltándole conocimientos basados en la experiencia, no puede funcionar bien."

Existen varias formas de confeccionar una lista de chequeo.

En primer lugar está la manera de indicar el punto a verificar; esto podrá expresarse en forma de pregunta o imperativamente, por ejemplo:

— Las copias de órdenes de compra que se remiten a almacén de recepción ¿carecen de precios unitarios e importes totales?

De esta manera, el auditor solicitará al encargado de almacén la cantidad de órdenes de compra que considere necesaria para efectuar la verificación.

Las formas imperativas podrán ser:

— Verificar que las órdenes de compra remitidas a almacén de recepción carecen de precios unitarios e importes totales.

O también:

— Las órdenes de compra remitidas a almacén de recepción deben carecer de precios unitarios e importes totales.

Aquí, el auditor actuará exactamente igual que en la forma interrogativa, de manera que la formulación no cambiará la actuación ni los resultados, pero ha sido expuesta para evitar que el lector invierta su tiempo en un análisis improductivo.

En cuanto a la configuración de la lista de chequeo diremos que ésta sí es de importancia.

Cualquiera sea la configuración elegida, las listas deben contener, como mínimo, la siguiente información y disposición de lugares:

— Gestión a ser auditada.

— Sector responsable de la gestión.

— Fecha del relevamiento.

— Nombre y apellido de los auditores.

— Lugar para incluir los nombres y apellidos del personal del sector a cargo de la gestión, que suministre información.

— Las preguntas.

— Referencias que permitan establecer el origen de las preguntas.

— Lugar para incluir las respuestas.

— Lugar para efectuar observaciones.

En las figuras siguientes se muestran distintas configuraciones, en las cuales no se incluyen todos los datos mencionados, pues sólo se muestra una página de cada una.

CAP. 18 — AUDITORIA DE CALIDAD

Auditoría a:		**Pág.** 1	**de** 1

Lista de chequeo del procedimiento: **PG-02-001 Procedimiento General de Control de Diseño**		**Fecha:**

Origen	**Preguntas**	**Respuestas**
1. Diseño de productos nuevos (5,1)	1,1. ¿Existe evidencia de que la revisión de las normas, especificaciones y requisitos adicionales solicitados por el cliente, sea realizada por DICP?	
	1,2. ¿Queda evidencia, sobre el formulario "Consulta de fabricación" (CF) Anexo I, de la participación de DICP?	
	1,3. Verificar utilización de "Pedido de modificación" Anexo II.	
	1,4. Verificar utilización de "Proceso de fabricación y parámetros del proceso" Anexo III.	
	1,5. ¿El personal que desarrolla el diseño, así como el que efectúa las revisiones, tiene las calificaciones suficientes?	
	1,6. Constatar utilización de "Lista de verificación" Anexo IV.	
	1,7. Constatar utilización de "Verificación de diseño" Anexo V.	
	1,8. ¿Existe evidencia de que el personal designado por el jefe de DICP para efectuar la verificación del diseño tenga la calificación suficiente?	
	1,9. ¿Quién es el responsable de agrupar la documentación y generar el historial?	
2. Diseño de productos según normas y especificaciones con antecedentes de fabricación (5,2)	2,1. Verificar operatoria de modificaciones y/o revisiones.	
3. Registros (6)	3,1. ¿Los registros están agrupados por "caracterizaciones del producto" y tienen su documentación asociada?	

Observaciones:

Figura 18,8.

Lista de Chequeo
Auditorías Internas

Auditoría Interna Nº:

Departamento:

Auditores:

Ítem	Descripción	Conformidad			Comentarios/Documentación
		No	Sí	N/C	

Personal entrevistado:

Firma del responsable del depto.:
Firma de los auditores:

Figura 18,9.

DESARROLLO DEL RELEVAMIENTO

Previamente al relevamiento propiamente dicho, se deberá efectuar una reunión (reunión inicial) en la que deberán participar los auditores, los responsables de la gestión auditada y el personal que deberá asistir a los auditores y responder las preguntas durante el relevamiento.

La razón de esta reunión será informar respecto del objetivo de la auditoría, su alcance, las expectativas y el método de relevamiento; es importante aprovechar esta reunión para aclarar que el control que implica la auditoría estará dirigido a una gestión y no a las personas que la desarrollan; de esta manera podrá lograrse un clima distendido y una buena disposición por parte de los responsables de la gestión. Otros detalles al respecto ya estarán en conocimiento del sector debido a la recepción anticipada de la agenda.

Concluida la reunión inicial deberá dejarse en libertad de acción, para que puedan continuar con sus tareas habituales, a todo el personal que no sea estrictamente necesario durante el relevamiento inmediato.

Durante la tarea de investigación *in situ*, o relevamiento, los auditores se guiarán y completarán la Lista de Chequeo pero, como ya dijimos, no se limitarán a ella exclusivamente, e indagarán todo aquello que resulte relevante.

En esta etapa se examinará documentación que no se poseía durante la confección de la lista. En los documentos utilizados para la preparación de la lista, se informa qué se debe hacer y cómo, a través de los documentos examinados durante el relevamiento se podrá saber cómo se hizo y qué resultados se han obtenido. Por lo general, estos últimos documentos son conocidos como "registros" y para la auditoría conformarán lo que se denomina "evidencias objetivas".

Cuando una evidencia objetiva requiera un análisis prolongado, resultará conveniente fotocopiarla o retenerla y luego devolverla una vez concluido su análisis, al igual que cuando resulte necesaria para probar un apartamiento que pudiera ser disimulado con posterioridad al relevamiento.

Cuando hablamos de los atributos del auditor, dijimos que no debía abusarse de los "¿por qué?". Se debe minimizar el uso de esta pregunta a lo estrictamente necesario, pero no se debe abandonar una investigación hasta estar satisfecho o haber decidido diferirla para un análisis posterior.

Otro de los atributos de los que hemos hablado es *la audición*; en función de esto, es importante dejar que las personas se explayen en las explicaciones que consideren necesarias, y se les debe prestar atención, demostrando interés e interiorizándose en sus "porque...". En muchas oportunidades salen a la luz cuestiones o puntos de vista que los auditores no habían descubierto o no se habían planteado, y esto por el solo hecho de dejar hablar a los demás. Esta actitud ayudará también a generar una atmósfera favorable para cuando el auditor deba inquirir respecto de un tema "espinoso".

En las oportunidades en que la extensión del relevamiento imponga un receso para el almuerzo, deberá respetarse rigurosamente el horario de retorno y, si se almuerza en compañía del personal del sector auditado, se deberá evitar que el tema de conversación, durante este receso, esté relacionado con la auditoría.

También se debe ser estricto con el resto del horario establecido, y recordar que, aunque se haya previsto disponer el tiempo para la auditoría, las personas tienen tareas que relegarán para atender a los auditores y que las empresas siguen funcionando, generando documentos y requiriendo decisiones, de manera que si los horarios no se cumplen, se estará interfiriendo en alguna medida el normal desarrollo de las tareas habituales.

Concluido el relevamiento, se efectuará la *reunión final*, en la que deberá participar el mismo personal que participara de la reunión inicial. En esta reunión se hará una reseña de los hallazgos y se permitirá al personal del sector auditado presentar pruebas, descargos o ampliación de información, pero se evitará emitir opinión sobre los resultados, pues ésta surgirá del análisis posterior de los datos relevados y de las evidencias objetivas.

Tanto la reunión inicial como la final pueden obviarse en las auditorías internas, pero solamente luego de que se hayan efectuado varias veces en un mismo sector, es decir, cuando el personal con responsabilidad en la función auditada ya conozca la mecánica, los propósitos y al personal auditor. En el caso de las auditorías externas, las reuniones deberán efectuarse en todas las oportunidades.

ANALISIS DE LA INFORMACION RELEVADA

Posteriormente al relevamiento, el grupo auditor debe reunirse para analizar la información relevada, discutir los hallazgos y comparar toda la información con las normas, especificaciones o estándares.

En esta etapa se podrá volver a consultar al sector auditado respecto de las dudas que pudieran aparecer, pero se minimizará la recurrencia a estas consultas. Existen dos motivos para esta minimización. El primero se basa en que estas consultas no figuran en la agenda y por lo tanto el personal del sector auditado estará ocupado en su rutina, de la que se verá nuevamente apartado para atender a las consultas. El segundo motivo está relacionado con el prestigio del grupo auditor; si la auditoría fue minuciosamente preparada, y el relevamiento efectuado con prolijidad y profundidad, aparecerán muy pocas o ninguna duda en la etapa de análisis.

Cuando la auditoría sea de las denominadas "de concordancia", la mayor parte del relevamiento puede efectuarse sin recurrir a la asistencia de los responsables de la gestión; de manera que, aun cuando se efectúen las reuniones formales, se harán al solo efecto de posibilitar la participación de esas personas, pero el análisis ya se habrá producido en casi su totalidad durante la preparación de la auditoría.

CAP. 18 — AUDITORIA DE CALIDAD

Esto es así porque la característica principal de las auditorías de concordancia es que se trata de la comparación de los manuales, procedimientos, etc., con las normas que les dan origen, y aquí hay muy poco para consultar.

En cambio, en las auditorías de cumplimiento, la mayor parte de la información se encuentra en poder de las personas que utilizan los manuales y procedimientos, por lo que no quedan más posibilidades que consultarlas y solicitarles evidencias objetivas.

La relación entre el grado de información y el tipo de auditoría queda representada por el gráfico siguiente:

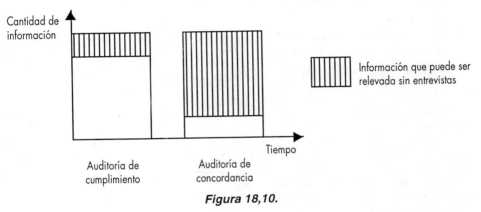

Figura 18,10.

Cuando se trata de una auditoría de cumplimiento, el grupo auditor contará con abundante material para analizar luego del relevamiento. Tendrá las respuestas a las Listas de chequeo, las notas u observaciones incorporadas, los documentos fotocopiados y las opiniones de los auditores. Como dijera Ishikawa ([6]), si los auditores se limitan a verificar las respuestas "pro-forma" no estarán haciendo una auditoría, sino una simple inspección. En esta etapa deben "estudiar el proceso que ha llevado a determinado resultado"; aun cuando el proceso sea aceptable, es decir, no violatorio de normas o procedimientos, puede ser mejorado, al igual que sus resultados; éste es el objetivo final de toda auditoría técnica.

Con esto no pretendemos decir que se deje de lado la verificación del grado de cumplimiento de los procedimientos y la corrección de su administración, sino que el lector no pierda de vista la función de asesor de la gerencia inherente al auditor, además de la de verificador.

Si todos los auditores del grupo fueron designados de acuerdo con las características personales mencionadas más arriba, no será difícil llegar a una opinión unánime respecto de cada punto en discusión. El arribo a este tipo de opinión debería ser una práctica habitual

---

(6) Op. cit. en (5), ídem.

314 ASEGURAMIENTO DE CALIDAD. ISO 9000

e ineludible de cada grupo. Aquí no es cuestión de opiniones mayoritarias, sino de opiniones acertadas, las que se fundamentarán en un exhaustivo análisis de la situación, objetivo y equilibrado, con bases sólidas, largamente estudiadas.

Si los propios miembros del grupo auditor no están convencidos, difícilmente puedan convencer a los demás respecto de lo acertado de sus opiniones.

EL INFORME DE AUDITORIA

Las opiniones de las que habláramos en el parágrafo anterior se expresan por escrito en lo que se llama Informe de Auditoría.

El informe es el principal "producto" de la auditoría.

Dado que como ya se dijo, Auditoría es un departamento *staff*, depende y reporta únicamente al gerente. De esta manera, el informe debe ser remitido al gerente con exclusividad.

Por cuestión de prelación y de confidencialidad, es lógico que el gerente sea el primero en enterarse de la marcha de su negocio, máxime cuando es un subordinado *staff* quien debe informarlo. De esta manera, Auditoría no debería tomarse la atribución — salvo que se le haya conferido específicamente— de informar en forma simultánea al gerente y a los responsables de la gestión auditada.

Distinta es la auditoría a proveedores. De ser éste el caso, el Informe de Auditoría deberá remitirse al Gerente de Compras de la empresa, para que éste tome conocimiento de la situación y lo remita a la máxima autoridad de la empresa proveedora auditada.

El contenido del informe debe ser tal que permita una rápida toma de conocimiento de la situación y una certera toma de decisiones. Para ello deben evitarse los extensos desarrollos literarios y adoptarse una estructura de uso permanente, es decir, que el mismo tipo de información se encuentre siempre en el mismo orden secuencial; esto facilitará la búsqueda de datos específicos, por el acostumbramiento que producen los informes ordenados siempre de la misma manera. A tales efectos se recomienda la adopción de una estructura que contenga la siguiente información.

— Ente auditado (cuando se efectúe fuera de la empresa).

— Gestión auditada.

— Período de ejecución (fechas inicial y final).

— Nómina del grupo auditor, con identificación del auditor líder.

— Nómina del personal del sector auditado que asistió a los auditores.

— Documentación de referencia (la documentación utilizada para la preparación de la lista de chequeo).

CAP. 18 — AUDITORIA DE CALIDAD   **315**

— Documentación relevada.

— Hallazgos que constituyan un apartamiento de las normas o especificaciones.

— Hallazgos que, sin constituir una violación o apartamiento de normas y especificaciones, indiquen la posibilidad de introducir mejoras en la gestión objeto de la auditoría.

— Descripción de Acciones Correctivas.

— Recomendaciones.

En el ambiente de la calidad, encontraremos auditores que emiten Informes de No Conformidad. Esto es un error y tiene su origen en una apreciación poco clara de la situación, autoridad y relación del departamento Auditoría con los departamentos de línea. Como ya dijimos, en su carácter de *staff*, Auditoría no debe involucrarse con la línea de autoridad. La emisión de Informes de No Conformidad importa una orden directa a la línea; este documento es de uso exclusivo del sector Control de Calidad, y su emisión se hace directamente al sector en que se ha producido el apartamiento, sin conocimiento previo de la gerencia. Aun cuando los citados informes sean mencionados en el Informe de Auditoría, esta forma de actuar es violatoria de la función *staff* de Auditoría y no debe permitirse bajo ninguna circunstancia.

Dado que los auditores no se encuentran en la línea de autoridad, las Acciones Correctivas que éstos incluyan en su informe deben ejecutarse obligatoriamente, pues están dirigidas a corregir apartamientos que invalidan la aplicación de una norma o especificación. El gerente, a quien va dirigido el informe, no puede abstenerse de ordenar su ejecución; en cambio, las recomendaciones son de aplicación discrecional, y queda a criterio del gerente su adopción inmediata, postergación o anulación. Una característica importante de las recomendaciones es que, una vez adoptadas por la gerencia, su tratamiento y sus consecuencias son idénticos a los de las Acciones Correctivas.

Dado el grado de compromiso que una Acción Correctiva implica, generalmente se lleva a cabo mediante la utilización de formularios *ad hoc*, en los cuales se consigna el texto del Informe de Auditoría que da cuenta de la gestión que se debe realizar, la forma en que debe ser ejecutada, la forma en que realmente se ejecutó (aun cuando ambas coincidan) y los resultados obtenidos. Tal vez llame la atención al lector el hecho de que se mencione "la forma en que debe ser ejecutada" la Acción Correctiva, y "la forma en que realmente se ejecutó"; esto es así puesto que, cuando se establece una forma de solucionar un apartamiento, a veces la distancia, la falta inadvertida de un dato, etc., hacen que se planteen soluciones cuya ejecución requiera cambios o mejoras, decidiéndose su instrumentación "sobre la marcha". Por supuesto, esto es aceptable cuando los resultados son idénticos o mejores que los previstos.

Además, consignar sobre el documento ambos datos ("la forma en que debe ser ejecutada" y "la forma en que realmente se ejecutó") servirá a los auditores como retroalimentación (*feedback*), y podrá ser tenido en cuenta en situaciones futuras similares.

Como se puede inferir de lo antedicho, este formulario es completado por todas las secciones que intervienen en la ejecución de la Acción Correctiva, aprobado por el gerente y archivado por Auditoría. La misma gestión se desarrollará cuando una recomendación se transforme en Acción Correctiva por orden gerencial.

Respecto de las recomendaciones resulta conveniente tener presente lo que expresan SOLANA y PIENOVI ([7]):

"Debe tenerse en cuenta la dimensión de la organización.

De la misma manera que son muy distintas las medicaciones y dosis que se recetan a un bebé y a un adulto, el fenómeno del tamaño industrial es totalmente condicionante de las soluciones que el diagnosticador debe proponer… En efecto, si a una pequeña organización se le pretende aplicar criterios de gran empresa, termina burocratizándose y dificultando su desarrollo. Al mismo tiempo, si una organización que ha crecido considerablemente o que opera a gran escala es conducida con criterio bolichero, no alcanza a consolidarse, se desorganiza y pierde oportunidades por carecer de una estructura adecuada."

EL SEGUIMIENTO

Dado que en la generalidad de las auditorías surgen Acciones Correctivas, que su cumplimiento es obligatorio y que el gerente debe establecer los plazos de ejecución, se necesita verificar su cumplimiento en la forma y plazos establecidos. Esta verificación se hace por medio de auditorías puntuales, que tratan exclusivamente el tema objeto de cada Acción Correctiva.

En función de la duración de la instrumentación de las Acciones Correctivas pueden efectuarse una o varias auditorías de seguimiento; esto dependerá de la necesidad de controles intermedios, cuando los períodos de instrumentación son largos.

Cualquiera sea el caso —una o varias auditorías—, serán consideradas *no programadas*, debido a la corta duración de cada una de ellas. Se las tendrá en cuenta como una extensión de las programadas.

También serán objeto de seguimiento todas aquellas recomendaciones que el gerente haya decidido poner en práctica, cuyo cumplimiento adquiere el carácter de obligatorio, y deben tratarse como Acciones Correctivas.

Estas auditorías requieren la emisión de un nuevo informe, en el cual se podrá dar cierre a la auditoría principal o incorporar nuevas Acciones Correctivas y recomendaciones. El informe de seguimiento se anexará al Informe de Auditoría originario.

---

(7) Op. cit. en (1), pág. 281.

CASO PARTICULAR

Existe un caso particular, que reviste este carácter por no guardar las formalidades de una auditoría propiamente dicha. Nos referimos aquí a lo que es conocido como *vigilancia* en aquellas empresas en las que se efectúan auditorías formales; en caso contrario son llamadas *auditoría*.

Generalmente éste es un recurso utilizado cuando la inspección de los productos o servicios se asigna a Producción y, en consecuencia, Control de Calidad verifica el funcionamiento del sistema y vigila su aplicación. El término inglés utilizado para esta función es el de *surveyors*.

La vigilancia es un estadio intermedio entre auditoría e inspección, pues utiliza listas de chequeo como la auditoría, pero no guarda ninguna de las restantes formalidades. Comúnmente los apartamientos se discuten con los responsables de la gestión controlada, y las conclusiones se informan al máximo responsable del área; por ejemplo, si se está vigilando la formulación de un producto químico, se podrá informar al Jefe de Producción o al Laboratorio según corresponda.

En cuanto a las listas de chequeo, una vez confeccionadas, pueden ser utilizadas sin necesidad de cambios mientras no varíe la rutina a la que se dirigen.

Capítulo 19

Entrenamiento

TEXTO DE LA NORMA ISO 9001

El proveedor debe establecer y mantener procedimientos documentados para identificar las necesidades de capacitación y entrenamiento, y proporcionarlo a todo el personal que efectúa actividades que afecten la calidad. El personal asignado a tareas específicas debe ser calificado sobre la base de educación, capacitación, entrenamiento y/o experiencia apropiados, según se requiera. Deben mantenerse los registros apropiados de capacitación y entrenamiento.

Comentario

Este requerimiento está dirigido a asegurar que el personal posee la capacitación teórica y el entrenamiento práctico necesario y suficiente.

Una forma de dar cumplimiento a este requisito sería seguir los siguientes pasos:

a) Formación de un legajo por cada una de las personas involucradas en la calidad, debiendo contener evidencias objetivas respecto del nivel de educación, cursos de especialización, experiencia previa, etcétera.

Este legajo podrá permanecer en poder de la Oficina de Personal o en la de Calidad, pero deberá contener, por lo menos, fotocopia de todos los certificados que se declaran como capacitación o entrenamiento recibido.

b) Establecimiento del Perfil del Puesto (figura 19,1), para cada puesto con injerencia sobre la calidad.

Este documento debe ser elaborado previamente al Perfil del Personal y con total independencia de las capacidades de las personas que, eventualmente, ya estén ocupando los puestos perfilados. Se deben establecer aquí los requerimientos mínimos necesarios para ocupar el puesto.

c) Confección del Perfil del Personal (figura 19,2), para cada postulante a ocupar los puestos, o para las personas que ya los ocupan, fundamentándose en las evidencias objetivas contenidas en los legajos.

Aquí, la confección del documento debe considerar la situación real, en cuanto a capacitación, entrenamiento y experiencia de cada funcionario. No se debe temer consignar esta situación con exactitud, pues de las carencias surgirá la necesidad de futura capacitación o entrenamiento.

320   ASEGURAMIENTO DE CALIDAD. ISO 9000

EURO LUBE	Perfil del Puesto

Puesto:

Tareas a desempeñar:

A) Educación requerida:

Nivel: Título:
Alternativa:

Otros requisitos de educación:

B) Experiencia requerida:
En la misma tarea: experiencia mínima   años.
Opciones:
En tareas similares
Descripción:
Experiencia mínima   años.
En tareas relacionadas
Descripción:
Experiencia mínima   años.

Nota: la experiencia en tareas relacionadas sólo es válida como opción cuando se complemente con la capacitación o el entrenamiento que se indique en el punto C) e identificados con (*).

C) Capacitación requerida:
Capacitación teórica

Tema	Tema

Entrenamiento práctico

Tema	Tema

D) Exámenes y evaluaciones a realizar

Tema	Carácter	A evaluar por

Satisfechos los requerimientos de los puntos A, B y C, y aprobados los exámenes del punto D, se considera personal calificado.

Firma Jefe Control de Calidad	/ / Fecha

Figura 19,1.

CAP. 19 — ENTRENAMIENTO

EURO LUBE	**Perfil del Personal**		

Correspondiente a:

Legajo Nro.

Apellido y nombres:

Estudios cursados:

Nivel	Institución	Título	Fecha
Primario			
Secundario			
Terciario			

Entrenamiento y capacitación:

Tema	Institución	Duración	Fecha

Referencias:

Figura 19,2.

322   *ASEGURAMIENTO DE CALIDAD. ISO 9000*

d) Comparación del "deber ser" establecido en los Perfiles del Puesto, con el "es" de los Perfiles del Personal.

De esta manera se estarán identificando, tal como lo solicita la norma, las necesidades de entrenamiento o capacitación del personal.

e) Por las diferencias entre ambos perfiles, establecimiento de un Plan de Capacitación (figura 19,3), en el cual constarán los cursos teóricos, teórico-prácticos o prácticos a los que debe asistir el personal y los nombres de las personas que deben asistir a ellos.

Aquí hablamos de plan y no de programa ya que, en la mayoría de los casos, gran parte de la capacitación (es decir, de los cursos) depende de la oferta externa a la empresa que efectúen los entes especializados en estas tareas. Si estableciéramos un programa, deberíamos incluir las fechas en que cada curso será dictado, pero si dependemos de entes externos, estas fechas no son de nuestro dominio y, a veces, los cursos ni siquiera están programados por estos entes, debiéndose esperar que aparezca la oferta. En cambio, estableciendo un plan, se está manifestando la necesidad y la voluntad de someter a esa capacitación específica al personal, pero no la fecha en que se efecutará. Esto no debe utilizarse como excusa para postergar indefinidamente la capacitación que sí se puede impartir dentro de la empresa, ya sea con personal propio o contratado y donde el manejo del tiempo sí es de nuestro dominio.

Cuando los cursos se realizan en instituciones externas a las empresas, se requerirá la provisión de un certificado en el que no sólo debe figurar el nombre del participante, sino también la indicación de si, en caso de existir, se han aprobado los exámenes correspondientes.

Cuando la capacitación se lleva a cabo dentro de la empresa, se podrán emitir certificados o diplomas que se entregarán a los participantes, pero en todos los casos se deberán generar registros (figura 19,4) que queden en posesión de la empresa como evidencias objetivas de la capacitación impartida.

Un documento que es conveniente elaborar es el Registro de Lectura (figura 19,5), en el cual se asignará a cada funcionario la responsabilidad de estudiar determinada literatura, normas o procedimientos, en un plazo perentorio. El funcionario deberá firmar el registro, en coincidencia con cada documento, como evidencia de haberlo leído. Si efectivamente lo leyó o no, es su responsabilidad, pero la empresa podrá demostrar a eventuales auditores el manejo del tema y requerir a los funcionarios la aplicación de los conocimientos emergentes de esas lecturas y, por lo tanto, el desconocimiento no servirá como excusa.

Como hemos visto, en actividades tales como los procesos especiales, las auditorías, e inclusive algunas inspecciones, se requiere que el personal esté *calificado*. En realidad, todo el personal cuyas acciones afecten la calidad debe estar *calificado*, como sinónimo de poseer los conocimientos y habilidades necesarias para desempeñarse en su puesto, esto es, como sinónimo de "idóneo", pero en las actividades recientemente mencionadas,

CAP. 19 — ENTRENAMIENTO

Plan del Capacitación

Personal →

Cursos ↓

O: Obligatorio   P: Opcional

Figura 19,3.

ASEGURAMIENTO DE CALIDAD. ISO 9000

EURO LUBE	Registro de participación en Capacitación

Tema desarrollado: **Por:**

Fecha:

Funcionario (Apellido y nombres)	Firma

Observaciones:

Figura 19,4.

	Registro de Lectura			
Funcionario (Apellido y nombres)				
Documento		**Rev.**	**Firma**	**Fecha**
Observaciones:				

Figura 19,5.

la palabra "calificado" deberá interpretarse como "certificado". Es decir, ya sea la empresa que emplea el personal o un ente externo habilitado para certificar —según el caso—, deberá emitir un certificado en el que conste el nombre de la persona, la actividad para la cual se lo certifica o habilita, el nivel de calificación, el ente certificante, la firma del personal certificante, la fecha de certificación y, en su caso, la fecha de caducidad de la certificación. Esta situación se evidencia en el caso de personal que debe manipular radioisótopos, equipos de Rx y de gammagrafía, en el que debe estar calificado para el manipuleo de los equipos, la ejecución de los ensayos, la supervisión y la interpretación de los resultados y consecuente emisión de los protocolos. Esta calificación no solamente figurará en los certificados sino que también se consignará en el Perfil de Personal del funcionario certificado.

MOTIVACION PARA LA CALIDAD

Este es un tema fundamental para el logro de los objetivos de calidad.

En el medio ambiente de la calidad casi todos saben en qué consiste, y casi todos están motivados hacia ella, pero, ¿qué sucede con aquellas personas que no pertenecen al "círculo íntimo de la calidad"? Porque, sin dudas, existe lo que puede ser llamado un círculo íntimo. Por lo general, en la Argentina nos encontramos con actitudes escépticas, sin interés por lo que representa la calidad.

Esta actitud no es privativa de algún nivel de la empresa, sino que se presenta desde la dirección hasta los operarios; cada uno de ellos aduce sus *razones* para oponerse o para ser indiferente.

William H. Newman ([1]) establece que los factores que guían las reacciones individuales son tres: las características y necesidades individuales, el tipo de creencia y la organización social. Sobre esta estructura desarrollaremos nuestros puntos de vista respecto de la motivación.

Las características y necesidades individuales han sido analizadas en profundidad por los estudiosos de la conducta humana, de manera que tratar el tema aquí no resultaría una contribución significativa, y, por lo tanto, se recomienda recurrir a la abundante bibliografía disponible en plaza.

Lo que sí resulta interesante para la comprensión del tema, es el aporte de Rusell y Black ([2]):

"Es tan egoísta suponer que podemos motivar a las personas como lo es el suponer que podemos hacer crecer las flores; podemos proveer agua,

---

(1) William H. Newman, *Programación, organización y control*, Ediciones Deusto Argentina, 6ta. edición, pág. 500.

(2) G. Hugh Russell y Kenneth Black (Jr.), *Conducta humana en los negocios*, Limusa, México, 1979, págs. 142 y 143.

CAP. 19 — ENTRENAMIENTO

327

fertilizantes, condiciones de la tierra adecuadas y suficiente sol (¡huy!, no podemos proporcionar sol; sólo podemos plantar la flor donde haya sol) y entonces esperar que la flor crezca."

"La esencia de la motivación es encontrarle significado a lo que se hace, y ese significado depende sólo de nosotros; los demás no pueden darlo; debe provenir de nuestra propia experiencia, aunque los demás puedan sentirse atraídos por las necesidades, anhelos y valores que ya poseemos."

"Para el individuo que desea influir en el comportamiento de otros (y esto nos incluye a nosotros), otra definición de la motivación puede sugerir una estrategia y ciertas tácticas a seguir. Nuestra capacidad para «motivar» a otro individuo depende de nuestra sensibilidad hacia sus necesidades y sus deseos; esto nos permite crear parcialmente las condiciones de vida o la situación de trabajo en que están, de manera que se aumente la posibilidad de que quieran motivarse por sí mismos, orientados por nuestros deseos."

Por su parte, K. Ishikawa ([3]) nos dice:

"El ser humano está dispuesto a hacer las cosas cuando descubre su necesidad por sí mismo; pero no cuando otras personas le ordenan que las haga."

Este concepto de automotivación es el asumido en el presente trabajo.

Las creencias. He aquí un tema que en cada país, en cada grupo social, y en cada individuo, tiene sus particularidades.

La década del '40, década de bonanza económica para la Argentina, marcó el comienzo de una actitud que, aún hoy, sigue profundamente arraigada, fundamentada en el "distribucionismo". Mediante esta idea se formaron (o se deformaron) generaciones que creyeron y creen que un ente mesiánico, encarnado en primera pero no en única instancia en el Poder Ejecutivo de la Nación, debe distribuir todo en el país, por ejemplo, las riquezas, que existían en 1945, pero que se agotaron rápidamente; lo que no se agotó e incide en la mayor parte de la gente, es la idea de que "a la gente hay que darle…". De esta manera nadie debe esforzarse en obtener algo o, por lo menos, el esfuerzo debe ser mínimo y todo debe recibirse gratuitamente.

Este concepto erróneo tiene su punto de partida en la educación que recibimos; por décadas se nos ha dicho desde la escuela primaria que "tenemos un país rico", cuando la realidad es otra: un país con un subsuelo rico, con casi todos los suelos y climas, con potencialidad para "ser rico", pero con una población pobre. Esta enseñanza ha producido una aberración conceptual, la que nos llevó a querer vivir como ricos cuando somos

---

(3) Kauro Ishikawa, *Qué es el control total de la calidad. La modalidad japonesa*, Editorial Norma, Colombia, 1986, pág. 136.

323 ASEGURAMIENTO DE CALIDAD. ISO 9000

pob.·es. Distinta es la situación de los japoneses, que no tienen casi territorio que habitar, ni acero, ni petróleo —es decir, tienen un país pobre y se consideran probres—, y, a diferencia nuestra, sus ingresos per cápita son los más altos del mundo, a pesar de lo cual piensan y viven como pobres; he aquí una de las claves del éxito japonés.

El concepto de mentalidad expuesto recientemente afecta al país no solamente en el campo de la calidad, sino en todos los aspectos de la vida privada y social. A nivel gerencial, existe una especie de soberbia, que hace decir a algunos gerentes: "si he llegado hasta aquí, por algo ha de ser; no necesito aprender más". Esta actitud habla a las claras de la mediocridad que está impidiendo el desarrollo en varios aspectos. Dentro del ambiente fabril, no son muchas las personas que se esfuerzan por aprender, por estudiar, por conocer, no sólo sobre calidad, sino sobre cualquier otro tema que haga del individuo una persona más útil para sí y para la sociedad. En definitiva, todo tiene que serle entregado "desde arriba" y todo debe ser fácilmente digerible.

Distinto es el caso japonés, pues ISHIKAWA ([4]) dice:

> "Como la misma expresión lo dice, el autodesarrollo consiste en estudiar uno por sí mismo. Siempre hemos concedido muchísima importancia al mejoramiento de las capacidades del individuo por medio de la educación y el adiestramiento, como una manera de promover el control total de calidad. El nivel educativo es alto en el Japón y seguirá subiendo si se permite que continúen la educación, el adiestramiento y el estudio por cuenta propia."

En muchos casos la gente está resignada a pasar la vida haciendo la misma tarea rutinaria, sin el menor progreso personal, con tal de no esforzarse por aprender.

Nadie puede motivarse en un tema que desconoce. Como decíamos al principio, el personal de calidad está motivado porque conoce el tema, porque ha leído, porque ha concurrido a cursos, congresos y seminarios, porque ha entrado en tema; no sólo conoce los tópicos que forman la calidad, sino que entiende su lenguaje, conoce los "porqués".

Lo antedicho se concatena con otra forma de pensar, obtusa, pero bastante generalizada en algunos medios, que consiste en que aprender por *motu proprio* algo que mejore la performance en el trabajo, es en beneficio exclusivo del empleador, beneficio del que, "lógicamente", hay que privarlo. Aprender para ser mejor no es válido. Sobre este tema volveremos cuando hablemos de la organización social.

Sin educación, sin conocimiento, es imposible la motivación.

Todo Occidente —ya no sólo la Argentina— ha sido influenciado por la interpretación de los textos bíblicos.

Por lo general, y por mucho tiempo, se ha considerado al trabajo como un castigo divino. Esto refuerza la Teoría X, de la que habla, entre otros, el propio J. M. JURAN ([5]):

---

(4) Idem (3).

(5) J. M. JURAN, F. M. GRYNA (JR.) y R. S. BINHAM (JR.), *Manual de Control de Calidad*, Edit. Reverté S.A., 2da. edición, pág. 523.

CAP. 19 — ENTRENAMIENTO

"Según la Teoría X, los trabajadores industriales no tienen interés alguno en la calidad ni en el trabajo. El hombre de la sociedad industrial, a diferencia de sus antepasados, es perezoso, consentido, enemigo del esfuerzo, poco solidario; echado a perder desde que no tiene que enfrentarse con la Naturaleza para sobrevivir."

En contraposición a la Teoría X, apareció la Teoría Y, de la cual el mismo autor dice:

"De acuerdo con la Teoría Y, los trabajadores industriales, al igual que sus antepasados, conservan el impulso interno que les lleva a realizar tareas y a sentir satisfacción en su cumplimiento. Sin embargo, este impulso y la obtención de esa satisfacción se ven entorpecidos por la organización de la industria moderna, que somete a los hombres a trabajos monótonos y sin sentido, que sofocan sus tendencias naturales. Es absurdo hablar de satisfacción en el trabajo cuando éste es terriblemente aburrido. Por consiguiente, los hombres se sienten frustrados porque no pueden obtener la satisfacción que desean y entonces manifiestan síntomas como la indiferencia, etcétera."

Funcionamiento de la Teoría X	Funcionamiento de la Teoría Y
Se emplea la retribución por piezas como un incentivo para el cumplimiento de las normas.	Se hace menos hincapié en la retribución por piezas y más en el papel de los supervisores.
Se aplican descuentos salariales o medidas disciplinarias para castigar el bajo rendimiento en cuestión de calidad.	Se da mayor importancia al "porqué" y al "cómo" para mejorar el bajo rendimiento de la calidad.
Se delega en el personal de inspección el control de las herramientas.	Se delega en el personal de producción el control de las herramientas.
Se delega en los inspectores móviles la revisión de las preparaciones.	Se delega en los operarios y preparadores la revisión de las preparaciones.
Se delega en los inspectores la función de parar las máquinas, según hayan podido comprobar que ocasionan defectos.	Se delega en los operarios la función de parar las máquinas que, según han comprobado los inspectores, producen defectos.
Se requiere la aprobación formal de la inspección para el pago por pieza, el movimiento de materiales, etcétera.	El empleo del sistema de aprobación formal por la inspección está restringido.
Los debates en el taller se centran en la autoridad y los motivos para decidir la detención de las máquinas.	Los debates en el taller se centran en la interpretación de las especificaciones y mediciones.
Las relaciones entre operarios e inspectores son generalmente tensas, a menudo hostiles.	Las relaciones entre operarios e inspectores suelen ser normales, incluso cordiales.
Las críticas de la alta dirección, por los elevados índices de rechazo de materiales, se dirigen tanto contra la inspección como contra el departamento de producción.	Las críticas de la alta dirección por los elevados índices de pérdida de materiales se dirigen contra el departamento de producción.
Los operarios no muestran interés por hacer un trabajo con calidad.	Los operarios muestran un evidente deseo de hacer un trabajo con calidad.
Las ideas de los operarios sobre las posibles mejoras no se tienen en cuenta.	Los operarios suelen ser consultados acerca de las posibles mejoras.

El funcionamiento del taller según las teorías X e Y.

330 — ASEGURAMIENTO DE CALIDAD. ISO 9000

Actualmente, la Teoría Z hace una síntesis entre las Teorías X e Y; pero para muchos —ya se trate de ejecutivos u obreros—, la Teoría X, la más antigua, la que peor considera al hombre, nacida prácticamente de los estudios de FREDERICK W. TAYLOR, sigue en vigencia, y actúan en consecuencia. Esta mentalidad jamás producirá actitudes tendientes a la motivación hacia la calidad.

Por otro lado, una creencia errada es generada por un problema semántico. El lector puede tomar cualquier artículo sobre calidad total y encontrará que la frase "control total de la calidad" abunda en los textos, aun en los de A. V. FEIGENBAUM o en los de K. ISHIKAWA, cuando, en verdad, los autores no se están refiriendo exclusivamente al *control* sino a la *ejecución* de la calidad por parte de todos los integrantes de la empresa. Por su parte, el Dr. ISHIKAWA, además de dar su propia definición del control de calidad, la cual incluye conceptos como el desarrollo, el diseño, la manufactura, la economía, la utilidad y la satisfacción (no se menciona la inspección), facilita nuestro trabajo, pues comenta la definición de control total de la calidad que suministra FEIGENBAUM, en la que sí se menciona a la inspección; dice entonces ISHIKAWA ([6]):

> "Mi propia definición es la siguiente:
>
> «Practicar el control de calidad es desarrollar, diseñar, manufacturar y mantener un producto de calidad que sea el más económico, el más útil y siempre satisfactorio para el consumidor»."

Y sigue diciendo:

> "Según FEIGENBAUM, el control total de calidad (CTC) puede definirse como «un sistema eficaz para integrar los esfuerzos en materia de desarrollo de calidad y mejoramiento de calidad realizados por los diversos grupos en una organización, de modo que sea posible producir bienes y servicios a los niveles más económicos y que sean compatibles con la plena satisfacción de los clientes». El CTC exige la participación de todas las divisiones, incluyendo las de mercadeo, diseño, manufactura, inspección y despacho."

De este modo, cuando los especialistas en calidad quieren presentar el tema a otras áreas de la empresa, con el objeto de instruirlos, involucrarlos, hacerles ver que ellos también tienen parte en el logro de la calidad —si no son cautos, y comienzan hablando de "control"— lo único que logran es que a la gente se le presente un interrogante:

> "Y NOSOTROS, QUE HACEMOS CONTABILIDAD GENERAL, ¿QUÉ TENEMOS QUE VER CON EL CONTROL DE CALIDAD?"

Los costos de calidad también presentan varios problemas. El primero, al igual que en el caso del control total de la calidad, es semántico. Para el profesional de la calidad está

---

(6) Idem (3), pág. 84.

CAP. 19 — ENTRENAMIENTO

claro que con la frase "costo de calidad" se está haciendo referencia, principalmente, a los costos de la "no calidad", es decir, lo que le cuesta a la empresa elaborar productos o prestar servicios de calidad inadecuada.

El desconocimiento de la interpretación correcta de estos costos, cuando nos referimos a ellos en algún informe o en una reunión, quita motivación a los directivos y ejecutivos en lugar de motivarlos. Además, los niveles superiores de las empresas, inadecuadamente informados sobre el tema, consideran que los costos de instrumentación y mantenimiento de los sistemas de calidad son superiores a los beneficios que producen. Se insiste, sin educar primero, es imposible motivar.

El contexto social. De cuantos orígenes se puedan imaginar a los impedimentos para la motivación, el más incomprensible es el que presenta la actividad de algunos sindicatos en la Argentina.

Cuando al principio hablamos de la educación como paso previo a la motivación, dijimos que se esperaba que todo llegara "desde arriba", que la iniciativa personal era casi nula. Pues bien, cuando la iniciativa es tomada por las empresas, cuando se establecen planes y programas de capacitación, la iniciativa es neutralizada, en muchos casos, por la acción sindical.

Esta neutralización surge de la pretensión de que aquél que asista a un curso de capacitación debe ser recompensado automáticamente con un ascenso, un cambio de puesto o una compensación salarial permanente. De manera que la acción de algunos sindicatos, en lugar de contribuir al mejoramiento de las personas, contribuye a su empobrecimiento, en aras de un mejoramiento económico que, por supuesto, no llega.

Aquí debemos hacer una salvedad. El sindicato que nuclea a los bancarios trabaja desde hace tiempo en el proyecto de creación de una universidad específica para su gremio; tal vez sea esta la excepción que confirma la regla.

A estas alturas, el lector estará preguntándose qué sucede con el excelente medio de motivación que resultan ser los Círculos de Calidad. En primer lugar diremos que, dado que la participación en estos grupos de trabajo es voluntaria, resulta imprescindible que sus integrantes se hayan motivado para decidir participar, de manera que volvemos al principio del tema; en segundo lugar, en muchas oportunidades los sindicatos han entorpecido, por no decir impedido, sus actividades. No obstante, existen círculos en la Argentina que funcionan perfectamente, produciendo resultados muy satisfactorios.

Por último, se ha de considerar la ya conocida resistencia al cambio; a la resistencia propia presentada por cada individuo, se adiciona la ejercida por los grupos sociales. Un individuo puede estar convencido de los beneficios de instrumentar un Sistema de Calidad o un simple cambio para mejorar su desempeño, pero si el grupo social al cual pertenece, es decir, sus compañeros de trabajo, se resiste al cambio, ese individuo, persuadido de lo que se debe hacer, se resistirá al cambio, por temor a las sanciones a las que el grupo lo someta.

CONCLUSIONES

Sólo es posible la motivación cuando la persona conoce el tema objeto de la misma.

Los esfuerzos externos por motivar a una persona son estériles; sólo produce resultados positivos la motivación interna o automotivación.

La capacitación sí es posible lograrla por los esfuerzos de terceras personas, sumados a los de los propios educandos.

La capacitación en calidad debe comenzar por la dirección, si se desea obtener resultados en toda la empresa.

La capacitación en calidad no debe limitarse al personal de la empresa. Se debe capacitar también a los consumidores y usuarios.

> LO PRIMERO ES CAPACITAR; LUEGO, LA MOTIVACION ES UNA CUESTION PERSONAL.

Capítulo 20

Servicio

TEXTO DE LA NORMA ISO 9001

Cuando el servicio sea un requisito especificado, el proveedor debe establecer y mantener procedimientos documentados para efectuar, verificar e informar que el servicio cumple los requisitos especificados.

Comentario

La norma ISO considera solamente el servicio que se prestará luego de la entrega, pero aquí resulta conveniente tener en cuenta, además, el servicio preventa cuando no medie un contrato, por ejemplo, en los artículos de catálogo.

Muchas veces el cliente selecciona un artículo de un catálogo sin tener un profundo conocimiento del artículo y adjudicándole capacidades, bondades o aptitudes para un uso para el cual no fue diseñado, pero que el cliente cree positivamente que satisfará sus necesidades. En este caso, si el cliente efectúa una elección equivocada, pero confiada, una instalación deficiente, etc., el mal funcionamiento, el bajo rendimiento o los problemas ocasionados, difícilmente sean adjudicados a la elección equivocada, sino que recaerán sobre el fabricante del producto. Si las características de los productos no fueron suficientemente publicitadas, por ejemplo, en los catálogos, esta situación no será un planteo teórico en un libro sino una realidad que habrá que afrontar. Es cierto que a veces la información está preparada para entendidos en el tema y no para los legos; en definitiva, si un lego hace una mala elección, sin consultar a un especialista, será su exclusiva responsabilidad, pero esto no evitará que ese cliente disconforme difunda una imagen negativa del producto y su fabricante. Debe tenerse en cuenta que cuando esta situación pueda evitarse, ya sea por la emisión de catálogos o folletos con mayor cantidad de información, o por el asesoramiento persona a persona, el servicio de asistencia preventa deberá efectuarse.

Para ello, la empresa dispondrá de catálogos actualizados para la consulta, por parte de los posibles clientes, previa a la compra, y de manuales de montaje, puesta a punto, correcto uso y mantenimiento, sin olvidarnos de los repuestos para cuando la venta ya fue efectuada.

334 ASEGURAMIENTO DE CALIDAD. ISO 9000

Los catálogos y manuales no sólo deben servir como publicidad a la empresa, sino que deben ser útiles a las personas que los consulten. En estos casos debe considerarse dónde pueden llegar a utilizarse los manuales y bajo qué condiciones; por ejemplo, no es lo mismo efectuar un montaje o una reparación en un laboratorio, con ambiente controlado, situado en una gran ciudad, con ferreterías industriales a las que se puede recurrir para comprar una herramienta especial, que efectuar un montaje o una reparación en medio de la Patagonia, con temperaturas extremadamente bajas, con vientos de gran velocidad y a 400 km de distancia de la ferretería más próxima. De este modo, no solamente se indicará cuál es la forma correcta de efectuar las tareas y la secuencia de operaciones, sino también los repuestos que podrán necesitarse con más frecuencia, las herramientas necesarias (aun las más especiales, y de uso más esporádico), los insumos como grasas especiales, limpiadores de contactos eléctricos, baterías eléctricas, iluminación, carpas para efectuar los trabajos bajo protección, etcétera.

La atención de los reclamos es una parte importantísima del capítulo Servicio. Ya se trate de empresas que suministran productos como de las que prestan servicios, en la mayoría de los casos descuidan este aspecto. No nos extenderemos en este punto, puesto que si el lector vive en la Argentina no necesita que el autor le explique absolutamente nada al respecto, porque aun siendo un proveedor de productos o prestador de servicios, en algún lugar de la cadena se ubica el eslabón en el que participa como reclamante, ya sea por el mal funcionamiento de un artículo electrodoméstico, por falta de agua o de electricidad, por no funcionamiento de teléfonos, por limpieza de espacios públicos, por mala atención de oficinas públicas, etcétera.

Trataremos, sí, los reclamos de los productos industriales, que, generalmente, son atendidos.

En primer lugar diremos que el personal que atienda los reclamos deberá tener una capacitación muy profunda, de ser posible, haber participado en etapas de diseño, de fabricación y de despacho y transporte, además de un excelente manejo de las relaciones humanas.

Como sucede generalmente con los productos industriales, el personal que atiende los reclamos debe trasladarse al lugar donde se encuentra el artículo y, para ello, contar con recursos adecuados, fundamentalmente con presupuesto, sin olvidar otros recursos, como por ejemplo, instrumentos de medición y ensayos, repuestos, herramientas, etcétera.

El personal debe contar, además, con por lo menos un procedimiento para efectuar su tarea, que establecerá la rutina administrativa para la atención de los reclamos, los niveles de decisión respecto de la aceptación o no de un reclamo y se vinculará con el procedimiento de administración de no conformidades para el caso de que un reclamo deba ser resuelto por este medio o, por lo menos, registrado como tal.

El lector habrá observado que los formularios que se exponen en este libro pertenecen a empresas reales y que se utilizan actualmente. Esta exposición de formularios ha sido posible gracias a la autorización expresa de las empresas propietarias de tales

CAP. 20 — SERVICIO

335

documentos. Por el contrario, el autor no está autorizado a revelar el nombre de la empresa involucrada en la siguiente anécdota, por lo que pide las disculpas del caso.

Una empresa argentina productora de artículos industriales, de los cuales exportaba el mayor porcentaje, recibía una gran cantidad de reclamos por defectos en sus productos. El personal del departamento de Asistencia a Clientes comisionaba personal que atendía estos reclamos en el lugar donde se encontraban los artículos (Rusia, China, EE.UU., Malasia, etc.), pero en la mayor parte de los casos los productos no pertenecían a la empresa argentina sino a otra empresa europea con el mismo nombre. Sobre los artículos se imprimía en forma indeleble la mención del país de origen, pero, tal vez por un criterio erróneo que inducía a los clientes a confiar en los productos europeos y no en los argentinos, no se fijaban en el país de origen sino solamente en el nombre de la empresa y reclamaban equivocadamente a la empresa argentina. Esto motivó el cambio de nombre de la empresa argentina, con lo que el nivel de reclamos se redujo en forma considerable.

Esta anécdota se expuso para ejemplificar que no todos los reclamos deben ser solucionados por el proveedor, pero sí deben atenderse de manera de satisfacer al cliente.

Capítulo 21

Técnicas Estadísticas

TEXTO DE LA NORMA ISO 9001

IDENTIFICACION DE NECESIDADES

El proveedor debe identificar la necesidad de las técnicas estadísticas requeridas para establecer, controlar y verificar la capacidad del proceso y las características del producto.

PROCEDIMIENTOS

El proveedor debe establecer y mantener procedimientos documentados para implementar y controlar la aplicación de las técnicas estadísticas identificadas en el punto anterior.

Comentario

La clave de este requerimiento se encuentra en las tres primeras palabras, "Cuando resulte adecuado...". Los editores de la norma debieron redactarla de forma tal que abarcara todos los casos posibles, y como los casos son tan numerosos como los productos y servicios que se brindan y las empresas que los fabrican, construyen, prestan, etc., se dejó un grado de libertad suficiente como para que en cada caso se analice tanto la posibilidad como la conveniencia de su aplicación.

Recurriremos, pues, al texto de la norma ISO 9004, para aportar elementos de juicio que contribuyan al desarrollo del tema.

TEXTO DE LA NORMA ISO 9004

USO DE TECNICAS ESTADISTICAS

APLICACIONES

La aplicación correcta de métodos estadísticos modernos constituye un elemento importante en todas las etapas del ciclo de la calidad y no está limitada a la inspección o a las etapas posteriores a la producción. Su aplicación puede contemplar los siguientes fines:

a) análisis de mercado;

b) diseño de producto;

c) especificación de la confiabilidad, predicción de la durabilidad;

d) control del proceso y estudios de la capacidad del proceso;

e) determinación de los niveles de calidad y planes de inspección;

f) análisis de datos, evaluación del desempeño y análisis de defectos.

TECNICAS ESTADISTICAS

Los métodos y aplicaciones estadísticas específicas disponibles incluyen, entre otras, las siguientes técnicas:

a) diseño de experimentos y análisis factoriales;

b) análisis de variancia y análisis de regresión;

c) evaluación de seguridad y análisis de riesgo;

d) ensayos de significancia;

e) gráficos de control de calidad;

f) inspección por muestreo estadístico.

Se puede concluir, sin temor a equivocarse, que ninguna de las dos normas contribuyen en gran medida para el desarrollo del tema.

El cálculo estadístico es aplicado con mayor frecuencia a la determinación de la capacidad de los procesos, la aptitud de máquina, el control de los procesos y los planes de muestreo para inspección. Esto es así en aquellas industrias cuya producción permite hacer muestreo de una población suficientemente grande.

Estos temas se encuentran extensamente tratados en infinidad de obras desarrolladas por especialistas de la talla de E. W. Deming, K. Ishikawa y muchos otros autores, de manera que insistir aquí en ellos sería inútil, además de redundante, pues nada aportaríamos a esas excelentes obras, por lo que recomendamos al lector remitirse a ellas.

En otras industrias, en las que no se fabrica en serie, por ejemplo, y en las que la recolección de datos es lenta, la mayoría de las aplicaciones antes mencionadas no resultan prácticas; en cambio, la elaboración de gráficos que ayudan a visualizar tendencias o a tomar decisiones sí es posible de llevar a cabo con resultados útiles. Por ejemplo, se pueden confeccionar:

CAP. 21 — TECNICAS ESTADISTICAS 339

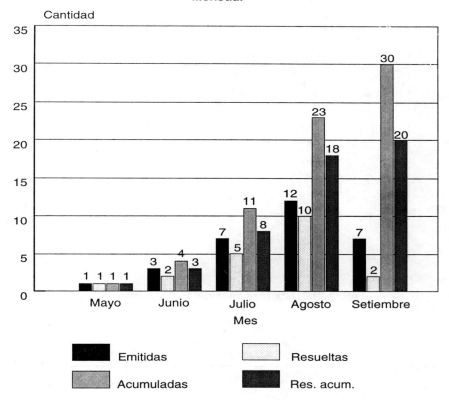

Figura 21,1. Gráficos de comparación del estado de los Informes de No Conformidad.

ASEGURAMIENTO DE CALIDAD. ISO 9000

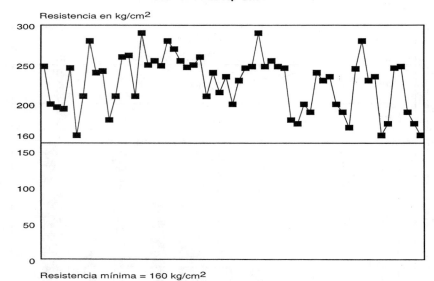

Figura 21,2. Gráficos de resultados de ensayos.

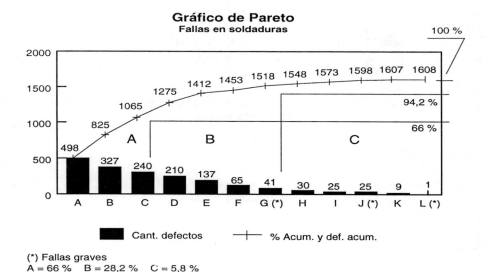

(*) Fallas graves
A = 66 %   B = 28,2 %   C = 5,8 %

A = Socavadura   B = Porosidad   C = Concavidad
D = Def. superfic.   E = Escoria   F = Gota/cráter
G = Fusión incompl.   H = Procesamiento   I = Intervalo
J = Falta penetr.   K = Burn Thr.   L = Fisuras

Figura 21,3. Gráficos de Pareto.

CAP. 21 — TECNICAS ESTADISTICAS

Además, pueden elaborarse tablas de porcentajes como la que se muestra a continuación.

Tabla Mensual de Soldaduras

Día	Efec.	Acum. 450	Cant. plac.	% Rγ diar.	% Rγ Sem.	Rep. Rγ	Rep. vis.	Rep. acum. 26	% Rep. diar. por cord.	% Rep. diar. por placa	% Rep. sem. por placa	% Rep. mens. por placa	Observaciones
1	4	454	9	75				26					
2	2	456	3	50				26					
3	2	458	6	100				26					
4	6	464	15	83				26					
5	-				78						0		
6	3	467	9	66				26					
7	2	469	6	100				26					
8	4	473	12	100				26					
9	3	476	9	100				26					
10	11	487	33	100				26					
11	16	503	33	69				26					
12	28	531	54	64	78			26			0		
13	36	567	66	61		1		27	2,8	0,15			
14	40	607	69	58				27					
15	61	668	54	30				27					
16	62	730	39	21				27					
17													
18													
19					38						0,4		
20													
21	60	790	45	25				27					
22	49	839	30	20		1		28	2	0,33			
23	61	900	33	18				28					
24	68	968	30	15				28					
25	75	1043	30	13				28					
26					18						0,6		
27	65	1100	39	20				28					
28	42	1150	27	21				28					
29	37	1187	27	24				28					
30	48	1235	27	19				28					
31					21						0	0,3	

Figura 21,4.

Se terminó de imprimir en el mes de abril de 1996, en los talleres de
Gama Producción Gráfica (GPG)
Martín Rodríguez 545 (1159) Buenos Aires
Tel.: 362-4942; Telefax: 307-0524